本书为国家社会科学基金项目"高校人才培养分化与大学生就业关系研究"（11CRK019）的研究成果

就业导向的高等教育学科专业制度改革研究

刘小强　著

中国社会科学出版社

图书在版编目(CIP)数据

就业导向的高等教育学科专业制度改革研究 / 刘小强著 . —北京：
中国社会科学出版社，2016.12

ISBN 978 - 7 - 5161 - 9252 - 8

Ⅰ.①就…　Ⅱ.①刘…　Ⅲ.①高等学校 - 学科建设 - 教育制度 -
教育改革 - 研究 - 中国　Ⅳ.①G642.3

中国版本图书馆 CIP 数据核字(2016)第 266513 号

出 版 人	赵剑英
责任编辑	宫京蕾
责任校对	季　静
责任印制	李寡寡

出　　版	中国社会科学出版社
社　　址	北京鼓楼西大街甲 158 号
邮　　编	100720
网　　址	http://www.csspw.cn
发 行 部	010 - 84083685
门 市 部	010 - 84029450
经　　销	新华书店及其他书店

印刷装订	北京市兴怀印刷厂
版　　次	2016 年 12 月第 1 版
印　　次	2016 年 12 月第 1 次印刷

开　　本	710×1000　1/16
印　　张	18
插　　页	2
字　　数	277 千字
定　　价	68.00 元

凡购买中国社会科学出版社图书，如有质量问题请与本社营销中心联系调换
电话：010 - 84083683

前　言

学科和专业是目前我国高校人才培养的基本平台，也是高校进行组织设计、资源分配、岗位设置和人事管理等工作的基本框架。学科和专业是高等教育研究最核心的概念之一，学科专业制度也是我国高等教育最核心的制度之一。

笔者从十年前进入厦门大学教育研究院攻读博士学位开始，就非常关心学科的问题。一开始是在潘懋元的指导下对高等教育学的学科建设问题感兴趣，并在此基础上完成了我的博士学位论文《学科建设：元视角的考察》。在研究高等教育学学科建设问题的时候，笔者的视野其实已经超越了高等教育学这门学科，而是站在整个科学和科学转型发展的高度上，以元科学和元学科的视角来探讨学科框架、学科成立标准和应然学科建设等一些基本理论问题。

博士毕业以后，笔者在高校的发展规划部门工作，对学科的关心和兴趣逐渐向下延伸，开始关注与高校办学实践结合更为紧密的专业问题。因为有了以前对学科进行理论研究的基础，笔者对专业设置、专业调整等一些专业实际问题的思考，在一定程度上跳出了实际问题的局限，相比此前一些研究而言更多地进行了制度层面的理论探究和哲学思考。在这一过程中，笔者相继承担了江西省社会科学规划课题、全国教育科学规划课题和国家社科基金规划课题等，本书正是国家社科基金规划课题的结题成果。

十年来，笔者的研究思考从未离开过学科和专业，从学科制度研究发展到专业制度研究，再发展到学科专业制度的综合研究。在这一过程中，个人的"思想世界"似乎不但"打通"了阻隔在学科和专业之间的"隔离带"，将学科和专业置于一个统一的视野中来考量，而且更重要的是似乎形成了一种研究学科和专业的"运动"方法论，即在变化和运动中来认识学科和专业、来思考学科和专业制度的改革。例如在研究学科制度时笔者特别关注科学的转型，因为科学的转型带来了学科框架的转变，使得学科的评判标准也在发生变化，从而使得今天的学科建设方向也必须发生变化。又如在探究当前我国学科专业制度改革时，笔者更关注学科专业制度环境的变化，从经济社会宏观体制改革（从计划经济体制到社会主义市场经济体制）、科学形态变化（从小科学到大科学）和高等教育发展阶段（从精英教育到大众化教育）等方面寻找改革的方向。

笔者研究的"运动"方法论，在变化中寻找变革方向往往给笔者一些让人感到诧异，或者在一些人看来是"离经叛道"的"惊喜"。到最近，我甚至写了一篇名为《我们还需要"专业"吗?》的文章，认为专业是过去政府计划控制高校人才培养的工具，对新中国自苏联引进而来的专业及其制度进行了猛烈的批判，甚至"武断"地探讨了放弃"专业"的问题，提出了放弃专业、推动政府管理高校人才培养的对象从专业上升到学院（学科）、促进高校人才培养创新分化、引入"主修"概念、推动专业回归课程组合等一些观点。笔者不知道在学界同仁看来，笔者的这些观点表明笔者是有足够的"学术勇气"呢，还是有足够的学术"傻气"。但不管怎么样，这些思想毕竟是笔者的学术思维"顺流而下"流淌出的结论，也是我的思想十多年来"挂拐"跋涉到的站点，而不是我无中生有的怪论，更不是为哗众取宠、博取眼球的"损招"。

学术研究往往是"一步定终身"。选择了学科专业这个领域，就意味着笔者的学术之心已有所许、所属，从此对它须忠贞不渝、不离不弃。探究永无穷尽，笔者在学术中还要继续"生活"，思维还要继续流淌，思想还要继续前行。

目　录

第一章

绪　　论

一　研究缘起

2005 年，笔者有幸考入厦门大学攻读高等教育学博士学位。在厦大的三年，笔者一直关心甚至"揪心"的核心学术问题就是高等教育学的学科建设。笔者尝试从科学学、科学社会学和学科学等多个学科的角度来分析学科制度，从科学转型、学科框架转变的角度来探讨学科标准的变化和当前包括高等教育学在内的所有学科的建设方向。该论文由于在研究角度和方法上有一点小的创新，在答辩时获得了专家的一些好评，并且非常幸运地荣获了中国高教学会"优秀博士学位论文"，* 这给了笔者矢志从事高等教育基础理论研究莫大的鼓励和安慰。

学科与专业紧密联系在一起，它们既是高等教育实践中最基本的单元和"细胞"，又是高等教育研究中最核心的概念和问题域。自 2008 年博士毕业以后，笔者对学科的关注逐渐深入到专业层面，笔者将过去研究学科的方法沿用到对专业的研究和分析上。

20 世纪末高校"扩招"后，大学生就业问题越来越严重。2008 年爆发的金融危机使得这一问题更加突出。很多人不禁反思：与发达国家相比，为什么我国在高等教育毛入学率还不太高的情况下大学生就业就如此困难？[①] 人们从调整结构、提高就业能力、加强就业教育、拓宽就业渠道等众多的角度来研究解决大学生就业难问题，笔者也加入了这一时髦问题的研究"大军"之中。笔者将长期以来关注的学科专业这一

---

* 该奖由中国高教学会设立，每年从各学科有关高等教育研究的博士学位论文中遴选 5 篇左右予以表彰。本人博士学位论文获奖后由中国高教学会统一交由广东高等教育出版社出版，书名为《学科建设：元视角的思考》。

① 罗丹：《规模扩张以来高校专业结构变化研究》，博士学位论文，厦门大学，2008 年。

高等教育中最基础的问题与大学生就业这一当时最现实的问题联系起来，希望从学科专业制度的角度来开辟大学生就业问题研究的新视野和新方法。

2009 年，笔者有幸获批了一项全国教育科学规划研究项目，开始在大学生就业的视野中对高等教育学科专业制度进行初步探讨。在此基础上，2011 年，笔者又沿着这条路线继续前进，申报并成功获批了一项国家社科基金（人口学）青年项目，题目为《高校人才培养分化与大学生就业关系研究——学科专业制度的视角》。通过这两项课题的研究，笔者发现大学生就业难的原因很多，但一个不可忽视的客观原因就是我国现行的高等教育学科专业制度：固定权威的学科专业目录限制了专业种类的分化和增加，高重心的学科专业管理以及高校学科专业权力的实质缺乏，使得不同高校同一学科专业的组织架构、人才培养模式、培养目标和规格、课程设置和教学实施过程等高度趋同，这样高校人才培养的方向和种类自然就难以分化并满足市场多元的人才需求。更进一步的研究还发现目前的学科专业制度是与计划经济体制、20 世纪上半叶以前的科学形态和精英高等教育相适应的，不符合今天社会主义市场经济体制改革、科学转型和高等教育大众化的要求，解决大学生就业、充分满足市场多元的人才需求和学生个性的教育需求，需要对当前的高等教育学科专业制度进行系统反思改革。基于这些认识，笔者"大胆"地写下了这么二十几万的文字，努力组织起一个还很难说完善的结构，终于形成了现在的这本册子。

二　研究意义

学科和专业是高等教育的基本组织"细胞"，一个高等教育系统就是由一个个的学科和专业组合而成。学科和专业也是高等教育对高深知识进行基本操作（传递、开发和应用）的基础平台，不但教师是根据学科和专业来进行教学，学生也是在一定的学科和专业中接受教育，而且学科和专业还对应于社会的不同行业和职业，因此它们也是高校进行社会服务的基本框架。学科和专业还是高等学校进行组织和管理的基本形式，一所大学正是由以学科和专业为基础的学院和学系组织而成，而且它也以学科和专业或建诸其上的学院和学系为单位进行各种资源（教师、学生、经费、图书、设备，等等）的配置和管理。所以，从某种意义来说，学科和专业是高等教育中最核心的概念。无论从哪个方面来说，学科和专业的研究都应该在高等教育研究中占据重要地位。

本研究全面反思了我国自20世纪50年代初建立起来的高等教育学科专业制度，有利于构建就业导向的新型学科专业制度。新中国成立六十多年来，尽管这一制度在各个方面均发生了一定的变化，但是其基本形态和主旨精神仍然保持至今。今天，与传统学科专业制度相适应的宏观经济社会体制、科学形态和高等教育发展水平均已发生了翻天覆地的变化，这一制度已经在实践中无法适应新的环境要求并已经产生了诸多问题，亟待改革！而改革的目的就是要适应高等教育的内外环境，根据新的时代要求构建新型学科专业制度。本研究正是在大学生就业视野中来探讨学科专业制度改革。

本研究有利于全面推进高校的人才培养体制改革。《国家中长期教育改革与发展规划纲要（2010—2020年）》将人才培养体制改革作为体制改革的第一项任务，可见人才培养体制改革的紧迫性和重要性。20世纪80年代以来，适应改革开放和建立社会主义商品经济和市场经济的要求，高等教育领域的改革不断推进，从行政体制、投入体制、办学体制到高校管理体制和招生就业体制，等等，我国高等教育逐渐远离传统计划经济体制的色彩。至世纪之交，我国高等教育基本完成了宏观体制改革的任务。① 但是，21世纪以来，因高等教育质量建设任务的压力，这一体制改革工作未能继续深入，高等教育微观层面的体制改革没有得到推进，与计划经济体制、小科学时代和精英高等教育相适应的传统人才培养体制仍然继续存在并发挥着根本性的作用。今天，高等教育本身及其面临的环境已经发生了巨大变化，这就对高校的人才培养体制提出了新的要求，改革落后的人才培养体制，培养高质量创新人才，是当前高等教育管理体制改革首要的任务。本书认为，就高等教育而言，人才培养体制改革任务并不仅仅局限于《国家中长期教育改革与发展规

① 2000年8月24日，时任国务院副总理李岚清在九届全国人大常委会第十七次会议，代表国务院报告了实施科教兴国战略工作情况时说，按照《中国教育改革和发展纲要》提出的目标，我国高等教育管理体制改革任务基本完成。见《人民日报》2000年8月25日第1版。

划纲要（2010—2020 年）》中所提出的"（三十一）更新人才培养观念"、"（三十二）创新人才培养模式"和"（三十三）改革教育质量评价和人才评价制度"等三个方面内容，以学科专业制度为核心的专业教育、教学制度和教学组织制度改革也应该成为人才培养体制改革的重要内容。

三　核心概念

（一）学科

学科是什么？过去，我们对"学科"的理解比较简单化，仅仅把它定义为学问的分类，[①] 或是理解为教学的科目。[②] 但是随着我们对科学社会学以及科学哲学的研究的发展，我们对学科的把握越来越全面、深刻。如默顿的理论揭示了科学、学科的"活动"性和社会性。他认为科学不仅是一种有条理的、客观合理的知识体系，它还是一种制度化了的社会活动，科学进步的速度和科学家关注的问题焦点会受到社会历史因素的影响。[③] 沃勒斯坦则认为所谓的学科实际上同时涵盖了三方面的内容：首先，学科当然是学术范畴，即一种类型：这种类型有明确的研究领域；其次，学科也是组织结构，如大学以学科命名的系、学科的学位等；最后，学科还是文化。因为属于同一个学术团体的学者在很大程度上都具有一些共同的阅历和研究方向。他们往往读相同的"经典"著作。每个学科中通常都有著名的惯常的争论。[④] 我国学者也有把学科理解为知识形态和组织形态的统一体等。[⑤] 在这里，基于以上研究，我们认为全面分析学科，其至少应包括如下几个方面的含义。

1. 一种知识体系：这种意义的学科作为知识管理的手段，是关于某一领域的结构较紧凑、思维严密、内在较一致的逻辑知识体系。这种学科表现在学科的文献、教科书等上。

---

① 中国社会科学院语言研究所词典编辑室：《现代汉语词典》，商务印书馆 2000 年版，第 1429 页。

② 罗凤竹：《汉语大词典》，汉语大词典出版社 1989 年版，第 245 页。

③ 赵万里：《科学的社会建构》，天津人民出版社 2002 年版，第 2 页。

④ ［美］伊曼纽尔·沃勒斯坦：《知识的不确定性》，王昺等译，山东大学出版社 2006 年版，第 104 页。

⑤ 宣勇：《论大学学科组织》，《科学学与科学技术管理》2002 年第 5 期。

2. 一种精神规范：作为精神规范的学科是学科的精神气质、信仰、思维方式、规范制度等，它表现在学科研究人员的行为举止、精神状态以及他们在从事学科教学、研究等工作中表现的独特行为、思维方式，等等。这种意义的学科表现在学科研究的范式、学科的评价制度和学者们的个性特点、生活方式等方面。

3. 一种研究组织：作为研究组织的学科是组织学科研究力量、开展学科研究的基本单位，表现为学科研究的研究院（所、室、中心等）。研究组织形态的学科为学科研究提供了组织形式和庇护所，是学科研究组织化、制度化的标志。

4. 一种教育与人才培养的单位：教育领域里的学科指的是"教学的一种组织形态"，① 表现为人才培养的独立机构（如学院、学系）、独立学位、独立专业和独立的课程体系。这种意义的学科将知识体系的学科和精神规范的学科传递给未来的、劳动分工意义上的学科成员，从而保证和维护了学科知识、精神和社会分工的持续。

5. 一种劳动分工的方式：学科是伴随知识（认识领域）的分化而形成的。一个学科的成立标志着社会分工中一个新的部门的建立，标志着一个新的工作团体和工作岗位的独立分化，标志着一群人新的劳动角色的确立和巩固。

6. 一种交流的平台：作为交流平台的学科超越了时空的局限，将分散在不同地方、机构的学者同行、不同时代的学科人员联系起来，将当前的学科人员同未来的学科人员团结起来，组织学科超时空的学者共同体。交流平台对于学者同行的沟通、学科理智的批判成长等具有重要的意义，它表现在学科研究的杂志、图书文献、学科的群众组织（学会）等。

7. 一种社会管理的单元：进入大科学时代，科学的研究已与经济、社会和国家的利益密切相关，科学研究日益依赖于外部资源和环境的力量，成为政府和社会认定的合法学科对于某一领域知识的生产和传播具有重要的意义。所以，学科也成了社会和国家对科学研究进行资助、管理的重要框架和标准。这个意义的学科表现在国家颁布的学科目录、各

---

① ［日］欢喜隆司：《学科的历史与本质》，《外国教育资料》1990 年第 4 期。

种科研基金的申报目录上。

从以上对学科的内涵分析来看，学科的含义实际上可以分为四大部分：

1. 逻辑范畴和知识体系；

2. 浸淫其中的学科精神和学科制度、规范；

3. 学科的具体社会组织，如学院、学系、研究所等；

4. 更广泛意义上的学科的社会分工、管理、内部交流机制等。

在这四个部分中，前两个部分可以看作是学科的内在观念建制；后两个部分可以看作是学科的外在社会建制。可见，学科是内在建制和外在建制的统一体，是认识的组织和社会的组织的有机结合。

从学科的两重建制来看，内在观念建制是学科的核心，是学科生命力的根源，也是其存在和发展之根本。正如华勒斯坦所说："称一个研究范围为一门'学科'，即是说它并非只是依赖教条而立，其权威性并非源自一人一派，而是基于普遍接受的方法或真理。"① 而外在社会建制一方面是学科内在知识和精神规范的外在社会形式和延伸，另一方面也是促进学科内在观念建制成熟的条件，为学科内在观念建制的成熟提供了多种支持和保障。大致来看，这种作用表现在三个方面。

1. 提供学科存在和发展的外在资源。科学研究需要大量的外在资源。进入大科学时代，科学研究对国家和社会的依赖越来越严重，积极争取外部各种科研基金已成为学科之间竞争的重要内容。只有具有学科的外部建制、得到社会承认的学科才有可能从外部获得存在和发展的资源。

2. 组织和培养学科理智力量。学科的发展离不开一定规模的学科人员的工作，这不仅表现在组织具有相同学科旨趣的理智力量进行合作研究，提供专门职业岗位和组织归属；还表现在为学科的发展不断培养接班人，保证学科的承继发展。这里前者需要依靠学科外在的研究建制，后者需要学科外在的教育建制。

3. 建立学科超时空共同体，促进学科交流。从科学知识本身来看，

----

① ［美］华勒斯坦：《学科·知识·权力》，刘健芝等译，生活·读书·新知三联书店1999年版，第13页。

科学似乎是科学家之间的一种契约，其"客观性是科学的共同体/社会中展开的批评的结果，这个共同体/社会进行着它完全接受其规则的游戏。因此客观性产生于科学家的一致同意……正如波普尔所说，科学陈述的客观性存在于下述事实中：他们能够在主体间相互检验"。① 从科学的增长来看，其过程既是认识过程，也是一个社会过程，科学知识的增长仰赖于科学成员之间的交流和互动。② 学科理智的发展需要学科同行之间的跨时代、跨地域间的交流、批判和承认，只有建立超时空的学科系统，提供学科理智的交流平台，才能促使学科理智不断成熟和发展。这种学科系统就表现在学科的群众组织（如包括国家和国际的学会和会议）、学术刊物、学科出版社、学科的图书专门归类和储存等外在建制。

（二）专业

今天我国高等教育意义上的"专业"这一术语并不是近代高等教育本身所固有的，甚至在 20 世纪之前还没有真正严格地出现。尽管在英语中"专业"有相对应的翻译，如 Major（美国英语）或 Speciality（英国英语），但是，与今天我国高等教育意义上的"专业"相比，这些词的含义还是有很多的差异。今天我国高等教育意义上的"专业"一词译自俄语，新中国成立后伴随着大规模学习苏联而随之被引入到我国的高等教育之中。

尽管"专业"一词是我国高等教育中的一个最基本的概念，但是人们对它的理解仍然没有取得共识，"专业"一词至今仍然缺乏一致公认、权威的定义。综合起来，从今天人们对专业一词的使用来看，专业的意义和内涵大致可以从三个层面来理解：国内日常语境、国内学术语境、国外语境。

1. 国内日常语境

国内日常语境中的"专业"可以理解"专门以……为业"，引申为专长、熟练的技巧等意思。譬如，我们经常形容一个人进行某项技能操

---

① ［法］埃德加·莫兰：《复杂思想：自觉的科学》，陈一壮译，北京大学出版社 2001 年版，第 26 页。

② ［美］黛安娜·克兰：《无形学院——知识在科学共同体的扩散》，刘珺珺等译，华夏出版社 1988 年版，第 20—23 页。

作非常熟练时会说"很专业"。这里专业既可以作为一个名词，也可以当做形容词使用，意思就是非常熟练（的专长）。

2. 国内学术语境

国内学术语境中的"专业"大致类似于美国高等教育中的"Ma-jor"、"Programme"，但是也存在很大的不同。根据"专业"内涵的不同侧重，我们又可以从人才培养组织形式和学业划分的标准两种角度来理解专业。①

（1）专业是一种人才培养的组织形式。20世纪50年代的教育部对专业的定义是："所谓专业，是根据国家所需要的某项专门人才的标准以培养专家的基础教学组织，每个专业都有其适合培养该项专门人才的教学计划，计划中排列培养该项专门人才所必须开设的课程。几个相近的专业可以成立一个系。"②

（2）专业是学业门类划分的标准。《辞海》认为专业是"高等学校或中等专业学校根据社会分工的需要设立的学业类别"。③《教育大辞典》对"专业"一词的定义是这样的："中国、前苏联等国高等教育培养学生的各个专门领域。大体相当于《国际教育标准分类》中的课程计划或美国高等学校的主修。根据社会职业分工、学科分类、科学技术和文化发展状况及经济建设与社会发展需要划分。高等学校据此制定培养目标、教学计划，进行招生、教学、毕业生分配等项工作，为国家培养、输送所需的各种专门人才；学生亦按此进行学习，形成自己在某一专门领域的专长，为未来职业活动做准备。"④

3. 国外语境

国外语境中的"专业"对应于英语中"Major"、"Programme"、"Specialty"和"Profession"。前三者含义大致接近，均指的是高校人才培养的一个个项目，其实质是一个个的课程组合。"Profession"在汉语

---

① 刘少雪等：《高等学校学科专业结构、设置及管理机制研究》，高等教育出版社2009年版，第1、6页。

② 教育部：《教育部关于全国农学院院长会议的报告》，转引自刘少雪等《高等学校学科专业结构、设置及管理机制研究》，高等教育出版社2009年版，第1页。

③ 辞海编辑委员会：《辞海》，上海辞书出版社1999年版，第2259页。转引自刘少雪等《高等学校学科专业结构、设置及管理机制研究》，高等教育出版社2009年版，第1页。

④ 顾明远：《教育大辞典》第3卷，上海教育出版社1998年版，第26—27页。

语境中几乎很难找到意义接近的翻译。"Profession"意指"专门职业"。专门职业与普通职业最主要的区别在于专门职业要求有专门的知识基础和学术训练、专门的复杂技能和行业规范、服务社会的崇高专业伦理，等等。一门职业称为专业，就会要求从事职业的人能够提供高质量的专业服务，相应地，从业人员也能获得较高的工作报酬和享有较高的社会地位。所以一门职业要成为专业，其必备的要求必须有学术上的专门学科基础、大学中的专门学院、课程体系和学位、社会上的专门行业组织，等等。在人类历史上，教师、律师、牧师和医师是较早的一批专业，这些专业也是最早在近代大学中得到教育和培训的专门职业。在美国，医师、律师、教师等一类被称为"师"的专业人才均由大学中的医学院、法学院和教育学院等研究生教育性质的专业学院培养，授予相应的专业学位。专业学院和专业教育是西方发达国家高等教育的重要特征。我国自20世纪90年代中期开始的专业学位研究生教育也就是取专业的这一含义。

从以上分析来看，三种语境中"专业"内涵存在较大的差别，国内日常语境的专业内涵侧重于熟练技能，国内学术语境中的专业主要是指一种人才培养的组织形式或对学业门类的划分，而国外语境中的"Profession"则主要从一种高级专门职业的角度来理解的。但是，在当前高等教育界的话语之中，三种语境的专业均在其中被运用，甚至在同一篇文献、文件或讲话之中，"专业"一词的前后所指也大相径庭，这样就造成了"专业"一词在实际交流过程中的语义混乱，也从而引起了研究和交流中许多的无谓争论。

在本书中，我们所做的"高等教育学科专业制度研究"对专业一词的内涵选择，主要是从第二种语境来理解，也就是说，我们在这里把"专业"看作是高等教育进行人才培养的组织形式和学业门类。

学科与专业都具有内在和外在的两重建制，内涵均非常丰富，它们之间既有密切联系，又有明显的区别。一方面，学科和专业是有明显区别的：首先，学科一般是和科学研究联系在一起，专业却是与人才培养相关的概念。在高等教育中，研究生教育一般使用学科目录，本专科教育使用专业目录。其次，学科和专业并不一定是一一对应的，一个学科内可以有多个专业，同时一个专业可能跨越多个学科。另一方面，学科又是专业的知识基础，专业总是依托于特定的学科，所以很多时候专业的分类总是建立在学科分类的基础之上，即使是新中国成立后的第一份本科专业目录没有依托学科来进行专业分类，但是这个目录中的专业仍然是具有特定的学科基础，仍然依托特定的学科知识。学科的发展必然带来专业的变化，专业总是需要根据学科的发展来进行调整。本书在这里把学科专业放在一起作为本书的主题，就是基于两者之间的密切联系。

（三）制度

理解制度似乎比较简单。从字面来分析，"制"有"限制、节制"的意思，"度"为尺度、标准之意。制度就是节制行为的尺度和标准，一般指的是要求人们共同遵守的办事规程或行为准则。

但是在不同学科里，人们对制度的深度理解并不一致，制度所蕴含的深层含义也不大一样。自社会学创立起，制度就是该学科的一个基本概念。迪尔凯姆说社会学就是"关于制度的科学，研究制度的起源与功能"。[①] 社会学中的"制度"有时被当做"对个人行为的强制、约束过程中所表现出来的客观性"，有时又被认为是"社会建构的、惯例的再生产程序和规则系统"。[②] 在经济学里，制度是经济研究的一个重要领域，制度经济学成为当前经济学最有生机活力的学科之一。康芒斯认为，制度是"集体行动控制个人行为"[③] 的规则，解决的是交易冲突的"秩序"问题。制度经济学的开创者之一道格拉斯·C. 诺斯说："制度是一个社会中的游戏规则，更规范地说，制度是为决定人们之间的相互作用而人为设定的一些制约。制度构造了人们在社会或经济方面发生交换的激励结构，它旨在约束追求福利或效用最大化的个人行为。"[④] 在文化人类学中，制度甚至还包括信仰、风俗、习惯、道德等能规范人的行为的东西。历史学家汤因比则把制度解释成"人与人之间的表示非个

---

① ［法］埃米尔·迪尔凯姆：《社会学方法的准则》，狄玉明译，商务印书馆 1995 年版，第 23 页。

② 吴宗友、张军：《制度研究在社会学中的分化与融合》，《学术界》2011 年第 6 期。

③ ［美］康芒斯：《制度经济学》，于树生译，商务印书馆 1983 年版，第 31 页。

④ ［美］道格拉斯·C. 诺斯：《经济史中的结构与变迁》，陈昕译，上海人民出版社 1994 年版，第 225 页。

人关系的一种手段"。①

但是不管采用什么学科的视角来研究制度，不管对制度的论述有多么的不同，制度总是具有一些根本的特点。本书认为制度具有如下两个特点，并且本书也正是在这两个特点的意义上来使用制度一词的：一是制度是对权利与义务的规范。任何制度的形成都意味着一种特定的权利义务结构的调整，意味着不同群体新的利益关系的形成。所以，从这个角度来说，制度具有阶级性和政治性，制度是一种权力，也是一种资源；二是制度的发展和形成具有客观性。当然，这种客观性并不是说制度本身是客观存在的，而是在历史唯物论的意义上说制度本身具有自身发展的规律，而且任何特定制度的出现都不是偶然的，而是有其客观的背景。任何制度都不能孤立地分析，对其的分析都应该还原到社会发展的全景中去。

（四）学科专业制度

围绕学科专业形成了一系列的制度就叫做学科专业制度。学科专业制度主要有学科专业的分类制度、设置制度、管理制度和组织制度等。一个国家的学科专业制度可能有几种不同的体系，如应用于科学研究系列的学科专业制度、应用于社会人事管理的学科专业制度和应用于高等教育的学科专业制度，等等。但是最重要的还是高等教育中的学科专业制度，这也正是本书所指向的场域。后文中如无特别所指，一切关于学科专业制度的论述，其外延和内涵均为高等教育的学科专业制度。

学科专业制度其实是一个统称。在我国，高等教育分为专科、本科和研究生三个办学层次，因此，学科专业制度也应相应地包括这三个办学层次的学科专业制度。但是，在我国目前的高等教育实践中，本科和专科层次正式的称谓是专业制度，研究生层次的正式称谓是学科制度。本书研究的问题主要指向的是本科层面的专业制度，但是由于专业与学科的紧密联系，特别是在目前我国的专业制度下，专业一般是建立在学科之下，所以本书的研究视野有时也涉及或适用于学科制度。为了行文的方便和精简，本书在后文中将统一使用"学科专业制度"这一称谓，

① ［英］汤因比：《历史研究》（上），曹未风等译，上海人民出版社1986年版，第59页。

其内涵主要为本科专业制度，但在一定范围内也会包括研究生的学科制度，而基本没有涉及专科层次的专业制度。因为我国 1950 年的专业制度是以行业为分类框架，专业目录中没有学科的出现，专业与学科的关系也相对较弱，所以在指称 20 世纪 50 年代的制度时只使用"专业制度"称谓。同时，在明确地谈到本科教育层次时使用"本科专业制度"，在明确地谈到研究生教育层次时使用"研究生学科制度"。

前面，我们论述学科是观念组织和社会组织的结合体，是内在建制和外在建制的统一体。[①] 其实这一观点也同样适合于专业。因为一个专业既要有其专业的知识技能的内涵，也要有其外在的各种社会资源，如教师、学生、图书、设备，甚至还要有以其为基础的专门学术组织（如学系、教研室等）。所以说，学科和专业都是两种组织的结合和两种建制的统一。从这个意义上来分析，学科专业制度可以从三个层面来理解：一是文本层面上的学科专业制度，即学科专业目录制度；[②] 二是管理层面上的学科专业制度，即关于高校学科专业布点、设置等方面管理的制度；三是高校组织层面的学科专业制度，即关于高校学科专业组织的设计及管理的制度。

如前所述，正因为学科专业是高等教育中最核心的概念，所以学科专业制度也是高等教育中最核心的制度之一。学科专业制度关系到高等学校的人才培养分类和科学研究方向、组织模式和管理体制机制、办学质量和大学生就业，关系到高校的方方面面。甚至，如果说得更远一点，他们还通过培养特定的人才和开展特定的科学研究进而关系到了科学的进步和社会的发展。

（五）人才培养分化

人才培养指的是培养人才的行为、过程或职能。本研究中的人才培养指的是高校培养人才的过程。人才培养的内涵非常丰富，包括培养目标、培养形式、培养方法、培养体系，等等。

分化最初是一个细胞生物学名词，是指细胞在形态、结构和功能上异化的过程，是非特化的早期胚胎细胞获得特化细胞（如心脏、肝脏或

---

① 刘小强：《高等教育学学科分析：学科学的视角》，《高等教育研究》2007 年第 7 期。

② 实际上，在我国并不存在真正的学科专业目录，而只有学科目录或专业目录。其中，前者适用于研究生教育，后者适用于本专科教育。

肌肉细胞）特性的过程。可见分化并不是数量上的变化、增长，而是质的差异化。"分化"一词已经超越了生物学的界限，广泛使用在各门学科之中，但是其核心意义没有发生变化，仍然指的是某一事物从同质走向异质的过程。

人才培养分化指的是人才培养各个方面的差异化，既包括培养层次、培养目标、培养类型的差异化，也包括培养形式、培养方法和培养体系等方面的差异化。

但是在本研究中，因为人才培养的考查范围主要定位在本科阶段（偶尔会涉及研究生阶段），而且是从学科专业制度的视角来研究人才培养，所以这里所讲的人才培养分化主要指的是本科阶段人才培养目标（素质规格）和类型的分化。

（六）大学生就业

就业就是符合法定条件的、具有劳动能力和愿望的人参加社会劳动，获得相应报酬或收入的行为。随着国家人事制度改革的深入推进，社会劳动和用工形式日益灵活，大众对"就业"的理解可能出现差异。在大学生就业问题上，教育部曾在 2004 年委托上海交通大学牵头，组织了 60 多家高校、科研机构、用人单位和地方人事部门共 100 多位专家开展了高校毕业生就业率研究，在借鉴国外经验的基础上，确定了我国大学生就业的七种形式：签订就业协议书、签订劳动合同就业、灵活就业（自主创业、艺术类自由职业）、定向委培、升学、出国（境）和参加国家地方项目就业。这一对"大学生就业"内涵的定义是目前我国关于大学生就业最权威的解释。但是，本研究在这里对就业的理解不一定严格遵守教育部的定义。从培养在社会上适销对路的人才的角度来说，本研究所定义的"大学生就业"与社会大众的看法更为接近，就是大学生通过接受高等教育、增强知识、能力和素质，在社会中获得工作机会的行为。这里，自主创业显然包括在内，但是升学、出国深造等理应排除在外。

四　文献综述

直接在大学生就业的视野中对高等教育学科专业制度本身进行研究，目前还不多见。我们在中国知网上以"学科专业制度"或"专业制度"为"篇名"进行精确查询，除本书作者自己发表的几篇论文外，还基本没有发现其他阐述这一问题的文献。① 但是这并不意味着这个问题从未得到探究，实际上与此主题相关的研究文献仍然相当丰富，它们主要可以分为如下几类。

（一）关于科学转型的研究

专业与学科紧密相连，学科专业制度的改革与科学的转型息息相关。对科学转型问题的研究在近一百多年来一直不断。特别是在系统科学得到发展以后，对传统牛顿—笛卡儿式的科学进行了猛烈的批评，从不同角度提出并阐述了新的世界观、科学型或科学范式以及科学转型问题。尽管这些提法的名称可能不一样，如有机论科学、整体论科学/范式、复杂性范式和进化范式，等等，但是它们在本质上基本一致，都是对传统机械的、静止的、还原分割的、确定性的、实证主义的科学的反动，都阐述了世界整体的、有机的、复杂的、进化的本原。

哲学层面上对传统科学的批判恐怕最重要的莫过于怀特海的过程哲学或机体哲学了。怀特海在世界观上坚持有机整体论和动态生成论，并把这两者结合起来。就前者来说，他认为世界上的事物都是处于联系之中，自然、社会和思维乃至整个宇宙都是活生生的、有生命的机体，实际存在物的本性唯一地在于它与宇宙中的每一项都有某种完全而确定的联系。构成宇宙的基本单位不是所谓原初的物质或物质实体，而是由性质和关系所构成的"有机体"。就后者来说，怀特海认为万物都是处在生生不息的生成和创造之中。有机体的根本特征是活动，活动表现为过程，过程则是构成有机体的各元素之间具有内在联系的、持续的创造过程，它表明一个机体可以转化为另一个机体，因而整个宇宙表现为一个生生不息的活动过程。怀特海正是以流变和生成为特征的动力学来描述世界，而不是采用形态学的静态描述方法。② 这样，怀特海通过有机体的世界批判了传统分割还原的机械世界，通过生成性的过程反对了传统决定论的世界，从而将整体论和进化论思想统一于"有机体"的含义之中。

---

① 此外，何淑通还在《教育学术月刊》2011 年第 6 期上发表过一篇《专业制度对大学生就业的消极影响》一文。

② 杨富斌：《怀特海过程哲学思想述评》，《国外社会科学》2003 年第 4 期。

　　系统科学的发展对现代科学的批判不再是以怀特海那种抽象的形而上学的形式进行，而是建立在现代科学（如物理学、生物学、化学等）的新发现之上，使得这种批判更加具有"火力"，让人们对科学转型的必要性和现实性有了更加清楚的认识。产生于20世纪20年代、以俄罗斯学者波格丹诺夫和美国学者贝塔朗菲为代表的"一般系统论"，以"系统"作为世界的基本存在方式，从而在世界观和本体论上突破了现代科学的机械主义本体论。在此基础上，20世纪六七十年代产生的复杂性科学更是从自组织的动态性上说明了世界的整体性、复杂性，提出了整体性思维、关系思维、非线性思维和过程思维，等等。与此同时，起源于达尔文的生物进化论发展到20世纪下半叶成为了对宇宙、自然、社会、人等同样适用的"一般进化论"，一般进化论反对的是现代科学的决定论思想，强调的是进化过程中的生成性、不确定性、机遇和偶然等问题。一般系统论、复杂性科学和一般进化论从广义上来看都可以说是系统科学的内容，但是它们是从不同的角度来对现代科学进行批判，因此对新的科学也有不同的表述方式。如果说一般系统论、复杂性科学主要是将其目标瞄准在现代科学的机械分割、还原的思想，那么一般进化论则集中对现代科学的决定论思想进行轰击。所以建诸于三者之上的新的科学分别被称为"整体论"科学、"复杂范式"的科学（如埃得加·莫兰）或"进化范式"的科学（如拉兹洛）。

　　另外，对现代科学的攻击还来自于知识社会学、科学知识社会学。它们根据对知识和科学知识内容的分析，阐述了科学中理性的有限，突破了笛卡尔以来的二元对立的理性认识模式，强调了（科学）知识的社会性、非理性等问题，在主体与客体、人与世界的关系中打破了绝对对立，在科学与价值、科学与非理性、科学与社会之间建立了联系，这样就在现代科学的理性主义认识论上打开了缺口。在这方面，对现代科学的批判和科学转型的呼吁，一方面来自于科学大厦内部本身的崩溃，另一方面也是来自于社会对科学技术的批判。因为科学技术对人类带来的损害和威胁引起了人类对现代科学的担忧和反思，涌起的反对科学至上的思潮造成了科学的社会危机，导致了人们要对科学进行新的改造。①

---

　　①　董光壁：《静悄悄的革命——科学的今天和明天》，武汉出版社1998年版，第36页。

（二）关于学科制度的研究

21 世纪以来，国内学界掀起了一股学科制度研究的热潮，其肇始于 2001 年北京大学方文在《中国社会科学》所发表的《社会心理学的演化：一种学科制度的视角》。[①] 该文认为学科发展史是学科理智史和学科制度史的双重动态史，尝试从学科制度的视角分析社会心理学的学科发展历程，认为学科制度视角在学科理智视角之外为学科进展提供了基本的分析框架、策略和工具。此后，《中国社会科学》在 2002 年再次关注这一主题，于 2002 年 1 月 12 日组织召开"学科制度建设"研讨会，来自中国科学院、中国社会科学院、中央教科所、北京大学、清华大学、南开大学等单位的学者与会。会后《中国社会科学》专门发表由方文、韩水法、蔡曙山、吴国盛、郑杭生、吴志攀、萧琛等撰写的一组学科制度建设笔谈，引起了学界较大的反响。此后从各门学科和大学制度的角度来研究学科制度问题的成果纷纷涌现出来。

近几年来，伴随着对学科制度的研究，关于学科的研究又进一步深化，集中体现在对学科概念和内涵的分析。人们对学科的概念的理解不再是一种知识层面的理解了，不再把它看作一种教学的科目或知识的体系，而是还从更加广泛的社会层面来认识。在这方面，宣勇等人的成果比较具有代表性。

与学科制度相关的研究还有知识制度的研究，这方面比较有代表性的有石中英和朴雪涛。石中英从知识转型的视角来研究教育改革。他认为知识转型是知识型的转变，是原有知识政体的被颠覆，不仅包括了知识观念转变，而且包括了知识标准、知识制度、知识组织、知识信念以及知识分子生活方式和自我意识的转变。[②] 朴雪涛所著的《知识制度视野中的大学发展》则聚焦知识与大学的关系，认为大学作为组织实体，是知识生产和知识传播制度化的产物，所以大学制度主要是一种"知识制度"。他从知识制度的模式和变迁来研究大学制度发展与进步的内在机制，从知识制度的改革创新来探索大学的改革发展。[③]

[①]　方文：《社会心理学的演化：一种学科制度的视角》，《中国社会科学》2001 年第 6 期。

[②]　石中英：《知识转型与教育改革》，教育科学出版社 2001 年版。

[③]　朴雪涛：《知识制度视野中的大学发展》，人民出版社 2007 年版。

（三）关于我国学科专业制度的研究

新世纪以来，伴随高校教学改革和教学质量的深入，研究我国学科专业制度的文献日益丰富。这方面的代表有胡建华和刘少雪等。胡建华的《现代中国大学制度的原点：50 年代初期的大学改革》从历史的视角研究了 1950 年初期我国专业制度的引入和建立。该书以丰富的资料全面恢复了新中国成立初期那场高等教育革命的原貌，采取实证的方法和比较的方法，通过对历史资料以及实例的分析来阐明新中国大学改革、特别是教学制度的具体发展过程。该书对专业的概念、专业设置过程、教学计划的制定及其统一化、教学研究组的形成和发展进行了全面回顾和分析，清晰地展现了专业制度建立的全过程。① 刘少雪领衔的课题组对高等学校学科专业结构、设置及管理机制进行了充分的研究。该课题组从历史的角度，对不同时期指导高等学校学科专业设置的相关政策进行了分析；从高等教育适应社会需求的角度，运用问卷调查和比较研究的方法，对当前本科专业划分、设置布点以及管理制度等进行认真分析，对未来更加科学合理地设置和管理本科专业提出了建议。②

具体来看，学科专业目录的研究是这一方面研究的重要内容，几乎每一次学科专业目录调整的前后，均有大量的文献出现，为某一学科或专业应该进入学科专业目录，或者应该提升或改变其在学科专业目录中的位置而辩护。除此之外，还有学者另辟蹊径，采用科学社会学的研究角度来考察学科专业目录，如沈文钦从学科专业目录的层级管理性质和知识发展的新趋势出发，讨论了我国学科专业目录管理所遭遇的挑战。③ 蔺亚琼则以管理学为案例，以科学社会学中关于划界活动的研究为理论工具，勾勒出管理学在门类成立前的发展脉络，分析了管理学进入学科专业目录的种种社会力量。④

---

① 胡建华：《现代中国大学制度的原点：50 年代初期的大学改革》，南京师范大学出版社 2001 年版。

② 刘少雪等：《高等学校学科专业结构、设置及管理机制研究》，高等教育出版社 2009 年版。

③ 沈文钦等：《层级管理与横向交叉：知识发展对学科目录管理的挑战》，《北大教育评论》2011 年第 2 期。

④ 蔺亚琼：《管理学门类的诞生：知识划界与学科体系》，《北京大学教育评论》2011 年第 2 期。

此外，关于学科专业组织的研究也是学科专业制度研究的热点之一。

（四）大学生就业难问题研究

自1999年高校"扩招"以来，大学生就业难问题就日益突出，随之而来的是关于这一问题的研究的繁荣。根据中国知网的调查，以"大学生就业"为"篇名"，自1983年至2014年9月间，共有期刊论文记录14170条，其中1995年之前的每年记录为个位数，1998之前的每年记录也只有十多篇，自1999年开始每年记录则急剧增多，至最高年份2010年突破2000条，可见大学生就业问题研究之盛。从研究内容来看，关于这一问题的研究主要是以如何破解大学生就业难问题为目标，研究者从就业能力、就业观、课程改革、就业心理、产业结构调整、大学生创业、就业指导、家庭和社会资本等多个角度来分析和尝试解决这一问题。

从现有的研究来看，解决大学生就业难问题的对策主要是从大学生、高校和国家等几个利益相关者的角度提出。如就大学生而言，研究者认为应改变就业观念、提高就业能力、打造就业竞争力；从高校的角度来说，相关的对策建议包括改革人才培养模式、加强就业指导及课程建设、实行创业教育、对应产业调整和技术升级创新学科专业设置等；从国家的角度来看，建议包括加强对大学生创业的优惠保障政策、调整高等教育政策、促进高校优化学科专业设置，等等。但是纵观所有的研究，对于学科专业制度与大学生就业的关系关注极少，除《教育学术月刊》2011年第6期发表了何淑通《专业制度对大学生就业的消极影响》一文外，几乎没有从学科专业制度的角度来探讨解决大学生就业难问题的研究成果。在这篇论文中，作者分析了我国高等教育专业制度的三个特征，正是这三个特征使得我国大学生就业追求"专业对口"、高校设置专业"面向目录"、出现"贴标签"式的人才培养方式，对大学生就业产生了消极影响。在此基础上，作者提出了要正确认识专业的属性和功能，转变政府职能，落实高校专业设置自主权，激发学生的学习自主性，让学生由对专业的"依赖"变为"选择"，以提升学生的就业竞争力，等等。

（五）关于高等教育结构调整研究

高等教育结构调整研究是20世纪80年代以来的研究热点之一，主要集中于如何根据（商品）市场经济和高等教育大众化对高等教育学科专业结构进行调整两个主题上。主要代表有郝克明等人的高等教育结构研究、纪宝成等人的大学学科专业设置研究和谢维和等人的高等教育大众化进程中的结构分析，等等。如郝克明等人的《中国高等教育结构研究》一书是这一研究主题中比较早、也是比较突出的代表性著作。该书从调查出发，分析了经济社会发展对人才种类、数量、规格的需求，为调整高等教育结构和专业设置结构提供了参考数据。该书在对一些发达国家高等教育结构进行比较研究的基础上，提出了我国高等教育结构调整的建议与对策。① 纪宝成等人的《中国大学学科专业设置研究》立足于我国当代高等教育的发展，从纵向的历史和横向的国际比较两个研究视角，系统总结了我国大学学科专业设置百年来的规律和经验，重视和吸纳已有的相关研究成果，了解和分析若干发达国家和地区大学学科专业设置的特点，指出我国大学现行学科专业调协中存在的不足，从理论和实践两方面为我国当今大学，特别是研究生学科专业协调的改革提供新的理念和方案。② 谢维和等著的《中国高等教育大众化进程中的结构分析：1998—2004 年的实证研究》选择"结构"的角度，对 1999 年"扩招"以来的中国高等教育变化进行了分析和研究。该书依据大量的第一手数据，应用定量与定性相结合的研究方法以及数理统计的资料处理技术，通过对 1998—2004 年 10 个学科门类、本专两个层次、除港澳台外的 31 个省（市、区）高等教育在校生和招生数的分析，从科类结构、层次结构、布局结构，对我国高等教育"扩招"或高等教育大众化进程进行了比较详细的描述和分析，从规律与国情、张力与机制以及结构与质量三个方面对我国高等教育大众化的进程或"扩招"过程进行了评价分析。③

五　研究方法

（一）方法论

1. 系统方法论

"统治"现代科学的机械主义世界观也只是在文艺复兴以来的 300

---

① 郝克明、汪永铨：《中国高等教育结构研究》，人民教育出版社 1988 年版。

② 纪宝成：《中国大学学科专业设置研究》，中国人民大学出版社 2006 年版。

③ 谢维和等：《中国高等教育大众化进程中的结构分析：1998—2004 年的实证研究》，高等教育出版社 2007 年版。

年里达至"全盛"。实际上，在人类的思想史，与机械主义世界观相反的整体、系统世界观思想一直都存在，且可以说是源远流长。在中国传统哲学、古希腊朴素系统观念和莱布尼茨、康德、黑格尔、马克思、恩格斯等近代辩证系统思想的基础上，20世纪"系统"的系统思想（包括系统论、复杂性理论、进化论等）得以发展。系统论的发展是对现代科学机械主义世界观进行反思的结果，也是现代科学的新发现、新矛盾和新悖论发展的必然结果。

系统论不仅是一种本体论，还是一种方法论。作为本体论的系统论与传统的机械主义世界观相对应，它揭示了世界作为一个不可分割、互相关联、整体存在、不可还原的系统而存在。本体论决定了方法论，作为方法论的系统论是与现代科学分割、还原的认识方法是相对应的，主张采用非线性思维（而非线性思维）、整体思维（而非还原思维）、关系思维（而非实体思维）和过程思维（而非静态思维）来把握作为系统的认识对象。

本书采用系统方法论来认识学科专业制度，不仅认为学科专业制度本身作为一个具有特定功能的系统，而且还将其置于一个更大的外部系统之中，处于与外部其他诸多因素相互影响和制约的关系之中。本书认为，学科专业制度的产生和演变并不是独立的或突兀的事情，而是在一个特定的外部制度环境之中，受环境影响、制约和决定的事情。在本书中，我们不可能穷尽学科专业制度环境中的所有要素，只是遴选出与学科专业制度关系最为密切的三个主要因素：经济社会管理体制、科学技术发展状况和高等教育发展阶段，从这些因素出发来分析我国学科专业制度产生和演变的背景、动力和发展方向。

2. 结构功能主义方法论

这一方法论与系统方法论有一定的联系，也是将社会作为一个不可分割的整体来认识。结构功能主义是社会学中的一个重要理论派系，孔德、斯宾塞、帕森斯、列维斯特劳斯等都是其代表人物。这一派系的社会学理论认为社会是具有一定结构或组织化手段的系统（早期的孔德、斯宾塞甚至认为社会的运行就像生物有机体一样），社会的各组成部分以有序的方式共生、相互依存，并对社会整体发挥着必要的功能。社会的各个部门无法区分因和果，解释社会现象的有效方法只能是说明它们对整个社会所起的作用或它们所担负的社会功能。整体是以平衡的状态存在着，任何部分的变化都会趋于新的平衡。结构功能主义大师帕森斯一生贡献就在于整合各种分离的社会实体层次来形构社会结构，他认为，社会结构是拥有"目的达成"、"适应"、"整合"和"模式维护"等基本功能，由多个层次次系统所形成的一种整体的、均衡的、自我调解和相互支持的系统。不同的社会次系统对应着不同的功能，共同作用于整体的社会结构，并且通过不断的分化与整合，维持整体、动态的均衡秩序。

本研究接受了帕森斯最基本的理论观点，将包括学科专业制度在内的高等教育系统作为一个次系统，置于一个整体的社会结构之内。学科专业制度不仅与其他的各种要素共同作用于社会整体，而且也是通过动态的调整维持着与社会整体及其各个组成部分之间的平衡。本书认为，学科专业制度与经济系统、科学系统和高等教育系统共生共存，相互关联。本书就是在这样一种共生的关系网中来探讨学科专业制度的历史背景和改革方向，不就事论事。

3. 历史方法论

"温故可知新，鉴往能知来。"历史方法在对任何对象的研究中都具有重要的意义，因为我们不断需要一种时间观点来获取我们关于某个特定问题所搜集资料的意义。任何教育活动都是处在一定的发展过程和发展阶段之中的，因此，从这种过程和阶段的角度出发，对各种不同的教育活动进行必要的定位，从而去分析和理解这一教育活动的意义和价值。[①]

历史方法其实也是一种进化论的研究方法，就是不把研究对象看作为一个时间点的存在，而是将其当做一个发展过程，看成为后面拖有一条长长的轨迹的"彗星"。在历史的视角下，任何事物都不是静止不变的，变化也不是杂乱无章、毫无秩序的，而是保持一个有内在联系的进化序列。任何一个时空节点上的事物都不是一个孤立的东西，它有自己的过去和未来。它的过去不仅仅是一个个断续的具体历史史实，而是现

---

① 谢维和等：《中国高等教育大众化进程中的结构分析：1998—2004 年的实证研究》，教育科学出版社 2007 年版，第 37 页。

在建诸其上的一个连贯的进化序列。正如现代一般进化论的代表人物拉兹洛所言："宇宙中的其他事物，即使不像生物物种那样产生出来，但只要它们是在时间过程中形成的，那它们就必然也经历了一个进化的过程。物理学家们宣称，宇宙空间中的所有充填物——恒星、星系、星际物质，甚至我们所知道的空间和时间——都是在一个被称为宇宙进化的宏大过程中产生出来的。而社会科学家们又告诉我们，现代社会同样是从早期的、不那么复杂的人类组织形态发展而来的。"① 本书认为，高等教育史就是高等教育的进化史，高等教育并不是从一开始就是今天的样子，它也是进化的产物。在本研究中，我们采取一种进化论的研究视角来考察学科专业制度，不但将学科专业制度看成是一种流动生成的历史性存在，而且还把其看作是一个经历了"遗传"和"变异"的"自然选择"的结果。

历史方法其实也是一种系统论的方法。普通的系统论是一种共时性的系统论，描述的是任何一个事物都与同时的其他事物保持着密切的联系，历史方法论则是一种历时性的系统论，它把一个事物在不同时间点上的"影像"联系起来，就像用绳子把不同的珍珠串起来组成一个项链一样，历史方法将事物的不同历史影像"串"起来做系统的考察。在本书中，我们在一个平面上考察学科专业制度的不同历史"影像"，探讨不同"影像"之间的联系和差别。

（二）具体方法

按照潘懋元先生在高等教育研究的回顾和展望中对高等教育研究两条轨道的划分，② 本研究可以看作是实际问题研究。但在一定意义上它也可以看作是基本理论研究。因为就前者来说，本研究直接起源于当前的实际问题，研究的结论也可直接应用于实践，指导学科专业制度的改革，具有较强的针对性。就后者来说，本文探讨的是制度问题，集中关注了制度与环境之间的关系，涉及经济社会体制改革、科学转型和高等

---

① ［美］E. 拉兹洛：《进化——广义综合理论》，闵家胤译，科学出版社 1988 年版，第13 页。

② 潘懋元：《中国高等教育科学：世纪末的回顾与展望》，《天津市教科院学报》2001 年第 2 期；潘懋元等：《21 世纪初我国高等教育研究的进展与问题》，《国家教育行政学院学报》2006 年第 8 期。

教育大众化等众多基本理论问题，具有基础性。因此本研究可以看作是一种综合研究，根据这种研究类型和任务，研究方法也表现出相应的特点。

在具体的研究方法上，本书主要采用了以下几种方法。

1. 文献法：本研究对大量的文献进行了查阅、分析、整理。我们以几所大学的图书馆和中国期刊全文数据库为文献检索平台，对与本研究相关的多个学科文献进行了分类、整理，形成了大量的读书笔记和心得，这为本研究的进行提供了思路和营养。

2. 比较法：本研究采用比较方法，对计划经济和市场经济、小科学与大科学、精英高等教育与大众高等教育、国内与国外的情况进行了比较，清晰地揭示了学科专业制度环境的变迁，合理地提出了学科专业制度改革的方向。

3. 案例法：本研究以《运筹学》为例说明当前交叉应用学科的困境，以美国"个人专业"为例说明了专业的本质，以8校人才培养方案为例说明了当前高校人才培养的趋同，深度揭示了当前学科专业制度的困境和改革方向。本研究还探讨了不同学科的学科建设，特别选取了经济学、管理学、社会学作为案例，集中关注科学转型前后这些学科在研究对象、研究方法和学科知识体系等方面所发生的变化，为学科专业制度改革提供榜样和思路。

4. 实证量化分析法：本研究以8校人才培养方案为基础，从中提取数据进行高校人才培养趋同度的实证分析，用具体数据有说服力地说明了我国高校人才培养高度趋同、缺少分化。本研究还采集了高校"扩招"以来一段时间里每年全国高校各学科招生数据、各学科设置专业数、各专业布点数，进行各专业平均招生规模等数据分析，用具体数据说明了大学生就业难与高校人才培养趋同的紧密联系。

六 逻辑结构

本书从结构上看分为五个部分，简要介绍如下。

第一部分为第一章绪论。本部分交代了与研究相关的一些问题，分为五个方面：第一方面是"问题源起"和"研究意义"，主要解决"为什么要研究"的问题；第二个方面为"核心概念"，主要介绍"研究什么"；第三个方面是"文献综述"，主要解决在这个问题上"过去研究了什么"的问题；第四个方面是"研究方法"，主要介绍"如何研究"的问题；第五个方面是"逻辑结构"，主要介绍了研究"得到了什么"。

第二部分为第二章到第三章。本部分从制度环境的角度分析了我国传统的学科专业制度，分为三个方面：一是我国20世纪50年代以来的学科专业制度的历史回顾；二是从经济社会管理体制、科学发展状况和高等教育发展阶段等三个方面分析了传统学科专业制度的历史环境，三是在此基础上分析了传统学科专业制度在当前所遭遇到的困境和面临的问题。

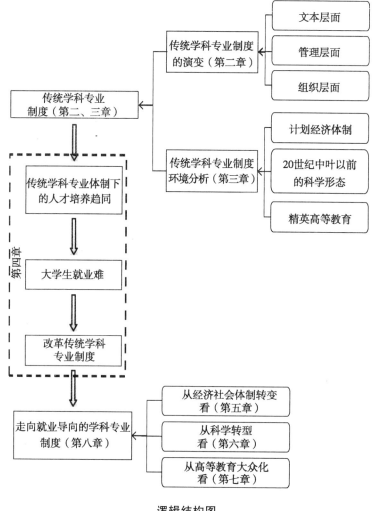

逻辑结构图

　　第三部分为第四章。本章主要阐述了当前大学生就业难问题与传统学科专业制度的关系，分析了传统学科专业制度下高校人才培养高度趋同的机制，并指出了在大学生就业难问题面前传统学科专业制度面临着自身无法解决的困境，亟待改革！本部分承上启下，承接前文对传统学科专业制度的研究，将这一制度与大学生就业难两个问题结合在一起，开启后文在大学生就业视野中的学科专业制度改革研究。

　　第四部分为第五章到第七章。本部分主要是从新制度环境的分析来探讨就业导向的学科专业制度改革方向，分为三个方面：一是推进宏观经济社会体制改革、建立社会主义市场经济体制对学科专业制度提出的新要求；二是科学转型对学科专业制度提出的新挑战；三是高等教育大众化对学科专业制度产生的影响。

　　第五部分为第八章。本部分主要是在第四部分的基础上，根据新制度环境对学科专业制度的要求，总结性地提出就业导向的学科专业制度的改革方向和对策建议。主要分为两个方面：一是从宏观、理念层面上提出并分析了"规范型"学科专业制度的改革方向；二是在微观、操作层面上从七个方面提出具体的对策建议。

第二章

我国*20世纪50年代以来的学科专业制度

第一节　20世纪50年代专业制度的建立**

一　"全面学苏"与专业制度的建立

1949年10月1日中华人民共和国成立后，面对当时复杂严峻的国际政治形势和当时苏联社会主义建设所取得的举世瞩目的成就，作为当时社会主义阵营的"小老弟"，新中国选择了"一边倒"、全面学习苏联"老大哥"的战略。1949年6月30日，当时中国的最高领导人毛泽东主席在《论人民民主专政》一文中说："我们必须学会自己不懂的东西，苏联共产党是我们最好的先生，我们必须向他们学习。"① "即将诞生的新中国必须全方位地站在苏联一边，实行向苏联一边倒的政策。一边倒，是孙中山的四十年经验和共产党的二十八年经验教给我们的，深知欲达到胜利和巩固胜利，必须一边倒。积四十年和二十八年的经验，中国人不是倒向帝国主义一边，就是倒向社会主义一边，绝无例外。骑墙是不行的，第三条道路是没有的。我们反对倒向帝国主义一边的蒋介石反动派，我们也反对第三条道路的幻想。"② 同年10月5日，国家副主席刘少奇在中苏友好协会成立大会上指出："我们要建国，同样也必须'以俄为师'，学习苏联人民的建国经验。苏联有许多世界上所没有

＊ 本书所称"我国""中国"或"新中国"均指我国大陆地区，不包括香港、澳门和台湾地区。

＊＊ 因20世纪50年代的专业目录中只有专业没有学科，而且专业也不是根据学科来划分，所以20世纪50年代的制度只称为"专业制度"，不适用"学科专业制度"。

① 《毛泽东选集》第4卷，人民出版社1991年版，第1480—1481页。

② 同上书，第1472—1473页。

的完全新的科学知识，我们只有从苏联才能学到这些科学知识。例如经济学、银行学、财政学、商业学、教育学等等。"①

正是在这一"全面学苏"的战略下，新中国仿照苏联建立了作为国民经济基础和支柱的高度集中的计划经济体制，并根据这一经济体制在各行各业建立起相应的管理体制。

高等教育全面学习苏联始自于 1952 年。在此之前的 3 年中，高等教育的主要任务是恢复高校教学秩序，接收教会学校，改造私立大学，并通过建立中国人民大学和哈尔滨工业大学等少数大学，进行学习苏联的试点工作。自 1952 年开始，国家全面按照苏联的高等教育模式进行了全国高校的院系调整工作，按照新中国国民经济建设的需要，对旧中国的大学进行全面改造，建立新的高等教育体系和管理体制。在对高校资源重新调配、组建单科性大学、建立"校—系—教研室"三级院校组织模式的过程中，教育部引进了苏联以"专业"为核心的教学和人才培养制度。从此，专业制度和专业教育的模式成为新中国成立以来高等教育教学和人才培养的基本制度和模式，这就是我国学科专业制度的肇始。②

二　专业与专业教育模式

（一）新中国成立前以系为基础的通识教育模式

从京师大学堂成立至新中国成立前半个世纪的时间里，我国现代意义上的高等教育先后经历了从日本模式向德国模式、法国模式和美国模式的转变。"包括《大学令》（1912 年 10 月）在内的'壬子·癸丑学制'是以日本的教育制度为蓝本制定，而以选修课程的导入、系的设立和董事会的成立为主要特征的《国立大学校条例》则明显地受到美国大学模式的影响"。③ 不同国家高等教育模式各异，都在我国现代高等教育中留下了重要的影响。

---

① 刘少奇：《建国以来刘少奇文稿》第 1 册，中央文献出版社 1998 年版，第 74 页。

② 适应计划经济体制和各行各业对建设人才的需求，当时的专业划分其实是与行业相对应的，并没有涉及学科的划分与设置问题。所以 20 世纪 50 年代建立起来的专业制度还只是适用于本科教育的专业制度。

③ 胡建华：《现代中国大学制度的原点：50 年代初期的大学改革》，南京师范大学出版社 2001 年版，第 31 页。

如果把京师大学堂作为我国现代意义上的高等教育的肇始的话，① 那么在1949年之前的五十多年的高等教育历史中，受西方高等教育思想的影响，以追求学问为宗旨的通才教育一直是旧中国高校人才培养的主要特点。如张百熙主持起草的《钦定京师大学堂章程》就规定："谨遵此次谕旨，端正趋向，造就通才，为全学之纲领;"② 1912年蔡元培就任中华民国南京临时政府教育总长时颁布的《大学令》明文规定，大学应以"教授高深学问，培养硕学闳材、应国家需要"为宗旨;③ 而1929年国民党政府颁布的《大学组织法》也明确大学要"研究高深学术"。④

自1929年在仿照法国的大学院与大学区制度失败后到新中国成立前的20年时间里，国民政府仿照美国高等教育模式先后颁行了一系列的高等教育法规，如《大学组织法》（1929年7月）、大学规程（1929年8月）等，形成了新中国成立前我国高等教育的基本形态，这一美国模式的高等教育形态是旧中国现代高等教育史上时间最长、影响最大的高等教育形态，也是新中国高等教育改革的直接基础和背景，下面本书就从与新中国仿照苏联建立起来的高等教育形态对比的角度出发，谈谈新中国成立前旧中国高等教育教学和人才培养的几个鲜明的特点。

一是在多科性综合院校中培养人才。1929年7月，国民政府教育部颁布《大学组织法》，取消单科大学的设置。随后公布的《大学规程》规定，大学各"科"改称学院，共设文、理、法、商、农、工、医、教育等八个学院。凡具备三个学院以上须包含理学院，或农、工、医各学院之一的，才得称为大学;不合这条件的，称为独立学院，得分两科。政府以学院或科为单位或抓手，组织管理大学或独立学院。从日后大学设置的学院来看，多数大学都遵从"文、理二科为主"，"包含理学院或农、工、医各学院之一"的方针办理的。⑤

---

① 学界关于我国现代高等教育的起源上存在争论，另一观点认为我国现代高等教育肇始于京师同文馆。

② 李曼丽：《通识教育——一种大学教育观》，清华大学出版社1999年版，第200页。

③ 潘懋元、刘海峰：《中国近代教育史资料汇编·高等教育》，上海教育出版社1993年版，第394页。

④ 宋恩荣、章威：《中华民国教育法规选编》，江苏教育出版社1990年版，第416页。

⑤ 刘敬坤等：《中国近代高等教育发展历程回顾》（下），《东南大学学报》（哲学社会科学版）2004年第2期。

　　二是在学院中以学系为基础组织教学。在大学或独立学院里，以学院/科下设的学系为基础开设课程、开展教学，进行人才培养。根据《大学规程》，大学文学院或独立学院文科，分为中国文学、外国文学、哲学、史学、语言学、社会学、音乐学及其他各学系；大学理学院或独立学院理科，分为数学、物理学、化学、生物学、生理学、心理学、地理学、地质学及其他各学系，并得附设药科；大学法学院或独立学院法科，分为法律、政治、经济三学系，但得专设法律系；大学教育学院或独立学院教育科，分为教育原理、教育心理、教育行政、教育方法及其他各学系；大学农学院或独立学院农科，分为农学、林学、兽医、畜牧、蚕桑园艺及其他各学系；大学工学院或独立学院工科，分为土木工程、机械工程、电机工程、化学工程、造船学、建筑学、采矿、冶金及其他各学系；大学商学院或独立学院商科，分为银行、会计、统计、国际贸易、工商管理、交通管理及其他各学系；大学医学院或独立学院医科，不分系。① 根据国民党政府教育部的有关规定，第一学年的课程以学院为单位开设，第二年以后的课程由系为单位开设。

　　三是在学分制下大量设置选修课。根据 1929 年国民政府教育部颁发的《大学规程》第九条："大学各学院或独立学院各科课程得采学分制，但学生每学期所修学分须有限制，不得提前毕业。"② 在学分制条件下，高校大量设置了选修课。根据 1935 年国民政府教育部对全国 25 所大学的课程设置调查，各系里选修课和必修课的数量大致相当，在一些文科系里，选修课的数量甚至还超过了必修课许多，如中文、哲学、社会学等。在最多的情况下，如经济学中，选修课数量甚至还是必修课程种类数的 2 倍还多。③

　　四是宽口径、厚基础。国民政府教育部高度重视选修课和公共课的设置和教学。根据 20 世纪 30 年代中期的有关规定，全国大学的必修课程和选修课程由教育部制定，必修课全国统一，选修课由各大学在教育

---

　　① 刘敬坤等：《中国近代高等教育发展历程回顾》（下），《东南大学学报》（哲学社会科学版）2004 年第 2 期。
　　② 曲士培：《中国大学教育发展史》，山西教育出版社 1993 年版，第 544 页。
　　③ 杜元载：《革命文献第 56 辑——抗战前之高等教育》，转引自胡建华《现代中国大学制度的原点：50 年代初期的大学改革》，南京师范大学出版社 2001 年版，第 39 页。

部制定的范围内选定；1938 年、1944 年又先后召开了全国大学课程会议，讨论制定/修订了文、理、法、师范等学院/科的公共课程设置。①表 2 - 1 是 1944 年修订的文学院公共课程表。从表中可以看出，相对于新中国成立后的专业教育模式来讲，新中国成立前高校的人才培养还真是宽口径、厚基础的。

表 2 - 1　　　　　1944 年修订的全国大学文学院公共课程表

课程	学分	第一学年		第二学年		备注
		上学期	下学期	上学期	下学期	
三民主义	4	2	2			
伦理学	3			3		
国文	6	3	3			
外国语	6	3	3			
中国通史	6	3	3			
世界通史	6			3	3	
哲学概说	4	2	2			
逻辑学	3				3	
科学概论 普通数学 普通物理学 普通化学 普通生物学 普通心理学 普通地质学	6	3	3			
社会科学概论 法学概论 政治学 经济学 社会学	6			3	3	
合计	50	16	16	9	9	

数据来源：胡建华：《现代中国大学制度的原点：50 年代初期的大学改革》，南京师范大学出版社 2001 年版，第 41 页。

实际上，如果与我们今天的学科制度比较，当时大学的学院或独立

---

① 胡建华：《现代中国大学制度的原点：50 年代初期的大学改革》，南京师范大学出版社 2001 年版，第 41 页。

学院的科其实相当于我们今天的学科门类，而系实际上就是我们今天的一级学科。也就是说，新中国成立前本科人才的培养是以一级学科为基础来进行，人才培养的目标就是以学科为基础的学科型人才，实行的是一种通识性的人才培养模式。

（二）20 世纪 50 年代的专业教育模式

"学习苏联先进经验，进行教学改革，是中国高等教育的一次革命。"① 新中国成立后，在高度集中的计划经济体制下，新中国对旧中国遗留下来的高等教育资源按照苏联的模式进行了全面的改造。改造的整体思路有二：一是在高等教育系统层面上，减少综合性大学，增设单科性高校，建立起与行业相对应的社会主义高等教育系统；二是在人才培养层面上，打破旧中国以系为基础的通识性的人才培养模式，引进并建立起高度计划性、与行业密切结合的专业教育模式。两项改造的目的都是为适应计划经济体制，使高等教育密切配合国民经济建设各条战线的需要，培养满足行业需要的高级专门人才。正如时任教育部副部长曾昭抡在 1952 年所言："经过院系调整，全国大部分高等学校的任务，即将逐渐明确起来。过去许多'一揽子'的大学，将一变而成为具有确定目标与范围的高等学校……这次院系调整的一个重要方面，在于有步骤地确定每个高等学校所设的'专业'，使各校皆有明确的任务，集中培养某几行国家建设需要的专才。"② 下面我们就重点谈谈专业和专业教育模式。

1. 专业

专业教育就是以专业为基础培养人才的教育。"专业"是理解专业教育的核心概念。"专业"一词译自俄语，最早被翻译为"专科"，因为词不达意，而且也易与当时的"专科学校"相混淆，所以后改为"专业"。

"'专业'就是一行专门职业或一种专长。按照苏联高等教育制度，'专业'是培养高级专门人才的目标；高等学校的教学设施以专业为基础，系不过是学校里面的行政单位。政府培养人才的办法，是按照国家

---

① 马叙伦：《高等教育的方针、任务问题》，《人民教育》1953 年第 4 期。
② 曾昭抡：《高等学校的"专业"设置问题》，《人民教育》1952 年第 9 期。

建设需要，确定专业的设置，并以专业为基础作有计划的招生。每种专业，各有一套具体的教学计划，按照这种经过慎重考虑的教学计划去学习，学生毕业后，即可成为那一门的专家，立即可以担任起工程师或其他相当的职务"。① 从后来的实践来看，专业不仅局限于高等教育系统中，而且还是贯通社会知识系统、人才系统和生产系统的桥梁；不仅整个高等教育系统是围绕着专业进行设计而形成的，专业是高等教育系统的基本组成单位和细胞，而且专业还成为国家管理高等教育的重要工具和抓手；不仅高校的人才培养是以专业为单位进行，而且高校的一切资源都是以专业为平台来配置。具体分析来看，专业的内涵可以这样看：

首先，"专业"并不完全是一个教育意义上的概念，它还是生产部门的社会分工和认识领域中的知识分类的概念。专业是"高等学校或中等专业学校根据社会分工需要而划分的学业门类"② 或者是"在高等学校的一个系里或中等专业学校里，根据科学分工或生产部门的分工把学业分成的门类"。③ 所以说，专业不仅是指教育中的人才培养分类，还是社会特定的专门性职业和与特定职业相连的特定知识领域，而且三者还是内在地一致，因为人才培养就是根据社会的职业分类来对学生进行特定知识的教育，或者说是在专业教育中，以专业知识培养社会需要的专业人才。国家正是通过这样的专业制度，将生产、教育和知识部门对应起来，以对人才的需求、培养和分配更好地实现计划调控，切实保证高等教育服务于国民经济建设。

其次，专业是高等教育系统组成和管理的基本单位。正是基于上述对专业的理解，所以在高度集中的计划经济体制下，高等教育的发展建设就在专业的基础上进行。政府按照国民经济各方面建设的需要，确定人才需求的种类和数量，决定全国高校应该设立的学术专业，然后结合师资、设备等条件，形成高校中的人才培养专业，然后在相近性质专业的基础上组成系，再在相近性质系的基础上组成单科类的高校，这是新

---

① 曾昭抡：《高等学校的"专业"设置问题》，《人民教育》1952 年第 9 期。

② 夏征农：《辞海》，上海辞书出版社 1999 年版，第 3194 页。

③ 中国社会科学院语言研究所词典编辑室：《现代汉语词典》，商务印书馆 1995 年版，第 1518 页。

中国成立后我国高等教育发展的基本模式。① 同时在高等教育管理中，专业也成为计划控制的直接工具和抓手，各种行政指令和指标均直接与专业联系在一起，专业成为管理的直接对象。

最后，在计划经济体制下，高等学校的专业不仅是课程组合和学习计划，同时还拥有各种相对独立的资源。不仅学生是以专业为单位进行招生、培养和管理的，而且师资队伍的组成、课程的设置、设备的购置使用和资金的分配等都是依附于专业进行的。一个专业成为一个拥有各种实质资源，拥有人、财、物系统的独立"王国"。

2. 专业教育模式

可以说，苏联在计划经济体制下所创造出来的"专业"是高等教育史上的一个新事物，以专业为基础的专业教育模式也是在西方高等教育模式之外的一项重大发明。尽管今天看来，这种教育模式存在诸多的问题，但是在当时的情况下，这种模式适应了当时经济社会体制、科学发展和高等教育自身的情况（具体详见第三章），具有非常大的优越性，在培养当时国家建设所需要的高级专门人才、支撑国民经济发展方面发挥了重要的作用。相对于新中国成立前以系为基础的通识教育模式，以专业为基础的专业教育模式具有如下几个特点。

（1）主要是在单科院校中培养人才。如前所述，20 世纪 50 年代初期院系调整的思路就是减少综合性大学数量，将综合大学改造为文理科大学，大量设置与行业相对应、由行业主管部门主管的单科性院校。在单科性院校中培养人才，培养目标与行业需求密切对接，人才培养的目的更为明确，高等教育更能满足国民经济建设的需要。

（2）以专业为基础培养专门人才。专业是在单一行业下的细分，专业是对应行业实际设置的人才培养分类，以专业为基础培养的就是应用型的高级专门人才，也就是毕业后"即可以成为那一门的专家，立即可以担任起工程师或其他相当的职务"的人。在专业教育中，专业是人才培养的单元和平台，是拥有学生、师资、设备和图书等各种资源的"实体王国"，也是高等教育管理和资源分配的基本框架，每个专业拥有自己独有的培养目标、教学计划、课程和教学大纲。

---

①　曾昭抡：《高等学校的"专业"设置问题》，《人民教育》1952 年第 9 期。

（3）在学年制下基本取消选修课。实行专业教育模式，一个根本的目的就是实行人才培养的计划化，不但使人才培养的数量和质量有计划地适应经济建设需要，而且在人才培养的过程中，要在计划好的培养目标下，按照计划好的课程、教学内容和教学方法有步骤地组织教学，最后形成计划好的人才素质规格。所以在专业教育的管理中，严格按照教学计划培养人才是一个突出的特点。"各个专业的教学计划中，所列各种课程，都是必修，没有一样是选修科目"；① 所以，专业教育模式一般实行学年制，学生不能选择专业、课程、教师、教学方法，等等，也不能提前或推迟毕业，人才培养过程犹如一条机械化的生产线。

（4）密切对接行业实行专门化。专业是行业的细分，专业是按照行业生产实际岗位的要求设置课程，因此专业教育更贴近实际，但是培养的口径一般来说比较窄，知识基础比较薄。与新中国成立前高校以学科门类设院、以一级学科设系、以系为基础培养人才相比，新中国的专业教育一般都是在二级学科上设置专业和培养人才，课程设置的范围要狭窄了许多。教育部对高校专业设置提出了要逐步实现专门化的要求，这从教育部在对华东军政委员会关于南京大学土木系分化问题请示的批示中可以看出："我部原则上同意南京大学土木系将原'结构组'发展为'厨房工程组'及'桥梁工程组'二组，将'路工组'改为'道路工程组'。惟对该系'卫生工程组'改为'市政及卫生工程组'一项，我部认为今后各系之分组应以趋向专业化为原则，原'卫生工程组'任务单纯明确，正符合培养专门人才的本旨；同时目前国家对卫生工程人才的需要亦远较市政建设人才为迫切，'卫生工程组'不应改为'市政及卫生工程组'。"②

三　20世纪50年代的专业制度

专业制度是专业教育的制度表达。按照前面对专业制度的理解，在这里，我们也从文本层面、管理层面和组织层面论述20世纪50年代新

---

① 曾昭抡：《高等学校的"专业"设置问题》，《人民教育》1952年第9期。

② 《南京大学土木系分组问题的请示》，教育部档案，1951年长期卷，卷20。转引自胡建华《现代中国大学制度的原点：50年代初期的大学改革》，南京师范大学出版社2001年版，第180页。

中国建立起来的专业制度。

（一）文本层面

文本层面的专业制度主要指的是专业目录。在经过 1952、1953 年的院系调整后，我国高等教育的系统改造和资源重新配置工作基本完成。为了统一规范高校的专业设置，保证高校人才培养规格的实现，便于国家对高等教育进行有效的计划调控，使高校的人才培养与国民经济建设对人才的需要相一致，高等教育部（1952 年底成立）即开始制定全国统一的高等院校专业目录工作，并于 1954 年 11 月颁布了《高等学校专业目录分类设置（草案）》，这是新中国的第一份专业目录。《高等学校专业目录分类设置（草案）》是参考苏联高等教育专业目录制定的，目录以行业部门为基本分类框架，将高等学校的专业按其对应的部门，分为 11 个大类和 40 个小类，详见表 2-2。

表 2-2　　　　　　　　《高等学校专业目录分类设置（草案）》

行业部门	专业类	专业	专业数
工业部门	普通机器制造类	略	25
	动力机器制造类	略	7
	仪器制造类	略	2
	电机制造类	略	2
	电气仪表和电气制造类	略	3
	动力类	略	7
	无线电工程和电讯类	略	4
	应用矿务的地址和勘探类	略	9
	地下矿藏开采类	略	10
	冶金类	略	10
	天然与人工液体燃料工学类	略	3
	无机硅酸盐和有机化合物工学类	略	10
	木料和纤维造纸工学类	略	3
	食品和调味品工学类	略	5
	纺织、皮革、橡皮和印刷类	略	6
	特殊工业类	略	

续表

行业部门	专业类	专业	专业数
建筑部门	土木建筑与建筑学类	略	15
	测量和制图类	略	4
	水文气象类	略	1
运输部门	铁道运输类	略	9
	公路运输类	略	1
	水路运输类	略	6
农业部门	农学类	略	7
	畜牧兽医类	略	2
	水产类	略	2
	农业技术类	略	2
林业部门	林业类	略	3
财政经济部门	财政经济类	略	16
保健部门	医疗卫生类	略	4
	药剂类	略	1
体育部门	体育和运动类	略	1
法律部门	法律类	略	2
教育部门	社会科学类	略	6
	语言科学类	略	19
	自然科学类	略	21
	师范院校类	略	16
音乐艺术部门	音乐艺术类	略	4
	戏剧艺术类	略	4
	电影艺术类	略	2
	美术艺术类	略	3

　　作为新中国的第一个专业目录,《高等学校专业目录分类设置(草案)》确立了以后学科专业目录的模本和基本范式,在新中国高等教育史上具有重要的地位。这一专业目录具有如下几个特点。

　　一是与行业相对应的专业设置。《高等学校专业目录分类设置(草案)》以国民经济建设各个部门或各条战线为基本分类框架,在各个部门下设置专业类,在专业类下设置具体专业。把专业设置在部门下,将专业与行业相对应起来，充分体现了高校人才培养服务国民经济建设的国家意志和诉求。在这种专业目录下，高校可以针对具体行业和职业岗位培养人才，国家也可以根据具体部门和行业的需要对高等教育人才培养进行有效地计划和调控。但是与此同时，由于部门和行业生产实际变化较快，因此专业的稳定性相对于学科基础上的专业来说更差一些。

二是绝对分类下的专业设置。《高等学校专业目录分类设置（草案）》采用三级目录编制，在绝对分类下逐级设置专业。第一级是部门分类，第二级是部门下的行业分类，第三级是行业下的专业分类。在这个目录里，分类清晰，边界明确，任何行业都是特定部门下的行业，任何专业都是特定部门和特定行业下的专业，不存在跨越部门的行业，更不存在跨越部门和行业的专业。绝对分类下的专业设置使得每一个专业的培养目标和对应的行业、职业岗位非常明确，提高了人才培养的针对性和适切性，但是这种绝对的分类后来在实践中也带来了专业封闭、人才培养口径窄等诸多问题。

三是浓厚苏联色彩的专业设置。专业教育模式是苏联高等教育的"先进经验"，仿照苏联建立专业目录自然也就不足为奇了。就《高等学校专业目录分类设置（草案）》来说，无论是从其专业设置的数量来看，还是从其设置专业的结构来看，都与苏联当时的专业目录非常接近，甚至某些专业名称还是直接"抄袭"而来。①

（二）管理层面

管理层面的专业制度主要指的是专业的管理体制。20世纪50年代高等教育专业管理体制的最大特点就是权力高度集中，中央政府对全国高校专业进行统一规范和调控。

首先，从专业设置和改革的实际过程来看，中央政府一直扮演着主导作用。专业的设置实际上是与院系调整紧密结合在一起的。从一开始，院系调整就是在中央政府的主导之下进行的高等教育的专门化过程，调整的方向就是以建立单科院校为重点，对原有高校的学科进行拆分和同类项的合并。如教育部在1950年7月给之江大学调整的指示中

---

① 胡建华：《现代中国大学制度的原点：50年代初期的大学改革》，南京师范大学出版社2001年版，第213页。

明确提出："今后开设新学系，必须日趋专门化，不应拼凑成立。"① 这样，中央政府通过大规模的院校调整，对高校的专业资源进行了重新配置。

其次，中央政府制定了统一权威的专业目录，作为全国高校进行专业设置的唯一合法依据。在 1952、1953 年院系调整和专业设置的基础上，为了规范各高校的专业设置，以便保证人才培养的计划性和统一性，教育部于 1954 年颁布了《高等学校专业目录分类设置（草案）》。该草案详细列举了作为高校专业设置范围的所有专业种类的名称，而且还为每个专业规定了详细的培养目标。

最后，中央政府甚至还为每个专业制定了统一的教学计划和课程大纲供全国高校执行。为了完全满足经济建设的人才需求，为了保证高等教育与经济建设的有效对接，很显然，政府不仅要对人才需求的种类、数量进行严格的分类，而且还要对人才的知识水平、技术能力等规格做出详细的规定，以便让高校能够保质保量地实现人才"产出"。院系调整和专业设置是为有计划地培养人才提供体制基础，颁布统一的专业目录也仅仅是在表面上统一规范了人才培养的种类。要真正保证统一人才培养目标的彻底实现，还必须对具体的教学过程和教学内容进行统一的规范。正是基于这一考虑，从 1953 年开始，高等教育部先后启动了专业教学计划和课程教学大纲的全国统一化进程。根据高等教育部 1954 年工作总结中的统计，该年共为 173 个专业制定了全国统一的教学计划。② 而在该年制定的统一教学大纲中工科有 210 个，农科 44 个，理科和文科共 16 个。而在此后的三年里，还有许多专业、特别是工科专业的相当数量的教学大纲被制定颁布。

通过集中统一的管理，不但高校及校内学系、专业的设置要由中央教育行政部门决定，而且就是学校的人事任命、招生计划、就业分配、编制确定、职称等具体细小事务，也都要由高校的主管部门决定。正如高等教育部 1956 年颁布的《中华人民共和国高等学校章程草案》所规定，"高等学校的设立和停办，由中华人民共和国国务院决定。高等学

① 胡建华：《现代中国大学制度的原点：50 年代初期的大学改革》，南京师范大学出版社 2001 年版，第 179 页。
② 同上书，第 227 页。

校的系、专业、教研组、函授部、夜校部、夜分校和函授教学辅导站的设立和变更，由中华人民共和国高等教育部决定"。"高等学校根据高等教育部批准的教学计划和教学大纲进行教学工作"。[①]

（三）组织层面

组织层面上的专业制度主要指的是基于专业的高等教育系统的组织方式以及高校内部学术组织的设计和管理制度。这里我们重点分析高校内部的学术组织设计和管理。

在计划经济体制下，由于国家将科学研究的职能配置给了高校之外的专门的科研系统，高校成为了一个纯粹的人才培养单位。在纯"教学型"的高校里既没有专门的科学研究组织，甚至也没有延续西方大学的"教学与研究相结合"的传统。这样，高校组织纯粹是从教学和专门人才培养的角度来进行设计，组织设计和管理相对新中国成立前的高校发生了巨大变化。

新中国成立前，我国被称为"大学"的高校的基本结构是校—院—系三级组织模式。一所综合性大学一般必须设有包含理学院、农学院、工学院、商学院或医学院在内的三个以上学院。[②] 学院下设置系，人才培养以系为平台。如前所言，如果按照今天的学科分类来看，学院建立在学科门类上，学系建立在一级学科上。

但是新中国成立后，经过院系调整以后，除了保留了少数只由文理科组成的综合大学之外，国家对不同高校的同一学科专业的资源进行了"同类项的合并"，大量设置了单科性院校。与此同时，由于在高校内"消灭"了多学科的共存，因此新中国成立前综合大学内设的建立在学科门类上的学院就没有存在的必要。或者从某种意义上来说，单科性院校其实就是新中国成立前大学的学院在办学层次上的提升。新的单科性院校以系为中层组织，在中层组织的设计中，专业扮演了重要的角色，这与新中国成立前的情况大为迥异。"旧制度中院系的设置，是自上而下，先办起一所大学，内设若干学院，每院下设若干系，如有必要，再

<hr />

①　《中华人民共和国高等学校章程草案》，高等教育部档案，1956 年永久卷，卷 65。转引自胡建华《中国高等教育管理体制改革分析》，《南京师范大学学报》（社会科学版）2005 年第 4 期。

②　曲士培：《中国大学教育发展史》，山西教育出版社 1993 年版，第 441 页。

将一系分成若干组。在新制度中，首先考虑的不是设系问题而是设置专业问题。政府按照国家经济、文教、政法等各方面建设的需要，决定全国应该设立的专业，然后结合各高等学校的师资、设备条件，在每校设置一定的专业。专业决定以后，几个性质相近的专业，可以结合成为一系；同时一系也可以只有一个专业"。①

在新中国高校组织设计中，设计者不但将西方大学的科研机构索性从高校中驱逐干净，还创造性地设计了教研室（组）作为教学和人才培养的基层组织。高校按专业来设置系，一个系与一个专业（或接近的几个专业）相对应；在系内的教师中，按照课程来设置教研室，一个教研室与一门课程（或接近的几门课程）相对应。这样，新的"校—系—教研室"三级组织代替过去的"校—院—系"老三级组织，成为新中国高校通行的组织模式。

在新的组织模式里，"系是按照专业性质设置的教学行政组织"，"教学研究室是按照一门或者几门课程设置的教学组织"，②"教学研究指导组（即教研室前称，作者注）为高等学校的基本教学组织，直接进行一门或性质相近的几门课程的教学工作及围绕教学的研究工作"。其职责中明确包括"讨论、研究、制定和实施本组课程的教学计划与教学大纲；收集有关教学资料，编写教材；研讨教学过程中发生的问题，交流教学经验和切磋教学方法"。③在这样一个线性组织系统里，教研室是最基本的教学组织，设计者对整体的人才培养任务进行线性分解，将最小的任务单元与教研室联系起来，教研室就是最基层的任务执行单位，任务明确，工作具体，它极大地提高了人才培养的针对性和有效性，保证了国家任务的落实和人才培养目标规格的实现；教研室也是一种严格的研究组织（主要是教学研究），担任同一门课程或相近课程的教师通过教研室这个平台共同研究人才培养和教学问题，改进教学方法，提高教学质量，这极大地提高了人才培养的质量和效率；教研室还

---

① 曾昭抡：《高等学校的"专业"设置问题》，《人民教育》1952 年第 9 期。

② 转引自胡建雄《学科组织创新》，浙江大学出版社 2001 年版，第 13 页。

③ 上海市高等教育局研究室等编：《中华人民共和国建国以来高等教育重要文献选编》（上），转引自胡建华《现代中国大学制度的原点：50 年代初期的大学改革》，南京师范大学出版社 2001 年版，第 252 页。

是一种在感情友谊和人事管理意义上的教师组织，它为专业相近、兴趣相投的教师提供了交往、合作的组织机遇，为组织建立密切联系和教师建立亲密关系提供了可能，同时也为对教师的管理提供了有效的框架和工具。

可以说，教研室的成立改变了西方大学教学以个人为单位的悠久传统。在成立教研室的新式高校中，教师的活动不再仅仅限于个人方式，讲课内容、方法由教研室成员集体讨论决定，成员之间互相听课、沟通、协商，教学成为一种教师的集体活动。教师教学活动形式从个体到集体的转变给中国高校组织制度和教学制度带来了深刻的影响。[1]

以1950年院系调整前的浙江大学为例，其组织结构为"校—院—系、所"。是一所设文、理、工、农、医、法等6个学院的综合性大学。其中，文学院设6个学系、3个研究所；理学院设6个学系、5个研究所；工学院设5个学系、1个研究所、1个农场和1个实验总场；医学院设医预科、附属医院、7个学科（解剖学科、生理学科等）和9个科（内科、外科等）；法学院设法律学系；教务处下设"体育课"。在1952年的院系调整中，除之江大学工学院的土木系和机械系并入浙大，浙大文学院和理学院的数学、物理、化学、生物等系部分教师分离出去成立浙江师范学院；浙大的医学院迁入新成立的浙江医学院；数学、物理、化学、生物和人类学系调整到复旦大学，地理系调至华东师范大学，理学院的药学系并入上海医学院，农学院分离出去成立浙江农学院，其中畜牧兽医学系调入南京农学院，森林学系调到东北林学院，工学院土木工程学系的水利组调到华东水利学院，航空工程学系调到南京航空学院，等等。经过调整后，浙江大学从一所综合大学变成为一所工业院校，学院被全部撤销，成立学系。1954年浙江大学的组织系统中设有机械、电机、化学和土木工程4个学系。机械工程系中设4个本科专业、3个专修科专业、5个教研组、1个实习工厂；电机工程学系设2个本科专业、1个专修科专业、3个教学小组、3个教研组；化学工程系设2个本科专业、1个专修科专业、3个教研组；土木工程学系设1

---

① 胡建华：《现代中国大学制度的原点：50年代初期的大学改革》，南京师范大学出版社2001年版，第251页。

个本科专业、1 个专修科专业、5 个教研组，另在教务处下设体育教研组、热工教研组、制图教研组、力学教研组、物理教研组、数学教研组、外国语教研组和马列主义教研组等。①

第二节　新中国成立六十多年来我国学科专业制度的演变

我国高等教育目前的学科专业制度肇始于 20 世纪 50 年代，至今已有六十多年。六十多年来，适应经济社会发展的需要和高等教育自身发展形势的变化，这一制度在文本层面、管理层面和组织层面均发生了各种各样的变化。下面，本书以本科专业制度为例分三个层面来回顾六十多年来我国学科专业制度的演变。

一　学科专业制度的演变

（一）文本层面

自 1954 年我国颁布了第一份专业目录以来的六十多年里，因应高等教育内外部环境变化的需要，学科专业目录历经了几次修订，共形成了六个版本的本科教育专业目录和五个版本的研究生教育学科目录。下面以本科专业目录为例逐一进行简单介绍：

1. 1954 年颁布的《高等学校专业目录分类设置（草案)》

关于这个目录，前面（第二章第一节）已有详细介绍，在此不再赘述。但是，特别要强调的是，由于当时高校仅仅作为专门人才培养的中心，强调教育与国民经济各建设部门的对应，所以第一个专业目录并没有考虑学科的分类问题，忽略了专业的学科基础。

2. 1963 年颁布的《高等学校通用专业目录》

第一次专业目录颁布九年后，国家计划委员会、教育部针对高等学校实际专业设置过程中专业数目不断增长、专业面过窄、专业名称混乱的情况，重新颁布了学科专业目录，即《高等学校通用专业目录》。1963 年目录最典型的特点就是在专业分类上改变了过去单纯的行业部

---

① 胡建雄：《学科组织创新》，浙江大学出版社 2001 年版，第 150、153 页。

门框架，按照"行业 + 学科"的分类方式进行专业设置，共设置了工科、农科、林科、卫生、师范、文科、理科、政法、体育、艺术等十一个一级类。该目录将过去的"工业部门"、"建筑部门"、"运输部门"等三个一级类统合为"工科"，将原属于"教育部门"一级类中的"社会科学类"、"语言科学类"、"自然科学类"等三个二级类提升为一级类，分设为"文科"和"理科"，而原来的"师范院校类"二级类提升至新的"师范"一级类。此外，该目录还在我国学科专业目录史上首次增加了专业的数字编号，对每一个专业设置了 6 位数编码，其目的就是要规范各高校的专业设置，防止出现专业名称变动频繁、专业变动过大、专业名实混乱等问题。

　　3. 20 世纪 80 年代的专业目录

　　"文化大革命"结束后，面对国际科学发展的新趋势，适应国家工作重心转移和经济社会建设的需要，新一轮的学科专业目录修订显得十分必要和迫切。从 1978 年 8 月，教育部和国家计划委员会发出了《关于进行高等学校专业调查和调整工作的通知》，到 1988 年 11 月最后一个学科的专业目录——《全国普通高等学校体育本科专业目录》的颁布，这次专业目录修订历时了 10 年，共颁布了工科、农科、林科、医药、理科、社会科学、师范教育和体育本科等 7 个本科专业目录，共设置了 8 个门类、77 个专业类和 702 种专业。这一次学科专业目录修订有几个特点：一是修订方式上是分学科、分部门进行；二是一级类数目较 1963 年的 11 个减少为 8 个，而专业种数较 1963 年的 432 种增加到 702 种；三是专业分类框架进一步凸显了学科的基础性，行业部门的特征进一步弱化。所有一级类基本上都是学科性质，而且因为一级类数目的减少使得学科的内涵得到扩大。

　　4. 1993 年颁布的《普通高等学校本科专业目录》

　　20 世纪 80 年代的学科专业目录主要是满足高等教育事业拨乱反正的需要制定的，而且这一目录修订历时达 10 年之久，期间国际科学技术发展和我国经济社会发展的形势日新月异，很多变化不能在原有的目录中得到反映，另外这一目录本身还存在着专业划分过细、专业口径过窄等问题。与此同时，1990 年国务院学位委员会又颁布了《授予博士、硕士学位和培养研究生的学科、专业目录》。在这种情况下，在 1988 年修订完最后一个学科专业目录——《体育本科专业目录》后不久，国家教委即组织进行新一轮的本科专业目录修订工作，并于1993年颁布了《普通高等学校本科专业目录》。1993年的本科专业目录的最大特点就是在分类框架上抛弃了过去长期以来坚持使用的部门和行业，采用学科作为唯一的分类框架，并对原有的学科分类方法进行了较大调整，与1990年制定的研究生学科目录保持一致。与此同时，1993年的目录还对原有的专业数进行了较大幅度的删减。新的分类框架是哲学、经济学、法学、教育学、文学、历史学、理学、工学、农学、医学等十大学科，共设置了504个专业。

5. 1998年颁布的《普通高等学校本科专业目录》

1993年的目录虽然在1980年版本的基础上压缩了近200个专业，但是其专业设置数仍然保留在500个以上，仍然没有改变我国高校本科专业设置中的划分细、口径窄、基础薄等问题。面对国际科学技术和知识经济迅猛发展的新趋势，面对新世纪创新型人才培养的迫切需求，同时也为了与1997年修订的研究生学科目录保持一致，教育部于1997年启动了新一轮本科专业目录的修订工作，并提出了"拟将原有的500多种专业调减一半左右"的目标。[①] 新的目录于1998年7月颁布实施。这一次本科专业目录修订的主要亮点有两个：一是将专业种数从504个减少为249个，减幅为50.6%；二是根据1997年修订的研究生学科目录，在一级类中增设了管理学门类。

6. 2012年颁布的《普通高等学校本科专业目录》

2010年，在1998年本科专业目录颁布12年后，教育部启动了新一轮的本科专业目录修订工作。本轮修订工作的宗旨是为了"贯彻落实教育规划纲要提出的要适应国家和区域经济社会发展需要，建立动态调整机制，不断优化学科专业结构的要求"，在经过两年的努力后，教育部最终于2012年形成并颁布了《普通高等学校本科专业目录（2012年）》和《普通高等学校本科专业设置管理规定》。2012年本科专业目录中的学科门类与国务院学位委员会、教育部2011年颁布的《学位授予和人

① 国家教育委员会：《关于进行普通高等学校本科专业目录修订工作的通知》1997年4月15日。

才培养学科目录（2011 年）》的学科门类基本一致，分设哲学、经济学、法学、教育学、文学、历史学、理学、工学、农学、医学、管理学、艺术学 12 个学科门类。相比于 1998 年的本科专业目录，2012 年目录新增了艺术学学科门类，专业类由修订前的 73 个增加到 92 个，专业数由修订前实际设置的 635 种调减到 506 种。

表 2 - 3　　　　　　　六次本科专业目录比较分析

时间	分类框架	一级类数	专业数
1954	行业	11	257
1963	行业 + 学科	11	432
20 世纪 80 年代	行业 + 学科	8	702
1993	学科	10	504
1998	学科	11	249
2012	学科	12	506

数据来源：根据相关资料整理而成。

（二）管理层面

管理层面的学科专业制度主要指的是学科专业的管理体制，这是整个高等教育管理体制的一个部分，与国家的宏观经济社会管理体制息息相关。新中国成立 60 多年来，总的来看，在国家经济体制改革和高等教育管理体制改革的宏观背景下，学科专业的管理体制经历了一个从中央政府向地方政府分权、政府向高校分权的过程，在管理方式上经历了一个从计划指令、统一管理逐步向与宏观调控、市场调节相结合的变化过程。

在新中国学科专业制度确立起来到改革开放前的约 30 年的时间里，由于坚持计划经济体制，管理层面的学科专业制度尽管发生了一些变化，但是从总体上来看还是基本稳定的。真正的变化应该是 1978 年以后，特别是 1985 年高等教育管理体制改革启动以后。[①]

1985 年，中共中央颁布了《关于教育体制改革的决定》，提出了"要扩大高等学校的办学自主权"，明确规定"高校有权调整专业的服

①　关于改革开放以来管理层面的学科专业制度变革参考了课题组：《高等学校学科专业结构、设置及管理机制研究》，高等教育出版社 2009 年版，第 31、46—55 页。

务方向，制订教学计划和教学大纲，编写和选用教材"，第一次打破了政府独揽专业设置管理权限的"坚冰"，从理论上确立了高校的专业设置管理自主权，这可以说是改革开放后探索学科专业管理制度改革的第一步。尽管这一文件尝试对高校进行学科专业事务赋权，但是改革的步伐仍然非常缓慢，实质的改变仍然非常有限。在一年后国务院为"加强和改进对高等教育的宏观指导和管理，扩大高等学校的管理权限，进一步调动学校和广大师生员工、办学单位和用人部门等各方面的积极性"，而发布的《高等教育管理职责暂行规定》里，虽然高校"根据党和国家的教育方针政策及修业年限、培养规格，可以按社会需要调整专业服务方向，制订教学计划（培养方案）、教学大纲，选用教材，进行教学内容和方法的改革"，但是学科专业设置的审批权仍然掌握在国家教委手里，高等专科学校所属专业的增设和撤销仍由国务院有关部门和省级人民政府在国家教委的指导下进行审批，高校在学科专业设置上仍然没有实质的自主权。

　　1989 年，国家教委颁发了《普通高等学校本科专业设置暂行规定》，明确规定："普通高等学校专业设置，实行区别情况，分别由高等学校、学校主管部门和国家教育委员会分工负责审定和审批的办法"，尝试建立高校、高校主管部门和国家教委三方共享学科专业设置自主权的管理体制。文件第八条规定："普通高等学校在专业目录中同类相近专业（第十条规定的几种情况除外）的范围内调整专业，或在本专业类范围内拓宽专业、改用目录内业务范围较宽的专业名称，由学校自主负责审定，报学校主管部门备案，同时抄报国家教委。普通高等学校增设非常设的招生计划全部属于委托培养的本科专业班，在专业目录的范围内，学校可按照专业设置的审批条件进行论证后自主负责审定，论证结果须报学校主管部门备案，同时抄报国家教委。"第九条规定："普通高等学校增设专业目录内的本科专业（第十条规定的几种情况除外），按学校归属，分别由中央有关部委、各省、自治区、直辖市和计划单列市高教主管部门负责审批，报国家教委备案。主管部门在审批专业时，对通用专业的设置应注意征求有关行业主管部门或地方主管部门的意见。计划单列市审批本科专业必须征得所在省主管部门的同意。"显然，这一文件第一次真正赋予了高校在本科专业目录内的一定的自主设置权，为高校获取专业设置管理权迈出了重要的一步。

1993 年，国家教委完成了新一轮本科专业目录的修订工作，颁发了《普通高等学校本科专业设置规定》，进一步下放了学科专业管理权。首先，专业目录的性质发生了改变。国家教委在《关于印发〈普通高等学校本科专业目录〉等文件的通知》明确指出："这次印发的《专业目录》规定了专业划分、名称及所属门类，反映培养人才的业务规格和工作方向，是设置、调整专业，培养高级专门人才，授予学位，安排招生，指导毕业生就业，进行教育统计和人才预测等工作的重要依据，是国家对高等教育宏观管理的一项基本的指导性文件。"同时指出，高校在保证专业基本要求的同时，可"根据人才需求变化及时设置或调整专业方向"，对专业目录中所列的部分专业的参考专业方向，"高校可以根据不同情况选用，也可不用或自定"。其次，在 1989 年《普通高等学校本科专业设置暂行规定》的基础上，国家重点普通高校相比于其他普通高校可以在本门类所属的二级类范围内自主调整专业，还具有"按学校的学科性质，在学校主管部门核定的本科专业数和相关学科门类内"自主设置、调整专业目录内的其他专业的自主权。再次，进一步下放了目录外专业的审批权。专业目录本身就是国家集中管理和计划设置专业、协调人才培养和人才需求的重要工具，严格按照专业目录设置专业是学科专业制度的一贯要求。所以国家对高校目录外专业的设置一直是比较严格，而且一般都是由国家最高教育行政部门负责审批。但是1993 年的《普通高等学校本科专业设置规定》则明确了目录外专业的设置程序——"由学校主管部门组织论证后并按规定程序审批，报国家教育委员会备案"。显然，这就意味着目录外专业的设置权已经从教育行政部门让渡到了行业部门，从中央政府下放到省级政府。总之，1993年的改革标志着"高等学校的专业设置审批权从过分集中于教育部（国家教育委员会）向教育部（国家教育委员会）、地方（部门）高等学校主管部门和高等学校分级审批制度转变"。①

1998 年，国家颁布了《中华人民共和国高等教育法》，该法律明确

---

① 刘少雪等：《高等学校学科专业结构、设置及管理机制研究》，高等教育出版社 2009年版，第 50 页。

规定："高等学校依法自主设置和调整学科、专业"，在法律层面赋予了高校的学科专业管理自主权。同年，教育部在发布新版本科专业目录的同时颁布了《普通高等学校本科专业设置规定》，这一文件又从多个方面扩大了高校的学科专业自主权。例如，它进一步扩大普通重点高校专业设置自主权。实际上，从1993年开始，普通重点高校相对普通高校在学科专业设置自主权力上已经享有不同待遇，它们不但能行使后者所享有的在目录内设置、调整本门类所属二级类范围内专业的自主权，而且还可以"设置、调整专业目录内的其他专业，按学校的学科性质，在学校主管部门核定的本科专业数和相关学科门类内，经本校学术委员会或其他相应组织讨论通过，由学校自主审定，学校主管部门核报国家教育委员会备案"。1998年的改革则在此基础上，将原来"由学校自主审定，学校主管部门核报国家教育委员会备案"的程序修改为"经本校教学指导委员会或其他相应组织讨论通过，由学校主管部门核报教育部备案"。因为，根据1998年的《普通高等学校本科专业设置规定》，普通重点高校除了设置和调整目录外专业需"由学校主管部门按规定程序组织专家论证后教育部审批"、国家控制专业"由学校主管部门审定后报教育部审批"外，其他类型的专业设置自主权已基本得到。相对而言，普通高等学校专业设置的审批权更多的是下放到学校主管部门了。①

　　1999年，"为贯彻实施《中华人民共和国高等教育法》，落实第三次全国教育工作会议精神，进一步扩大高等学校的办学自主权，加快我国高等教育事业发展的步伐，尽快形成高等学校专业设置管理的良性运行机制，并有利于国家对高等学校专业设置的宏观调控和管理"，教育部对1998年颁布的《普通高等学校本科专业设置规定》做了必要的修订，颁布了《高等学校本科专业设置规定》（1999年）。这一次修改在学科专业设置权限上的最大亮点就是向省级政府放权，增强了省级政府对区域内高校学科专业的宏观调控能力。文件指出："省、自治区、直辖市教育行政部门统筹协调本行政区域内高等学校的专业设置、调整工作。国务院有关部门审核或审批所属学校专业，应征求学校所在省、自

---

① 刘少雪等：《高等学校学科专业结构、设置及管理机制研究》，高等教育出版社2009年版，第50页。

治区、直辖市教育行政部门的意见。"这相对于 1998 年《普通高等学校本科专业设置规定》中的"中央部委所属普通高等学校设置、调整专业，须考虑所在地区人才需求和现有专业设置情况，学校向主管部门申报设置或调整专业时，须将申报的专业名称同时抄报学校所在省（自治区、直辖市）教育行政部门"来说，有了非常大的改变。

2000 年，教育部办公厅下发了《关于近期高等学校本科专业设置几个具体问题处理意见的通知》，在 1999 年的基础上又进一步下放了 1998 年专业目录中一般控制设置专业（专业代码加有★，共 35 种，由教育部负责审批）和从严控制设置专业（专业代码加有△，共 27 种，原则上不再增加布点）的审批权，规定"从本年度起，《普通高等学校本科专业目录（1998 年颁布）》中专业代码加有★和△者（不含运动训练、运动人体科学、民族传统体育三个专业），不再由教育部审批，改由各省、自治区、直辖市教育行政部门和国务院有关部委教育主管部门负责审批。此类专业的备案仍按有关规定办理"。这样，省级政府在本科专业设置管理的权限进一步扩大。

2012 年是本科专业设置管理权限调整最大的一次。这一年伴随新版本科专业目录出台的同时，教育部还颁布了《普通高等学校本科专业设置管理规定》。根据这一规定，除了国家控制布点的 62 种专业和尚未列入新目录的新专业外，其余 444 种专业高校都可以自主设置。高校只要在校内组织专业设置评议专家评议后，将专业设置的申请材料提交到专门网站进行公示，公示期满后，高校将公示期间所提意见的研究处理情况及专业设置申请材料报高校主管部门进行形式审核，主管部门在审核汇总后报教育部备案即可。高校在目录内专业（控制布点专业除外）的设置上不再需要主管部门或教育部的审批。当然，与此同时，为避免专业设置"一放就乱"的现象，这一规定还明确了"专业监督检查评估"，提出要加强信息服务与公开、加强专家组织的作用、加强新设专业的质量管理及政府和社会对高校专业设置质量的有效监督。其中，将建立政府、社会及用人单位对专业质量的监督、评价机制，根据学校专业的社会声誉、毕业生就业状况、用人单位反馈意见等，形成高校专业建设监督监测体系和专业设置预警机制。还将积极推进网上公开申报、受理和咨询，高校备案或审批专业的材料全部实行网上公示，广泛接受社会监督。显然，2012 年的改革在落实和扩大高校专业设置自主权上迈出了重大步伐，也意味着政府管理高校学科专业设置工作的职能和方式上的重大转变。

（三）组织层面

组织层面的学科专业制度主要指的是高等学校的学科专业组织的设计及管理制度。20 世纪 50 年代初的院系调整以及专业设置实际上奠定了我国改革开放以前、甚至是 20 世纪 90 年代以前高等教育系统和高等学校的组织设计和管理格局，以与行业相对应的单科性院校为主的高等教育组织系统、以"校—系—教研室"为模式的高校组织模式成为新中国成立后几十年内高等教育的基本组织特征。而这一特征则是与传统的学科专业制度紧密地联系在一起的，甚至说是以后者为基础的，两者之间的关系就是建立在专业课程与教研室、专业（类）与系、行业/学科与单科类院校、学科专业目录与整个高等教育系统的一一对应上。这也就是说，组织层面的学科专业制度与文本层面的学科专业制度是严格对应的，或者说是互为依据的。

但是改革开放后，伴随着计划经济体制向社会主义商品经济和市场经济体制的转轨，传统的与计划经济体制相适应的高等教育管理体制和学科专业制度越来越表现出不适应性，并最终导致了 20 世纪 80 年代中期以来我国学科专业制度的逐步变革。这一变革表现在组织层面上就是高校的合并和高校内部学术组织的变革上。下面从这个层面来进行分析。

1. 高校的合并

在计划经济时代的高等教育系统中，"高校设置和管理的典型特点就是单学科性和与行业相对应，高等教育资源配置的典型特点就是'条块分割'，高等教育'条块分割'，部门分割，专业过窄，规模过小，低水平重复设置高等院校和专业，产学研脱节，包得过多，统得过死，从而使教育资源难以得到合理配置和充分利用，影响了整体办学效益和教育质量的提高。"[1] 进入 20 世纪 90 年代，这种高等教育的资源配置和高等学校的设置管理方式开始发生重大的变革。其变革的动因主要来自于两个方面：一是国家建立社会主义市场经济体制的方向已经明确。建

---

[1]　李岚清：《李岚清教育访谈录》，人民教育出版社 2003 年版，第 80 页。

立社会主义市场经济体制要求高等教育既要按照市场经济的要求打破
"条块分割",建立新型的管理体制,不断下放高校办学自主权,又要
按照市场经济的要求科学地配置高等教育资源,提高高等教育资源利用
效率,减少资源浪费,提高办学效益。另一个原因就是进入20世纪90
年代,面对世界科学技术迅猛发展和新技术革命的浪潮,面对日益激烈
的国际竞争局势和知识经济已露端倪的经济社会发展形势,国家确立了
"科教兴国"的发展战略,因此,培养创新型人才、提高人才培养质量
和科研水平的要求日益迫切。而与此同时,传统的单科类院校和与行业
相对应的专业教育模式由于学科单一、专业划分过细、培养口径过窄造
成培养的人才基础薄、知识面窄、发展乏力、创新能力差等问题,难以
满足新形势的需求。正是在这两大背景之下,自1992年开始,我国高
等教育开始了以高校"共建、调整、合作、合并"为主要内容的新一
轮院校调整运动。据粗略统计,从1992年开始到2000年6月21日,
共有490所高校(普通高校355所,成人高校135所)合并组建204所
大学(普通高校196所,成人高校8所)。

20世纪90年代的这场院校调整运动的方向几乎与20世纪50年代
的院系调整完全相反。它对高等教育系统组织的一个重要影响就是彻底
改变高等学校与行业的对应,通过增加教育行政管理部门的统筹能力和
下放高校管理权限,打破行业主管部门对行业高校的控制,增强了地方
省级人民政府对高等教育的调控能力,大量组建了多科类和综合性大
学,以提高办学资源的利用效率和人才培养的质量。

2. 高校内学院的出现

伴随着20世纪90年代大规模的院校合并以来,传统的建立在计划经济
体制基础上的高等教育系统被彻底地改造,单科性院校被取消,产生了大
量的多科类和综合性高校,这种新型高校的产生对过去院校内部的"校—
系—教研室"老三级组织模式产生了重大冲击。因为过去的组织模式是建
立在单科性高校的基础上,系是同类专业的集合,而教研室则是一门课程
或几门相近课程的师资的组织,是教学的基本单位,不是行政组织。高校
合并后,不同或多个学科在同一高校内部共存。显然,在过去的组织模式
中作为中层组织的系,基本是单一学科内专业类的载体,已经很难成为学
科的载体了。这样,以学科为基础的学院取代了以专业类为基础的系成为

了高校的中层机构,而系仍然作为同类专业集合被置于学院的内部。尽管在这一次的高校组织再造中,模式多样,方式不一,例如的有的学院是实体的,有的学院又是虚的,有的学院权力大,有的系权力大。但是从最基本、最主流的来看,按一级学科(有些学校甚至还是按学科门类)设学院、按二级学科(有些学校甚至还是按一级学科)设系似乎成为了我国高校最主要的组织模式。这样,随着高校合并,我国高校的内部组织模式在表面似乎又回到了新中国成立前大学的"校—院—系"模式。但是从其实质来看,新的"校—院—系"组织模式仍然与过去有所不同,因为它仍然是建立在专业教育模式的基础上,专业仍然是人才培养的基本单位,是高校进行管理和资源分配的单位,仍然按照教学计划开展教学活动,这与新中国成立前以系为人才培养平台、实行通识教育的模式是大相径庭的。

经过高校合并以及其后带来的高校内部组织再造,我国高校的学科专业组织模式发生了很大的改变,过去高等教育系统与学科专业目录、学校与学科、系与专业、教研室与课程相对应的格局被打破,学院取代学系成为高校的中层组织,并在很大情况下成为了学校行政管理的重要层次,而系在很多情况下被虚化,从行政组织蜕化为教学组织。按一级学科(或学科门类)设院、按二级学科(或一级学科)设系成为高校内部新的组织形态,过去那种以专业或系作为基本管理框架上升到以院或学科为框架。

(四)学科专业制度演变的逻辑分析

1. 学科专业制度演变的轨迹趋势分析

(1)专业分类设置框架日益从纯行业部门向纯学科发展。

从我国本科专业目录的历次修订来看,专业的分类框架存在着一条清晰的从行业向学科变革的轨迹。新中国成立之初,根据经济建设的需要培养合格的人才成为高等教育的首要任务。为此,国家对高等教育进行社会主义改造,根据计划经济"条块分割"的需要对原有高等学校进行院系调整,实行行业部门办学,建立了单科性、与行业部门相对应的高等教育系统。在这样的办学环境中,根据行业生产发展需要、行业生产技术水平来确定高等学校人才培养的类别、目标、规格和数量就理所当然地成为高等学校进行人才培养的重要方向,因此,以行业分类为标准,在行业内根据行业生产的不同领域和技术发展情况来设置专业类和专业就成为我国第一个专业目录的设置逻辑。

　　但是从 1963 年本科专业目录的修订起，中央政府已经注意到了行业标准的专业设置框架带来的问题并进行了一定的纠正。当时的国家计划委员会和教育部在修订之时就提出："高等学校划分专业应该考虑到国家用人各部门所需要的各种专门人才的种类、业务范围和数量；同时应该考虑学科发展的状况……在专业划分上，一般是学科上成熟的可独立为专业，学科上不够成熟或业务范围过窄的不宜过早独立成专业。"①从其一级分类的名称来看，行业和部门绝对主导专业分类的局面开始有所松动，专业分类与行业部门不再是一一对应，学科（如工科、理科、文科）开始成为专业目录的一级分类名称。

　　在推进经济体制改革、发展社会主义商品经济、建立和完善社会主义市场经济的过程中，我国高等教育管理体制也随之发生了相应的变化，政府不断改革"条块分割"的经济体系和高等教育系统，不断扩大企业自主权和高校自主权，高校毕业生从国家分配逐步走向自主择业。在这种情况下，行业不再拥有自己的高校，高校不再是某个行业的高校，高校与行业的对应关系被打破。同时，毕业生不再像物质资源一样接受国家的分配，专业与行业、岗位必然对应的关系也被打破。加上大科学时代科学发展趋势的改变和厚基础、宽口径创新人才培养的需要，以行业、技术为分类框架的学科专业目录必然发生变化，逐步从绝对的行业标准走向行业 + 学科的标准，再到绝对学科标准。如在 20 世纪 80 年代的本科专业目录中，学科的色彩更加突出，行业部门标准更加弱化，甚至连专业目录都是以学科为单位进行分开单独修订。而且在专业修订过程中，即使是工科、农林科等与行业或部门需求对应特别密切的学科，其专业设置也要遵循以下两种标准，以保证专业的学科性和理论基础：一是延续 50 年代以来的按工程范围或业务对象划分，而且按业务对象范围划分的专业，还"必须有明确的主干学科（或主要学科基础）；另一个就是按技术的学科划分。"② 尽管 20 世纪 80 年代版的

---

　　① 国家计划委员会、教育部：《关于修订"高等学校通用专业目录"和"高等学校绝密、机密专业目录"的报告》1963 年 8 月 7 日。
　　② 刘少雪等：《高等学校学科专业结构、设置及管理机制研究》，高等教育出版社 2009 年版，第 31 页。

本科专业目录中专业设置以学科为分类框架的特点已经很鲜明，但是这时的学科仍然带有一定的行业色彩，如农科、林科、师范就是典型的行业部门标准。即使是教育部在进行专业目录修订时仍然为行业部门标准留下了空间，提出了"划分专业一般应以学科为主，同时根据学科的不同性质，适当兼顾业务部门的需要"。① 但是从第四次修订本科专业目录开始，专业设置的学科标准已经非常纯粹。从 1993 年起，此后的本科专业目录为了保持与研究生学科目录的一致，在一级分类中完全实行纯学科的分类框架。而且国家教委在指导思想上对这一点也是非常明确，1997 年在修订目录之初就提出了"专业主要应按学科划分"，这一要求比 20 世纪 80 年代提出的"划分专业一般应以学科为主………适当兼顾业务部门的需要"要更进一步。而且对于那些与行业关系密切的应用性学科领域，继续强调了 20 世纪 80 年代的"应用学科也可按工程对象、业务对象划分，但必须有明确的主干学科或主要学科基础"。②

学科分类设置框架的转变不只是文本层面上学科专业目录的改变，其在深层上反映了国家经济社会管理体制的转变，这一转变对学科专业管理制度和组织产生了重要的影响。

（2）从重工轻文、重理轻文转向文理综合发展。

在六个版本的本科专业目录中，如果简单地按照文理进行粗略的划分，那么一级类的分类顺序存在一个从先理后文、重理轻文转向文先理后、文理综合发展的趋势。在 1954 年的本科专业目录中，工业部门是排在最前面的一级类，第一个文科性质的一级类则排在第六位。在 1963 年的版本中，工科部门仍然作为一级类排在最前面，而排在最前面的真正的"文科部分"仍然只是第六位；而在 20 世纪 80 年代的版本中，修订并颁布最早的是 1984 年 6 月的工科目录，其他学科的目录修订时间分别为农林科（1984 年 10 月）、医药（1987 年 8 月）、理科（1987 年 11 月）、社会科学（1988 年 4 月）、师范（1988 年 4 月）和体育（1988 年 10 月）。这里仍然可以看到延续前两次修订时对不同行业/学科的价值倾向。到 1993 年的第四次修订时，学科排行的顺序则发

---

① 刘少雪等：《高等学校学科专业结构、设置及管理机制研究》，高等教育出版社 2009 年版，第 31 页。

② 同上书，第 41 页。

生完全相反的变化，文科部分被提到学科目录的最前面，而理科部分则完全被置于文科部分之后。

另外，从本科专业目录中的专业数量来看，如果仍然按简单的文理进行粗略划分，则可以看出文理科专业的数量比较由理（工）多文少向文理平衡发展。如在1954年的目录中，光工业部门一级类下面的专业设置数就达到106个之多，几乎占到了总专业数目的41.25%。如果把工业部门、建筑部门、运输部门、农业部门、林业部门、保健部门和体育部门7个一级类均认为是理科的话，再加上教育部门中的自然科学类和师范院校专业类中的理科专业，则理科专业设置达到了191个，占到总专业设置数的74.32%。在1963年版专业目录设置的432个专业里，如果把工科部分、农科部分、林科部分、卫生部分、理科部分、体育部分的专业种数以及师范部分的理科专业加在一起，则理科专业种数可以达到360个，占总专业种数的83.33%。而从20世纪80年代版目录的开始，属于理科的专业所占比例逐渐下降，文科专业数量逐渐上升。在1993年目录的504个专业中，属于理科（含理学、工学、农学、医学）的专业数为313个，约占总数的62.10%，文科（含哲学、经济学、法学、教育学、文学、历史学）专业总数则为191个，占总数的37.9%。到1998年的目录，在总共249个专业中，理科和文科（包括管理学）的专业数分别为132个和117个，所占比例几乎相当了。

表2－4　　　　　　　历次本科专业目录文理科专业构成比例①

时间	理科类专业数量（个）	所占比例（%）	文科类专业数量（个）	所占比例（%）	专业总数（个）
1954	191	74.32	66	25.68	257
1963	360	83.33	72	16.67	432
20世纪80年代	466	66.38	236	33.62	702
1993	313	62.10	191	37.90	504
1998	132	53.01	117	46.99	249
2012	276	54.55	230	45.45	506

数据来源：根据相关资料整理而成。

---

① 本表对历次学科专业目录中文理科专业构成的统计只是在学科门类上的粗略统计，将工科（学）、理科（学）、农科（学）、林科、医学、体育等计入理科，将文科、师范、财经、政法、艺术（学）、历史学、哲学、法学文学、教育学、管理学等计入文科。这种统计实际上并不完全准确，只是实际情况的大致反映。

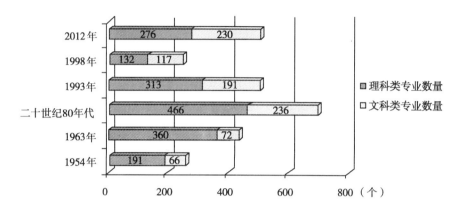

图 2 - 1　六次本科专业目录文理科专业构成情况

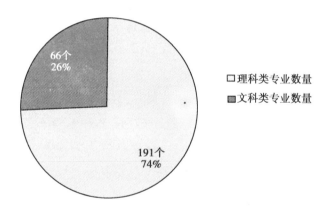

图 2 - 2　1954 年本科专业目录文理科专业构成情况

（3）专业种数经历了由增到减再增的"波浪起伏"的趋势。

纵观 20 世纪 50 年代以来我国本科教育的专业设置情况，无论是在专业目录中的专业种数还是高校实际设置的专业种数，专业种数都经历了一个由增到减再增的"波浪起伏"的趋势（见图 2 - 8）。在历次修订的本科专业目录里，专业设置种数分别是 257、432、702、504、249 个和 506 个，从 1954 年到 20 世纪 80 年代处于一个逐渐增长的趋势，在 20 世纪 80 年代达到最高点，其后又开始急剧下降，在 1998 年似乎又回到了 20 世纪 50 年代的原点，再到 2012 年又开始上升。而从高校的实际专业设置种数来看，也存在一个类似的曲线。如在颁布第一个专业目录之前的 1953 年，全国共实际设置专业 215 个，到 1957 年，这一数

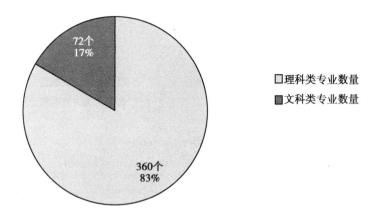

图 2 - 3 1963 年本科专业目录文理科专业构成情况

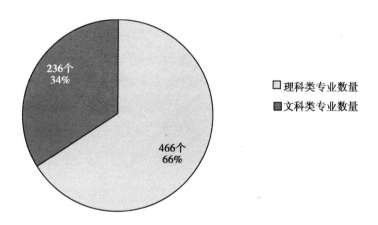

图 2 - 4 20 世纪 80 年代本科专业目录文理科专业构成情况

字达到 328 个，1958 年为 363 个，进入"大跃进"后的 1962 年则达到 654 个。"文化大革命"期间，高等教育遭受严重摧残，高等学校专业设置十分混乱。1978 年"文化大革命"结束后经整理登记，达到 819 个。1980 年甚至达到了 1039 个，达到了新中国成立以来全国高校实际专业设置数量的最高峰，此后，逐渐呈下降趋势，1990 年为 841 个、1998 年为 779 个，2001 年为 473 个。

（4）在学科专业管理上由多部门向单部门转变。

在 1954 年版本科专业目录颁布后的五次修订工作中，主持修订工作的单位是不同的，而且从这种变化中也可以得到一定的启示。1963 年和 20 世纪 80 年代的两次修订均是由国家计划委员会和教育部（委员

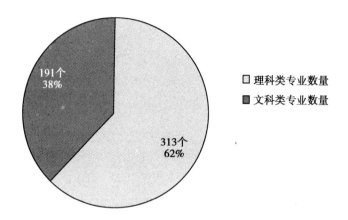

图 2-5 1993 年本科专业目录文理科专业构成情况

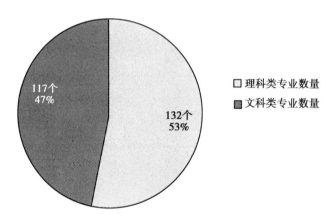

图 2-6 1998 年本科专业目录文理科专业构成情况

会）来主持，而其后的三次修订工作则是由教育部单独主持进行。国家计划委员会是计划经济时代国家对国民经济建设进行整体计划的机关，由国家计划委员会来牵头进行本科专业目录的修订，更加突出地表明了高等教育在国家整体计划中的重要地位，也突出了高等教育相对于国民经济建设的服务服从地位。

上述四个方面的轨迹趋势在内在价值观上是高度一致的。当国家实行高度集中的计划经济体制时，我们坚持高等教育的社会本位和功利价值，往往把高等教育看作是满足国家经济建设人才需求的"工具"，我们就更加强调高等教育与社会生产实际（行业和部门）的对应，国家就会更加运用计划权力来对高等教育进行集中调控，以保证高等教育人

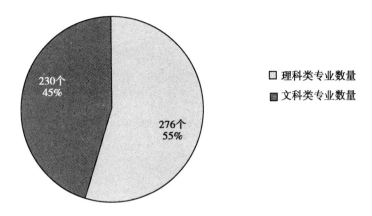

图 2-7　2012 年本科专业目录文理科专业构成情况

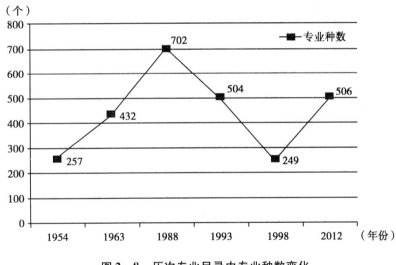

图 2-8　历次专业目录中专业种数变化

才培养与经济社会建设相一致。这时，高等教育的专业设置就绝不会只是教育部门的事情了，而且是国家整个建设计划总体的一部分，本科专业事务也就需要纳入更高层次的国家计划之中。而且这时还会更加重视理工科专业的设置，以保证科技人才保质保量地培养，这样，本科专业目录中的理工科专业数量就会保持在一个较高的分量上。而且随着经济建设的全面铺开和深入发展，为了不断增长的各行各业的人才需求，高等教育的专业数量也就不可避免地增长。与此相反，当国家转向市场经济体制时，高等教育就不可能完全转向社会本位论的唯一绝对价值倾向，而是要强调社会本位与个人本位的协调，追求高等教育本体价值和功利价值的统一，高等教育就不再仅仅是满足国民经济建设需要的"工具"，同时也是提升个人价值、促进个人发展、实现个人目标的平台。这时，高等教育的管理、高等教育的专业设置等情况与过去就大不一样了。

2. 学科专业制度演变的内外部关系分析

高等教育的内外部关系规律告诉我们，高等教育的发展一方面受外部社会因素的制约并促进外部社会因素的发展，另一方面高等教育内部各因素也是相互作用。① 应用这一规律理论来分析学科专业制度的演变。

一方面，学科专业制度的演变受到外部诸多因素的影响，其演变动力来自于外部因素，决定其形态的也是外部因素。例如，从管理层面的学科专业制度来看，政府对学科专业的管理与政府对高等教育、教育以及政治、经济、文化等社会其他部门的管理是紧密相连且呼应一致的，而这就涉及宏观的经济社会体制。在几十年来的学科专业制度史中，我们可以看到两个现象。一是有什么样的宏观经济社会体制，就有什么样的学科专业管理制度，宏观经济社会体制的改革必然带来学科专业管理制度的变革。如 20 世纪 50 年代初新中国社会主义计划经济体制建立后，高等教育随之进行了以专业制度为基础的院系调整，以此形成了传统学科专业制度的滥觞；20 世纪 90 年代我国开始了社会主义市场经济体制改革后，学科专业制度也随之进行了以适应市场经济体制为目的的调整（详见第五章）。二是一般在重大的经济社会体制改革文件出台后就会立即有重大的教育体制改革文件，学科专业制度也随之发生了变化。如 1984 年中共中央颁布了《关于经济体制改革的决定》后，中共中央《关于教育体制改革的决定》随后一年即出台，学科专业管理权限在政府和高校之间得到重新分配，而与此同时还出现了 20 世纪 80 年代新版学科专业目录。1992 年党的十四大提出了建立社会主义市场经济体制并随后作出了《关于建立社会主义市场经济体制若干问题的决定》，1993 年中共中央、国务院颁布了《中国教育改革和发展纲要》，学科专业制度随之进行了调整，学科专业目录也得到又一次的修订。显

---

① 潘懋元：《高等教育学讲座》，人民教育出版社 1985 年版，第 31—50 页。

然，因应宏观经济社会体制的变革是学科专业管理制度演变的主要原因。

又如，从文本层面的学科专业制度来看，学科专业目录中学科专业设置的变化明显受到了科学技术发展和经济社会发展的影响。因为学科是科学技术的分门别类，专业又是与学科紧密相连的人才培养平台，科学技术的发展变化不仅对学科专业的内涵产生直接的影响，而且还通过社会生产产业、行业对人才需求的变化为杠杆"倒逼"学科专业设置的改革，这可以从历次学科专业目录中理科、工科专业设置的变化得到明显印证。我们以 1993 年和 2012 年本科专业目录中的工学类为例进行比较分析。① 在这 20 年的时间跨度里，由于科学技术的深入发展，社会经济产业布局和行业结构发生了深刻变化，带来了本科专业目录明显的变化，这表现在两个方面：一是二级类的变化非常大。不但 2012 年目录二级类的数量（31 个）比 1993 年目录二级类的数量（22 个）多41%，而且具体二级类的名称也发生较大变化。除了出现了一些过去没有的新的二级类（如"海洋工程类"、"生物医学工程类"和"食品科学与工程类"等），而且一些二级类的内涵得到了丰富和调整，更有一些过去的老专业"发展壮大"了，从老的二级类中独立出来"升格"成为了新的专门的二级类（如"地质类"和"矿业类"从"地矿类"中分离出来、"土木类"和"建筑类"从"土建类"中分离出来、"计算机类"从"电子与信息类"独立出来等）。二是具体的专业设置变化也非常大。不但一些专业的名称和内涵发生了变化（如"农村能源开发与利用"演变为"农业建筑环境与能源工程"、"环境规划与管理"演变为"环境生态工程"等），而且出现了一些过去没有的新专业（如计算机类下设的网络工程、信息安全、物联网工程、数字媒体技术，建筑类下设的城乡规划等）。显然，新的二级类和新的专业的出现，反映的是新科技和新的产业、行业的出现，老的二级类的"分裂"成长反映的则是老产业行业的发展壮大和内部结构的调整。

---

　　① 之所以拿这两个版本的本科专业目录进行比较，一是因为世纪之交的这个 20 年，是知识经济迅猛发展、我国社会深刻转型、社会经济产业布局、行业结构变化非常大的 20 年。二是这两个版本的本科专业目录专业设置数量大致相当，这样的比较可以避免因为专业设置数量悬殊特别大而出现分析"误差"。

　　另外，经济社会发展的方向对学科专业目录亦产生巨大的影响。以财经类专业为例，改革开放以前，计划经济体制下国民经济建设对财经类人才的需求不旺，我国高校财经类专业不受重视，专业设置数和专业布点数均很少。如 1957 年全国高校实际设置专业 323 个，其中财经类仅 12 个，从 1954 年到 1957 年，我国高校财经类在校生比例由 16.6%下降到 2.7%。1963 年，国务院批准发布了《高等学校通用专业目录》，在总共设置的 432 个通用专业中，财经类和政法类合在一起才 12 个，财经类专业在专业目录中所占比重进一步下降。但是改革开放后，适应社会主义商品经济、市场经济体制改革的需要和"以经济建设为中心"的社会主义初级阶段基本路线的要求，经济社会发展对财经类人才的需求急剧增长，学科专业目录中该类专业设置数和布点数急剧增长。如 1980 年全国高校设置财经类专业达 54 个。到 1993 年第四版学科专业目录颁布后，不但财经类专业获得了独立的经济学科门类，而且其下专业设置数量的比重有所提升。[1] 2001 年，管理学类更是从经济学类中脱离出来成为独立的学科门类，从而使得经管类专业设置数量大量增加，专业布点总数、专业平均招生数和在校生数急剧增长。以 2010 年为例，高校本专科经管类专业设置数为 76 个，专业布点数为 17939 个，专业平均布点数达 236 个，招生总数为 83.09 万人，在整个学科专业结构中都处于非常显著的位置（具体数据可以参见表 4 - 3、表 4 - 4、表 4 - 5）。

　　还有，高等教育自身发展阶段也对学科专业制度产生影响，进入大众化阶段的高等教育，其学生规模的剧增直接带来学科专业组织形态的变化，而且与此而来的学生群体分化、就业等问题也对整个学科专业制度产生影响。

　　显然，经济社会体制、科学技术发展状况和高等教育发展阶段等外部因素是学科专业制度演变的重要背景和主要原因，而且这三个因素还共时叠加在一起，使得它们交互扭结，互相增强，让我们很难在学科专业制度演变上分清各自作用的范围和大小。因第三章要就这些因素来专门讨论学科专业制度环境问题，第五、六、七三章还要分别阐述这些因

———————————

[1]　曾冬梅：《高等教育的改革与发展》，广西教育出版社 2004 年版，第 5—6 页。

素的变化对学科专业制度改革的影响，所以这里就先不展开。

另一方面，从学科专业制度内部来看，文本、管理和组织等三个层面的学科专业制度演变具有内在的一致性。有什么样的学科专业目录，就有什么样的学科专业管理和组织制度相配套，有什么样的管理制度，就一定有相应的学科专业目录和组织制度来支撑，而学科专业组织则呈现出与学科专业目录和管理制度相对应的组织形态。如高校根据学科专业目录来设置其内部的基层学术组织，所以文本层面和组织层面的学科专业制度往往具有高度相似性、甚至一致性。管理层面和组织层面也有紧密联系，在计划经济体制下，当政府对学科专业设置进行严格的集中管理时，同类高校的基层学术组织往往表现出惊人的一致性，与学科专业目录的对应关系非常明显，在社会主义经济体制下，当政府不断下放学科专业设置管理权的时候，情况则朝相反的方向变化。

二　我国学科专业制度的主旨精神一直没有改变

新中国成立 60 多年来，我国学科专业制度尽管进行了一些变革，但是有几条最基本的主旨精神没有发生根本变化，仍然保持至今。

（一）模块化、单元化、固化的专业模式没有变

我国的专业从一开始就被看作是一个人才培养的模块。专业一旦确定，就被固定化为一个稳定的人才培养单元。这有点类似于我国古代活字印刷术中的一个个"字块"，在印刷时可以灵活地选择、排列字块，从而形成不同的内容。专业也可以像字块一样被选择、设置，从而组成不同的高校。模块化、单元化、固化的专业模式主要表现在如下几个方面：一是任何一个专业都有自己相对稳定、独有的内涵，表现为每个专业特有的人才培养目标、教学计划、主干课程，等等。二是一个专业还对应着一些实体的资源，表现为专业的师资、学生、图书、设备，等等。三是专业一旦确定在一定时间内是不变的。四是任一专业在不同高校里都遵循大致相同的规范。

（二）单一逻辑分类下的专业设置没有变

我国的学科专业目录一直以来都是遵循严密的单一分类逻辑，建立在清晰的分类框架之上。人类总体的知识被划分为若干独立的学科（或最早是行业），专业是在各大学科（行业）下的垂直细分，专业是单一

学科（行业）的专业，专业的增长是在单一学科（行业）下的更加细致的分化。不管是以行业为基本分类框架，还是以学科为基本分类框架，专业都是单一行业或学科之下的专业，几乎不存在跨越行业或学科的专业。专业之间均有清晰的边界，具有不同的知识领域和就业方向。

（三）政府权威下的学科专业设置管理没有变

尽管经过几十年的改革，我国高校学科专业管理体制发生了很大的变化。特别是改革开放以来，适应市场经济体制改革的需要，政府不断下移高等教育管理重心，扩大了高校自主权，高校在学科专业设置方面获得了一定的自主权。但是，到目前为止，总的来看，学科专业设置管理的重心仍然在政府，高校真正自主设置专业还没有完全真正实现。今天，教育部仍然颁布具有法令色彩的学科专业目录，作为国家对学科专业的权威认定和高校设置学科专业的依据。只有进入了这一目录的学科专业才是合法的学科专业，才有可能在高等学校中得到设置，并获得相应的人、财、物等各种资源。高校所谓的自主设置专业仍然具有诸多局限条件，要么必须是在学科专业目录范围之内，要么必须是在一定的学科门类之内设置二级类，要么就是必须还要得到教育主管部门甚至是教育部的审批。学科专业设置和管理的权力依然集中在政府，高校既没有在目录外自主设置学科专业的权力，也没有在目录内真正自主设置学科专业的空间，更别谈真正按照市场需要即时调整、设置新型专业的可能。

第三章

学科专业制度环境与传统学科专业制度环境分析

第一节 学科专业制度的制度环境

一 制度环境

制度二字，从字面上分析，有"节制""限制"和"尺度、标准"之意。作为一种要求大家共同遵守的标准和准则，制度概念的内涵非常丰富，既包括有形的、公开的法律和规章，也包括社会学上无形的、蕴含的公众意见、社会心理、集体意识（迪尔凯姆）等。在文化人类学上，甚至人们的宗教信仰、风俗习惯等凡是能给人的行为以规约的社会文化形式也被纳入到制度的范围。[①]

很显然，无论是哪一种定义，制度都不是无中生有、自天而降的，它是产生于、服务于特定的时空——它是深深地镶嵌在特定的社会历史环境之中的。所以说，制度具有客观性。这种客观性有两层意义：一方面，在一个稳定的社会环境中，个体始终受制于制度，制度对于该时空中的个人是给定的、接受的，不可更改的。另一方面，从人类社会历史发展来看，制度作为一种上层建筑是由经济基础决定的，是由生产力的发展水平决定的。制度的建立和发展有其自身的运动规律，特定的制度总是与特定社会形态联系在一起，社会发展必然带来制度的变革。可见，特定的社会和时代产生特定的制度，社会和时代是制度产生的环境。任何制度的产生和维持都需要特定的制度环境。从这个意义来说，

---

① 赵靖伟、司汉武：《关于制度的社会学研究综述》，《西北农林科技大学学报》（社会科学版）2008 年第 3 期。

环境决定了制度。

从历史的角度来看，制度又是一个典型的具有历史意义和内涵的概念。就学科专业制度来说，不同的社会历史环境下产生了不同的学科专业制度，任何特定的学科专业制度服务于特定的社会历史环境。所以，任何对学科专业制度的分析都要从社会历史环境着手，从环境和背景分析中得到解释。

学科专业制度是围绕学科专业形成的各种制度，它是在与高等教育内外部的制度环境相互作用过程中适应环境而产生的。一个国家的高等教育选择什么样的学科专业制度，必须根据各个国家具体的国情而定。不同国家和地区、不同历史时期都会存在不同的学科专业制度。在这里，适应是最重要的逻辑。所以，从这个意义来说，没有绝对好坏的学科专业制度，只有合适的学科专业制度。任何国家学科专业制度的构建都必须立足于本国和高等教育自身的具体发展情况来进行，不加选择、全盘照搬的"制度抄袭"是不可取的，不因时而变、不与时俱进的"制度惰性"也是必须克服的。也就是说，我国的学科专业制度不但要根据我国高等教育的具体情况来构建，而且还要随着时代演进和高等教育的发展不断改革。

高等教育的内外部关系规律告诉我们，高等教育既要适应社会的政治、经济、文化等要素的发展，又与这些要素之间相互作用，从而形成了各种规律性的关系，而且其内部各个要素之间也相互作用并遵循特定的规律。① 高等教育的改革发展要遵循这两条规律，学科专业的设置和管理无疑也同样要遵循这两条规律，学科专业制度也正是在遵循这两条规律的基础上产生的。

当然，广义来说，社会的各个要素和高等教育内部的各个要素均与学科专业存在直接或间接的关系，它们均对学科专业制度的形成产生一定的影响，选择和构建新的学科专业制度也应该考虑这些因素。但是从研究的角度来说，为了在有限的精力和篇幅内最鲜明地揭示学科专业制度的制度环境，也为了更清楚地对比学科专业制度环境的变迁，我们只能选择制度环境中最主要、最直接，对学科专业制度影响最有力、最大

---

① 潘懋元：《高等教育学讲座》，人民教育出版社 1985 年版，第 31—50 页。

的因素，分别进行集中的论述。

我们认为，决定一个国家学科专业制度的主要环境因素有三个：经济社会体制、科学发展状况和高等教育的发展阶段。其中，前两个因素主要反映的是高等教育与外部社会的关系，是高等教育外部关系规律的表现，而第三个因素则反映的是高等教育的内部关系规律。这里，经济社会体制侧重于经济体制，就是经济运行和国家管理经济的方式，它与一个国家的宏观社会体制紧密相连，对高等教育管理体制影响甚巨。科学发展状况不一定是指某个国家的科学技术水平，而主要是从科学哲学层面的整个科学发展的阶段和形态而言。因为高深知识是高等教育的逻辑起点，① 高等教育就是对高深知识进行传递、创造和应用的活动，而学科专业又是与科学知识紧密相连、内在一致，所以科学发展状况对学科专业制度的影响很大。高等教育的发展阶段则主要是就高等教育的发展规模而言，不同规模下的高等教育形态是不一样的，其学科专业的设置也会发生巨大变化。本书在这里主要是采用马丁·特罗关于高等教育发展的三阶段理论的视角来分析学科专业制度。

二　经济社会体制与学科专业制度

（一）学科专业制度是社会与科学、教育两者之间的互构桥梁和沟通机制

科学社会学和教育社会学告诉我们，科学、教育和社会之间是一种三重的互构关系。科学通过教育形塑着个人，通过技术规范着生产实践的各个领域，然后又在社会制度层面上转化成为社会的法律、准则，最后在社会思想层面上升为社会的伦理规范、道德、价值观。教育通过科学来培养社会所需要的人，通过人根据科学的思想来规范社会。而社会则又通过为科学提供社会建制来影响科学发展的方向，通过为教育提供资源来制约教育培养人才的目标和规格。所以，从某种意义来说，教育和科学被社会化了，同时，今天的社会也被科学化和教育化了，这是一个过程不可分割的几面。在这一几重互构的过程中，学科专业制度作为规范人才培养、科学研究和社会生产的分类框架，在科学、教育和社会

---

① 薛天祥：《高等教育学》，广西师范大学出版社 2001 年版，第 16 页。

之间搭建了一座桥梁，成为连接沟通社会、科学和教育的重要机制。作为科学制度和教育制度的直接体现，学科专业制度与经济社会体制息息相关。不同的经济社会体制要求不同的学科专业制度，经济社会体制的变革也要求学科专业制度进行相应的调整。

（二）学科专业制度是决定于经济基础的上层建筑

体制就是系统的体系和制度。其中体系就是系统的机构设置和组成形式，制度就是规范这些机构的管理权限和相互关系，等等。体制的核心问题就是"采用怎样的组织形式以及如何将这些组织形式结合成为一个合理的有机系统，并以怎样的手段、方法来实现管理的任务和目的"。①

马克思主义认为，生产力决定生产关系，经济基础决定上层建筑。一个国家的经济社会体制从根本上来说还是经济体制。经济体制一般可以理解为"资源占有方式与资源配置方式的有机组合"。任何经济体制都由三类制度构成：即资源占有的制度安排（如所有制、利益关系和动力机制等）、资源配置的制度安排（如所有制或产权制度）和经济运行的支持系统（如信息系统和监督—协调系统）。② 经济体制可以说是任何一个国家管理体制的基础和核心，它决定了政治、农业、商业、文化、教育、科技等其他各个方面和各行各业的管理体制。所以，高等教育作为上层建筑的一个组成部分，讨论包括其学科专业制度在内的高等教育体制是与分析一个国家的经济体制紧密相连的。如经济体制中的资源占有制度（特别是所有制）与高等教育管理中政府与高校之间权力分配息息相关。一般来说，在社会的高等教育资源实行公有制的情况下，为了保证高等教育符合社会多数人的利益，管理高等教育的权力自然就赋予代表多数人利益的政府。当社会的高等教育资源归私人或个别团体所有时，管理高等教育的权力就更多地在于所有者。又如，经济体制中的资源配置制度与高等教育管理中政府和高校的关系也非常密切，当国家以计划为手段来配置社会的经济资源时，为了获取生存发展资源，高等教育自然就必须听从于掌握计划、实施计划的政府的安排。当国家的经济资源是以市场为手段来进行配置的话，高等教育为了获取生

---

① http：//baike. baidu. com/view/1849136. htm2013 - 7 - 20.
② http：//baike. baidu. com/view/64883. htm2013 - 7 - 20.

存和发展的资源，自然就要求要有充分的办学自主权。

从学科专业制度三个层次的含义来说，经济体制在管理层面上对学科专业制度的选择和构建产生重要的影响。管理层面的学科专业制度，即学科专业的管理制度，本身就是高等教育管理体制的一个组成部分，是高等教育管理体制在学科专业管理事务中的具体体现，直接受制于一个国家的经济体制。很显然，经济体制决定了高等教育的管理体制，也就是决定了高等教育学科专业管理的管理重心、管理方式、不同管理主体的权责分配，等等。在本书研究的时空范围之内，计划经济体制和市场经济体制是两种极端不同的经济体制。无论是从资源的占有制度来说，还是从资源的配置方式来说，或者是从经济运行的支持系统来说，两种经济体制表现出完全不同的经济社会生态，分别形成了两种截然不同的政治体制和高等教育体制，因而在学科专业制度方面也就表现出非常鲜明的差别。一般来说，计划经济体制下的高等教育实行的是高度集权的管理体制，国家要对高等教育进行有效的计划调控，就必须把包括学科专业事务在内的高等教育事务权力集中在中央，由中央政府通过计划和指令的形式来控制和协调学科专业管理事务，高校被动地执行政府指令，缺乏办学自主权，学科专业的设置和办学表现出高度的统一和雷同。但是在实行市场经济体制的国家里，高等教育实行的是相对分权的管理体制，不但中央不对地方的高等教育进行过多控制，而且政府甚至也不对高校进行过多指挥，高校享有较多的办学自主权，学科专业的设置要根据市场信号随时进行调整，高校办学表现出较大的自由度、灵活性和多样性。

管理层面的学科专业制度又与文本层面和组织层面上的学科专业制度息息相关。两种不同经济体制下的学科专业管理制度必然体现在文本层面和组织层面的学科专业制度上。譬如，在实行高度集权的学科专业管理制度时，就一定要求国家制定出具有"法定"权威、统一刚性的学科专业目录，作为高校设置学科专业的框架，而在灵活分权的学科专业管理制度时，学科专业设置在于高校根据市场信号自主确定，这种情况下，可能就不需要上述那种特点的学科专业目录，甚至连学科专业目录也不存在。即使有的国家存在着类似的学科专业目录，但也只是非常具有张力、灵活的、不具约束力的参考性目录。

三　科学发展状况与学科专业制度

本书在这里谈科学发展状况，并不是指科学发展的先进和落后的程度，而主要是在"科学型"的意义上谈科学发展状况。在科学的发展史上，科学并不是同一形态或框架下的稳定发展，也不是沿着时间的轴线在匀速前进，更不是在单一方向上的积累成熟，而是呈现出跳跃前进的阶段发展特点。如库恩所讲的那样，科学发展是循着"前科学时期→常规科学时期→反常和危机时期→科学革命时期→新的常规科学时期"的顺序不断地进行"范式变革"。"范式一改变，这世界本身也随之改变了"。① 根据科学的假设前提、知识特点、生产方式和发展速度，等等不同方面的特点，科学的发展可以分为多种不同的阶段。每一个阶段，科学在各方面表现出内在一致而又与其他阶段迥异的形态，表现出典型的科学型。同一阶段之内，科学表现出在同一方面或基础上的平稳发展。从一种阶段或形态转向另一阶段或形态的转换是为科学的转型，也就是库恩所说的"科学革命"。

关于科学的转型，孔德、利奥塔、普赖斯和吉本斯等很多杰出学者从不同角度进行了论述。②

1. 孔德的三阶段论

孔德将人类思想理智发展分为三个阶段：神学阶段（或虚构阶段）、形而上学阶段（抽象阶段）和科学阶段（实证阶段）。他认为人类的每一种知识都必须经过这三个阶段的发展，最终达至完美的实证知识。孔德区别三个阶段的关键就在于人类理智解释事实的方式不同。如在第一阶段里，人类是将"观察到的事实通过虚构的方法，即通过先验的方法得到了解释"。主观臆测是解释事实的主要方式；在第二阶段，知识"有一种混合的性质，既不是通过超自然的观念来将事实联系起来，也没有完全成为自然的。简而言之，这种观念是一种拟人化的抽象"。形而上学的抽象是知识的主要特点。第三个阶段里，"事实是由

---

① ［美］托马斯·库恩：《科学革命的机构》，金吾伦、胡新和译，北京大学出版社2003年版，第101页。

② 本书关于知识转型部分的论述均参见石中英的观点。石中英：《知识转型与教育改革》，教育科学出版社2001年版，第41—44页。

完全实证的一般观念或规律连接起来。这些观念和规律是由纯粹事实所产生或加以证实的"。所以观察和实证是主要特点。显然，三个阶段里不但解释事实的方式不同，而且获取知识的方式也不同，评价知识真理性的标准也不同。因此可以把孔德的知识三个阶段看成是人类知识的三种历史形态或范型，将从第一个阶段到第三个阶段的依次转换看成是人类知识的转型。

2. 利奥塔的后现代转型论

后现代思想家利奥塔也看到了当代人类知识形态的转变问题。他在《后现代状况》一书中说："当许多社会进入我们通称的后工业时代，许多文化进入我们所谓的后现代化时，知识的状况已然变迁。至少在50年代末期这一转变就形成了。"① 利奥塔所说的知识状况的转变也就是从"现代知识"或"科学知识"向后现代知识的转变，这种知识形态的转变实质上就是对"现代知识"或"科学知识"合法性危机的回应。利奥塔指出与过去的知识相比，后现代知识具有如下特征："知识被翻译为信息的数量，知识体系中那些不能被翻译为信息的东西最终都要被抛弃；知识的合法化将通过'谬误推理'来进行，知识的异质性将得到尊重和宽容；知识供应者与知识使用者之间的关系以及他们与知识之间的关系正在倾向于采用商品生产者和商品使用者以及他们与商品之间的关系，知识完成了自己的'商品化'；每一个人都处于知识网络的一个环节上，都可以像以往的专家那样行使自己的知识权力，接受知识、消费知识、转变知识、生产知识；大学机构的'自主性'丧失，大学教授的身份也将被改变。"② 显然，后现代知识与现代知识相比具有许多根本不同的特点，是一种新的知识形态。从现代知识发展到后现代知识可以看作知识的一种转型。

3. 普赖斯的"小科学""大科学"论

美国科学学家普赖斯在著名物理学家温伯格提出"大科学"的概念的基础上，较详细地论述了科学从"小科学"向"大科学"的转型。所谓小科学主要是指以增长人类知识为目的、以个人自由研究为特征的

① ［法］让－弗朗索瓦·利奥塔：《后现代状况——关于知识的报告》，岛子译，湖南美术出版社1996年版，第34页。
② 石中英：《知识转型与教育改革》，教育科学出版社2001年版，第41—44页。

科学形态。在"小科学"时代里，没有现在意义上的科学建制，研究是以个人的兴趣和闲情逸致为基础，研究人员从事研究的目的是探索自然的奥秘，而不是通过认识世界来获取改造世界的能力和方法。现代自然科学产生之后的几百年一直是小科学的时代。而所谓的"大科学"则是相对于"小科学"而言的，它指的是规模巨大、拥有高级技术装备，并对社会经济、政治和文化产生重大影响作用的现代自然科学。按照普赖斯的说法，由于现代科学取得了辉煌的成就，国家和地区对科学人、财和物的投入规模巨大，科学成为国民经济的支柱和战略产业。在大科学时代里，科学研究是大规模化的、集体化的，是系统化的、整体化的，是一项重要的社会事业，科学发展按指数规律加速增长。[①] "小科学"和"大科学"的区别不仅存在研究的规模和尺度上，它们的研究的目的和范围不同，运行方式和管理模式也不相同。[②] 可见，所谓的"小科学"和"大科学"并不简单地是就科学的规模而言，而在更深层的意义上反映了科学在知识本质、在与社会的关系和科学发展状态等问题上发生的根本性变化。

4. 吉本斯知识生产模式转变论

英国学者吉本斯从知识生产模式的角度来论述了科学研究范式发生的转型，它用知识生产的"Ⅰ"型、"Ⅱ"型来分别概括两种不同科学型内知识生产的不同模式。其中，模式Ⅰ指的是柏林大学创立以来的知识生产模式。这种模式致力于纯粹的科学研究，问题的设置和解决在学术共同体内特定的学术背景中进行。在这种模式里，学术共同体不断强化，学科分化不断加剧，学科组织不断制度化、等级化。知识生产局限在单个学科之内，大学和学术组织中占主导地位的就是学科型结构。在现代所有学科领域中，专业化被认为是增进知识、形成学科研究范式的可靠途径。在人才培养方面，学生被引入学科共同体，被要求运用学科的理论和方法，采用"科学的"、"客观的"研究模式，致力于获得更丰满、更准确的知识结构和理论体系。大学独立为学生提供教育和技能训练，其研究成果的质量由诸如同行评议和公开发表这一确定框架所审

---

① 熊志军：《试论小科学与大科学的关系》，《科学学与科学技术管理》2004 年第 12 期。
② 申丹娜：《大科学与小科学的争论评述》，《科学技术与辩证法》2009 年第 2 期。

核与控制。① 而在模式Ⅱ中，知识生产更多地置身于应用的情境之中，研究问题的选择、研究的宗旨和研究成果的传播受到应用情境的制约；知识的生产以跨学科或超学科的方式进行；知识生产从大学向社会弥散，生产的场所和生产者呈现出"社会弥散"和"异质性"；具有问责制和反思性等特点，研究要考虑可能带来的社会后果和影响，考虑知识需求者的需求；具有扩展的质量控制系统，政府、企业和社会公众介入质量监控过程，对质量的关注不仅限于知识（学术）本身，同时还要兼顾社会、经济和政治等因素。②

不管从哪个角度来研究，科学转型都是科学范式的巨大改变，都对科学本身、高等教育、社会生产等各个方面产生极为深刻的影响。学科专业是连接科学、教育和社会的桥梁，是三者的内在统一和结合。科学转型所带来的深刻影响在学科专业上表现得最为明显。学科专业制度必须按照科学发展的状况来构建。

首先，科学知识发展状况直接决定了学科专业制度的存在与否。当人类的科学知识还非常不发达，学科的分类还非常简单，而且因为科学知识还没有进入社会生产领域，因此在高校里甚至还没有进行专业教育、培养专门人才的必要了。只有当科学知识发展到一定程度，并对社会生产生活产生了积极的影响，社会对掌握一定科学知识技能的人才产生了一定的需求时，高等教育才有可能从不分学科专业的博雅教育走向以学科专业为基础来培养专门人才。

其次，科学知识的分化状况与学科专业制度的关系非常密切。可以说，知识的分化与学科的确立就是同一问题的两个方面。正是因为认识的增加导致了知识的逐步分化，从而导致了一门门现代学科的确立，也促使了一个个人才培养的专业的产生。这应该是学科专业目录的最重要的基础。与此同时，伴随着知识的发展和分化的加速，原来稳定的学科和专业设置不断地被知识发展的现实挑战，从而表现出学科专业目录的多次调整。在我国，这种调整一般表现为学科专业的升格和增删。前者表现为将二级学科升格为一级学科或将一级学科升格为学科门类的努

---

① 李云鹏：《知识生产模式转型与专业博士学位的代际嬗变》，《高等教育研究》2011 年第 4 期。

② 文东茅等：《知识生产模式Ⅱ与教育研究》，《北京大学教育评论》2010 年第 4 期。

力，后者表现为学科门类、一级学科或二级学科的增加或删除，等等。在我国，先后出现了艺术学、世界史、国学、语言学、古籍整理学、教育技术学、出版学、信息安全、自然资源科学、遥感科学与技术等学科发起的"学科升格"运动。这些学科大多由于知识的发展使得它们在原来的学科专业目录中所处的位置难以满足需要，或者在原来的门类、一级学科、二级学科的层级体系中受到上一级学科的束缚而难以发展，升格的主要目的就是提升学科的地位和自主发展的空间。[①]

再次，不同的科学型也决定了学科专业制度的不同特点。科学的发展和认识的加深有可能促使科学进行转型，科学本体论、认识论和方法论的转变可能带来科学知识的本质、生产方式的重大转变，从而对学科专业制度也产生重大影响。例如，在现代科学型下，当科学坚持机械主义的世界观时，我们不但可以将科学划分为一块块的互不相连的部分，形成一门门封闭独立、界限分明的学科，而且社会也可以分成为一个个互相没有关系的行业和部门，社会需要的也是掌握不同学科知识和技能的专业人才。在这种情况下，学科专业不但在知识意义上可以被清楚地分割，而且在教学和人才培养上也可以封闭孤立，在组织形态上更是可以封闭独立运行。但是当科学转型后，新的有机系统、进化、整体的世界观成为新的科学本体论，学科专业的情况可能要完全相反。因为世界本是一个整体，各个部门是紧密联系的，这样不但不能绝对机械地对科学进行切割划分，学科不再是界限分明，而是存在千丝万缕的联系，学科专业划分只不过是人类认识劳动的分工而已，而且社会也不可能被机械地划分，不同行业和部门之间互相依赖，专业人才的知识、技能和素质要求不再局限于单一学科。显然，在这种情况下，学科专业不但不能在知识意义被"干脆"地切割，而且在教学和人才培养上也应该鼓励跨学科、跨专业的研究、教学和学习，在组织形态上更不能人为设置壁垒，应该鼓励各种资源跨学科、跨专业的流动和共享。可以说，有什么样的科学型，就有什么样的学科和专业，科学的不同形态决定了学科和专业的不同形态。科学的转型也必然要求学科专业的转型，从而要求学

---

① 沈文钦等：《层级管理与横向交叉：知识发展对学科目录管理的挑战》，《北京大学教育评论》2011 年第 2 期。

科专业制度做出相应的改革。

科学发展状况对学科专业制度的影响最主要地表现在文本层面和组织层面上。对前者的影响表现为学科专业的分类和设置，对后者的影响表现为学科专业组织的架构和管理。

四　高等教育发展阶段与学科专业制度

量变引起质变。如同科学的积累引起科学范式转变和科学的转型，从而表现出典型不同的科学发展阶段一样，高等教育的发展也同样引起高等教育范式的转变和高等教育的转型，也使高等教育各个方面内在一致地表现出典型不同的阶段。高等教育发展的不同阶段不仅表现在规模上，也表现在思想和理念上。例如，以柏林大学为代表的现代大学与近代欧洲中世纪大学相比，就在高等教育理念上代表着一个全新的阶段，就可以看做是一次高等教育的重大转型。这一新的高等教育形态的出现，使得高等教育在社会职能、教学思想、培养目标、组织结构和与社会的关系等各个方面发生了巨大变化。类似那样的一次转型在 19 世纪中期的美国高等教育中又发生了一次，这一次转型在"服务社会"理念的指导下更进一步加深了高等教育与社会生产的联系，使得高等教育从社会的边缘走进了社会的中心，从"象牙塔"变成为社会的"服务站"。

当然，今天关于高等教育发展阶段划分的标准，最为人们所关注的还是高等教育的规模。这不仅是因为规模的变化是显性的、可以直接感受得到，而且还因为高等教育规模（量）的变化更可以引起高等教育在性质、功能、地位、目标、甚至课程形态等内涵和本质上的变化。可以说高等教育的规模指标是衡量高等教育的质的指针。在这方面，最为人们称道的还是马丁·特罗基于规模划分高等教育阶段的理论。马氏根据高等教育的毛入学率将高等教育划分为精英高等教育——大众高等教育——普及高等教育等三阶段的方法似乎已经得到世界各国的认同，成为国际上通行的理论了。根据马丁·特罗的研究，从精英高等教育到大众高等教育再到普及高等教育，高等教育在规模、高等教育观、高等教育的功能、课程和教学形式、学生的经历、高等教育的多样性、特点和界限、领导与决策、学术标准、入学和选拔、学术管理形式、高等教育的内部管理等十一个方面上会发生显著的变化（详见第七章）。① 尽管这一划分方法在日本和我国被很多学者批评和修正（具体参见第七章第一节），但是其对世界高等教育实践的影响却是甚巨。

学科和专业是高校进行人才培养、科学研究和社会服务的基本平台和单位，是高校进行组织设计、教育管理、资源分配的重要框架，是关系高校办学的最核心问题。不管是高等教育在量方面的跃升还是在质方面的变化，都在学科专业制度上表现得很明显。

以近代德国大学为例，在以费希特、施莱尔马赫、洪堡等一批新人文主义旗手的推动下，大学理念发生重大转型。这一转型对于学科专业制度带来了深远的影响。如在新建的柏林大学，虽然仍然保持了中世纪大学中哲学（即文）、法、神、医等四大学部的组织结构，但是哲学部（即文学部）已经取代神学部取得了在大学学科中的支配地位，从昔日从属和依附神、法、医等三学部跃居于三大学部之上。与此同时，在"由科学而达至修养"和"教学和科研相结合"的思想的指导下，哲学部的职能从单一的教学新增了研究的使命，人才培养的目标发生了巨大的变化。适应这种变化，大学的学术组织形式进行了相应的调整：如在大学的组织形式上，按照不同的学科性质相应地设置了不同的讲座职位，并在同一讲座之下设立众多的专门研究领域（例如，欧洲语言学讲座职位之下，设欧洲国别和地区语文学研究领域；化学讲座之下，开设有机化学、药物化学、化学工艺、法医化学等）；② 在教学组织形式上，创立了教学—科研实验室（teaching - research laboratory）和教学—科研研讨班（teaching - research seminar）。通过这两种形式，"那些新的学术兴趣在两种逐步涌现的制度形式中，找到了永久的体现和不断发展的支持"。③ 这种独特的组织模式不仅"有利于大学师生从事各种专门或特定领域的研究，促使各门知识不断分化或组合，新学科不断涌现"，而且也"改变了传统大学中教师和学生的相互关系，通过共同的讲座或研究，学生由过去的被动的学

---

① ［美］马丁·特罗：《从精英向大众高等教育转变中的问题》，《外国高等教育资料》1999 年第 1 期。

② 黄福涛：《欧洲高等教育近代化：法、英、德近代高等教育制度的形成》，厦门大学出版社 1998 年版，第 133 页。

③ ［美］伯顿·克拉克：《探究的场所——现代大学的科研和研究生教育》，王承绪译，浙江教育出版社 2001 年版，第 24 页。

习者，转而成为教育过程中积极的参与者"。①

　　这里特别值得一提的是，在现代大学理念和大学组织形式变革的推动下，科学研究得到了重要的激励和庇护，科学本身发生了巨大变化，知识不断丰富，学科不断分化，学科制度在不断更新。

　　　　最为重要的是，从19世纪早期起，教授们对广泛建立的哲学学部的兴趣，受到新出现的近代科学的工具学术性学科的影响，这是由所问的科研问题和为回答这些问题所必须学习的专门技能从科学分化出来的一个特殊的知识领域。学科的专门化逐步发展它自己的动力学：由于集中的科研产生了新的成果，它建立了必须教和学的范围更大和内容更深的专门的认知材料；从那个扩充了的和更加深奥的基础，教授和学生又一浪高过一浪地推进更加间断的研究，生产了更多的专门化知识。这种学科的自我扩大，得到洪堡原则第一部分即科研和教学的统一，主要是"通过科学进行教育"的思想的鼓励和运作的空间。②

　　高等教育规模变化带来的高等教育转型对学科专业制度的影响也是同样地深刻。大学生数量的增加并不只是要求高等教育同质地放大，而是要求高等教育在社会职能、人才培养目标、管理模式、与社会的关系等方面相应地发生变化。这些都对学科专业制度产生了重要影响。如规模的扩大必然要求高等教育人才培养目标不断分化。显然，多样化的人才培养目标要求学科专业设置类型多样化。又如，高等教育的资源获取不可能与规模扩张同等比率地增长，因此为了在一定数量的资源下实现更多的高等教育产出，必然要求对高等教育的学科组织设计和管理进行相应的改革，以不断提高高等教育的管理效率。还有，伴随办学规模的扩大和入学群体的不断多样化，高等学校的人才培养模式也要发生相应的改变，这也必然反映在学科专业的课程设置、教学管理等上。关于这

---

　　① 黄福涛：《欧洲高等教育近代化：法、英、德近代高等教育制度的形成》，厦门大学出版社1998年版，第129页。

　　② ［美］伯顿·克拉克：《探究的场所——现代大学的科研和研究生教育》，王承绪译，浙江教育出版社2001年版，第24页。

部分的内容详见第七章。

第二节　我国 20 世纪 50 年代专业制度
的制度环境分析

　　我国今天的学科专业制度肇始于 20 世纪 50 年代，是被作为社会主义建设的先进经验从苏联引入而来。在这一制度下，苏联高等教育在几十年的时间里培养了大量的高级专门人才，支撑着苏联建国后经济实力的腾飞、"二战"中卫国战争的胜利和"冷战"时期与西方的对抗。从实际产生的效果来看，我们甚至可以说，苏联的高等教育专业制度在当时的政治、经济和科学环境下具有非常强的适应性和活力，极大地促进了高等教育的发展，当然也是先进的制度、好的制度。

　　这一专业制度的本质是什么？是什么因素造成了这一制度的产生？这一制度在哪些方面适应了当时的环境需要？或者说这一制度适应了当时的什么样的制度环境？回答这些问题对于我们认识我国传统的学科专业制度、构建新的学科专业制度具有非常重要的意义，应该成为我们今天进行学科专业制度改革的前提。显然，回答这些问题需要我们返回到 20 世纪 50 年代及以前的历史背景，这样才能深刻地理解这一制度的本质和渊源。

一　适应了计划经济体制的要求

（一）计划经济内涵

　　计划经济本质上是一种经济形态，强调政府这一"有形的手"对自由市场的有效干预。"计划经济"的概念由列宁最先提出。他在《土地问题和争取自由的斗争》（1906 年）中指出："只要存在着市场经济，只要还保持着货币权力和资本力量，世界上任何法律也无力消灭不平等和剥削。只有实行巨大的社会化的计划经济制度，同时把所有的土地、工厂、工具的所有权转交给工人阶级，才能消灭一切剥削。"① 计划经

---

　　① 中共中央马克思恩格斯列宁斯大林著作编译局：《列宁全集》第 10 卷，人民出版社 1987 年版，第 407 页。

济又被称之为指令型经济，是建立在计划和指令之上的经济形态。在计划经济形态里，生产、交换、分配和消费等各个经济领域均由政府事先进行计划，政府通过指令性计划来配置资源、统筹经济过程的各个方面。从学理上来讲，计划经济并不必然地是坚持"社会本位论"的，但是在实际上，从目前已经实行过的计划经济来看，计划经济一般都是强调集体和国家利益，坚持局部利益服务整体利益。

由于经济形态对上层建筑的决定性作用，计划经济又对应着一种特定的经济社会体制。计划经济作为一种管理体制最大的特点就是权力高度集中，社会需要建立一个能够对各方面事务进行统筹计划、发布计划、下达指令并保证指令得到贯彻执行的权力中枢，以便使整个社会都处于一种有计划的"有条不紊"之中。在计划经济体制里，经济管理的权力高度集中于高层，政府通过行政指令对经济进行计划调控，并在此基础上管理协调社会各个方面的事务。所以从这个意义来说，"计划经济"不仅是一种经济形态，也是一种管理体制；既是一种经济体制，也是与这种经济体制相适应的政治、文化、科学等其他各方面社会事务方面的管理体制。

按照毛泽东等领导人的设计，中国革命"包括资产阶级民主主义性质的革命（新民主主义的革命）和无产阶级社会主义性质的革命"。新中国的成立，并不表示我国社会主义制度和计划经济体制的建立，仅仅标志着我国新民主主义革命的结束和胜利。在此基础上，必须"使革命向前发展，建立一个社会主义的社会"。"民主主义革命是社会主义革命的必要准备，社会主义革命是民主革命的必然趋势"。[①] 1953—1956 年，中国共产党在全国范围内领导组织了对农业、资本主义工商业和手工业的社会主义改造，基本实现了把生产资料私有制转变成社会主义公有制。三大改造的完成，标志着社会主义制度和计划经济体制在我国的基本建立。

（二）这一制度适应了计划经济体制的要求和特点

1. 以"专业"为平台和单位的教育制度适应了计划经济体制的要求

在新中国成立前我国的高等教育体系中，政府对高等教育进行管理

---

① 《毛泽东选集》第 2 卷，人民出版社 1991 年版，第 666、651 页。

和对人才培养进行调控的"把手"是学院。根据 1929 年国民党政府颁布的《大学组织法》、《大学规程》，政府规定大学应设立的学院的种类和数量。但是在新中国，如果继续以学院作为政府对高等教育人才培养进行计划控制的"把手"，显然是不可能的。因为学院仅仅是一个机构的设置，而且是建立在大的学科门类之上，它不能让政府明确人才培养的种类、素质、规格、数量等具体细节。这里显然需要一个新的平台和单位，以作为政府下达计划、深入细致地统筹调控高校人才培养的重要"抓手"，以保证人才培养能密切配合国民经济建设需要。正如当时的教育部副部长曾昭抡所说："中国的经济，即将走上计划化。计划性经济，必须有计划性的教育与之相配合，使建设所需要的干部，在质和量上得到及时供应，方能及时完成。教育要有计划性，唯一的办法，是吸取苏联经验，彻底改革不合理的旧制度，建立新的制度；而在此种改革当中，确定'专业'的设置，是非常重要的一个环节。""旧制度中院系的设置，是自上而下，先办起一所大学，内设若干学院，每院下设若干系，如有必要，再将一系分成若干组。在新的制度中，首先考虑的不是设系问题而是设置专业问题。政府按照国家经济、文教、政法等各方面建设的需要，决定全国应该设立的专业，然后结合各高等学校的师资、设备条件，在每校设置一定的专业。专业决定以后，几个性质相近的专业，可以结合成为一系；同时一系也可以只有一个专业"。[①]

这样，专业成为了高等学校培养高级专门人才的最基本的单位，以专业为平台，政府不仅能够有效地计划人才培养的种类和数量，而且还可以通过制定统一的专业培养目标和教学计划，明确地规定各专业的课程设置以及各课程的教学大纲，从而牢牢地控制了各专业人才培养的质量和规格。此外，通过专业这个平台，政府还可以将教师、设备、图书、学生等众多的高等教育资源以计划和指令的形式进行调控和配置，从而有效地实现对高等教育的整体管理。

专业作为一个固定的人才培养单位，成为政府进行调控的直接"抓手"和行政指令指向的对象。不仅整个高等教育系统是围绕着专业进行设计而形成的，专业是高等教育系统的基本组成单位和细胞，而且专业

---

① 曾昭抡：《高等学校的"专业"设置问题》，《人民教育》1952 年第 9 期。

还成为国家管理高等教育的重要工具。不仅高校的人才培养是以专业为单位进行，而且高校的一切资源都是以专业为平台来配置。显然，以"专业"为核心的专业教育制度满足了政府进行计划调控的需要，适应计划经济体制的要求。

2. 以计划为主的专业设置管理手段适应了计划经济体制的要求

顾名思义，计划经济就是以预先计划作为配置资源、协调管理主要手段的经济形态，计划经济体制就是以计划作为主要管理手段的管理体制。在计划经济体制下，承担培养高级专门人才职能的高等教育作为政府的一个部门，是整个计划系统里不可缺少的组成部分。而且作为服务服从国民经济建设的一个部门，高等教育的首要使命就是培养各条战线所需要的高级专门人才，因此往往是根据其他部门的需要来制定高等教育的计划。适应计划经济体制的这一特点，20 世纪 50 年代的专业设置管理运行机制大致如下："政府首先制定国家的社会经济发展计划，然后计划部门据此来确定人才需求计划，制定高等教育事业发展计划和高等院校的招生计划，财政部门再根据招生计划的定额确定高等教育的拨款计划。高等学校必须根据政府有关部门的计划要求来确定自己的工作计划、用人计划、课程设置计划和教学计划。经过按计划培养过程，国家再制定高等院校毕业生分配计划，用人单位根据国家计划接受统一分配的学生。"[①]

可见，在计划经济体制下，计划是高等教育管理的主要手段，也是专业设置管理的主要手段。

3. 高度集中的专业设置管理体制适应了计划经济体制的要求

因为计划的执行必然要求高层的权力中心来发布指令，在 20 世纪 50 年代计划经济的条件下，为了密切配合国家大规模的建设需要，有计划地培养各种建设人才，保证人才培养的质与量和实际需要紧密结合，中央政府建立起了统一集中管理的高重心的专业设置和管理制度，中央政府"所颁发的有关全国高等教育的建设计划（包括高等学校的设立或停办、院系及专业设置、招生任务、基本建设任务）、财务计划、

---

① 闵维方：《社会主义市场经济条件下高等教育运行机制的基本框架》，《高等教育研究》2001 年第 5 期。

财务制度、人事制度、教学计划、教学大纲、生产实习规程以及其他重要法规、指示或命令，全国高等学校均应执行"。① "专业的设置、变更和取消，必须经过教育部批准。……学校必须按照教育部制订或者批准的教学方案、教学计划组织教学工作。……专业设置、教学方案、教学计划、教学大纲和教材要求稳定，不得轻易变动。课程和学科体系的重大改变，必须经过教育部批准"。②

　　在西方的市场经济形态下，高等教育也承担了为经济社会发展培养专门人才的责任，但是高等教育为经济建设服务是通过市场这一中介来完成的。社会各行各业对人才的质量和数量的需求是通过人才市场的供求信息反馈到高等教育部门，高等教育培养的人才也需要通过在人才市场中才能进入经济各部门中去。在这里，市场成为了教育与经济部门联系的纽带，这一支"看不见的手"通过供求关系实现高等教育与经济建设各部门的紧密对接。但是与市场经济形态相比，在高度集中、依靠计划指令的计划经济条件下，实现高等教育对经济建设的服务责任不是通过市场供求调节，而是通过中央政府的计划与指令来实现的。中央政府根据经济建设计划的目标和任务，统筹测算出各条经济建设战线上对人才的需求，然后将其进行分类汇总，并以计划和指令的形式下达给了不同行业、学科性的高校来执行培养，最后又将高校培养的人才以"国家分配"的形式派遣到不同的行业中去。在这里，我们可以看出，与西方市场经济形态中的人才市场一样，中央政府也成为联系教育和经济建设部门的桥梁和纽带。但是，人才市场提供的是一个让教育部门和经济建设部门亲密接触的信息交换场所，在这里，教育部门可以亲自收听人才需求的"信号"，而中央政府却成为凌驾于教育部门和经济建设部门之上、并且阻隔两者之间直接接触的管理中枢。

　　由此可见，专业制度是计划经济体制下高等教育人才培养最核心的制度，也是计划经济体制下政府管理高等教育最重要的框架。20 世纪

---

① 《中华人民共和国政务院关于修订高等学校领导关系的决定》，《人民教育》1953 年第11 期。

② 《中华人民共和国教育部直属高等学校暂行工作条例（草案）》，上海市高等教育局研究室等编：《中华人民共和国建国以来高等教育重要文献选编》（上），第264—268 页。转引自胡建华《中国高等教育管理体制改革分析》，《南京师范大学学报》（社会科学版）2005 年第4 期。

50 年代建立起来的专业制度，无论是从其产生的背景还是从其实际运行的效果来看，都可以认为是与计划经济体制最相适应的高等教育人才培养制度。离开了计划经济体制，专业制度不仅失去了其创生的背景，也失去了其存在的合理性。缺少了专业制度，计划经济形态的高等教育不仅难以有效满足经济建设的人才需求，而且政府也无法对高等教育进行有效的计划和控制。

二　适应了 20 世纪上半叶以前现代科学和学科发展的特点

20 世纪 50 年代建立起来的专业制度引自于苏联，最早应该形成于 20 世纪 30 年代。所以，考察这一制度的科学背景，应该上溯到 20 世纪上半叶的科学和学科发展状况，从那时甚至更前的科学和学科的特点来进行分析。

（一）20 世纪上半叶以前的科学形态

1. 本体论上的机械主义

首先是机械主义的自然观。机械主义认为包括自然和社会在内的宇宙就像是机械装置一样，作简单的机械运动，它们之间是以力的形式相互作用。牛顿把一切自然现象都化归为力学现象和机械运动，并且用力学原理来论证整个自然过程。其次是机械主义的还原论。既然万物都是机械装置，因此任何复杂的装置都可以还原成为简单的装置，最后都可以还原为某一基本单位。科学研究就是要将复杂的事物和现象逐层还原为简单的基本要素，通过对基本要素的理解来理解各种复杂的事物和现象。再次是机械主义的分割论。既然事物是一架做机械运动的装置，那么它就可以进行组装和拆卸，就能通过分割将整体划分为部分。整体等于部分之和，部分相加即是整体。近代自然科学正是遵循这一逻辑，将世界划分成不同的部分，分别依对象的不同建立不同的学科，赋予不同的科学家群体。最后是机械主义的决定论。既然世界万物都类似于机械组织并作机械运动，万物之间也是以力的形式相互作用，那么只要知道了某一物体在某一时间点的初始状态和作用力的分布状况，我们就可以根据牛顿运动定律推演出万物的过去、未来的所有运动轨迹。一切都是给定的，未来已经包含在过去的条件之中，对任何事件都可以做出决定性的预言，宇宙的发展就像是舞台演出节目单一样是事先安排好了的，人只要根据运动定律来预测和控制这个世界，这就是拉普拉斯决定论。

2. 认识论上的理性主义

理性（reason）一词尽管在不同的哲学流派那里有不同的定义，但是总的来说，它指的就是与信仰、经验、感情、想象、激情、爱好等因素不同的人的官能和本领，具有抽象、分析、逻辑推理、价值中立等特征。一般来说，理性思维就是概念基础上所进行的判断和逻辑推理。理性主义崇尚理性思维，认为运用理性思维经严密逻辑推理得到的知识才是真知识，而感官获得的经验是不可靠的，因为现象本身是多变的、虚假的。认识论上的理性主义认为人本质上是理性的，人类凭借理性，就能认识和改造世界；包括人类活动在内的一切现象都是受理性规律支配的；只有依靠理性，人才能认识世界；必须依靠理性，人才能获得正确的知识。

现代科学的理性主义不是一种"纯粹"的理性，而是一种"证实"的理性。它在知识的本体论源泉上抛弃了形而上的绝对理性，在知识的过程和方法上把理性的思维和经验的方法结合起来，在经验观察、实证材料的基础上依靠理性的逻辑，进行客观、普遍、中立知识的构建。正如巴伯所言，"在所有社会里，理性思维被应用于两种目的，既有经验的又有非经验的……只有当理性思维被应用于我们可称之为'经验'的目的——对于我们的几种感官、或对于以科学仪器的形式加以改进发展的感官来说，是可以达到的客体——时，科学才存在。科学必须既是理性的又是经验的"。[①]

3. 方法论的实证主义

现代科学在方法论上的一个鲜明特点，就是抛弃了以前形而上学的思辨传统，将认识的基础建立在坚实的客观事实基础之上，以经验、观察和实证的方式寻求确定、可证的真理。生活于 16、17 世纪之交的英国哲学家弗兰西斯·培根对实证主义思想的发展成熟做出了巨大的贡献。他在两方面发展了实证主义方法：一是将理性主义和经验主义结合起来，提出了新的归纳法。二是发展了实验方法。在培根的新工具、新方法的指导下，实证主义方法在近代科学发展过程中得到了广泛的应

---

① ［美］巴伯：《科学与社会秩序》，三联书店 1991 年版，第 8—9 页。

用，并逐渐发展成为一种指导所有领域人类认识的方法论。

实证主义方法论基本原则是，"一切知识必须建立在观察和实验的经验事实的基础上，人们不可能有关于现象以外的任何东西的知识"。① 这里的意思有二，一是说实证方法是正确、合理的，另一个意思是说实证方法是唯一正确、合理的，因此它具有排他性，"实证"就是"科学"的代名词。孔德以后实证主义哲学的发展到 20 世纪上半叶的逻辑实证主义等阶段，达到了实证主义方法论的最高鼎盛阶段，成为指导现代科学发展最有影响力的方法论哲学。

（二）20 世纪上半叶以前的学科

学科是科学的分门别类，学科的标准与科学的状态紧密相连。有什么样的科学，就有什么样的学科。科学发展的不同阶段决定了学科的不同形态，决定了学科评判标准的不同。在 20 世纪上半叶以前的科学形态下，在机械主义本体论、理性主义认识论和实证主义方法论的指导下，学科表现出如下几个特点。

1. "客观"、"独特"的研究对象

"在各门近代基础学科形成时期，可以按照客观现象划定学科研究对象，每门学科若没有专门的客观现象领域作为研究对象，它在学科之林中就无立足之地"。② 这里特别强调两点：

一是"独特"，即独一无二，意思是说同一对象只能由一门学科"独家代理"地进行研究，其他学科再也不能涉足其中。一门学科要想立足，必须能够拥有自己特有、其他同行没有或不能研究的对象，学科与学科之间必须在研究对象上相互区分。正如华勒斯坦在谈到社会科学的学科在制度化过程中所说的，"一个基本方面就是，每一个学科都试图对它与其他学科之间的差异进行界定，尤其是要说明它与那些在社会现实研究方面内容最相近的学科之间究竟有何分别"。③ 二是"客观"，即学科的研究对象是客观世界，针对的是客观世界的一个部分、一个领域或世界连续体中的一段。独特的对象可以让学科与学科之间保持一种互补（而不是重复）的关系，可以确保重复的研究劳动不会发生，提

---

① 夏基松、褚平：《现代西方哲学纲要》，江苏人民出版社 1986 年版，第 21 页。

② 陈桂生：《教育学的建构》，湖南教育出版社 1998 年版，第 5 页。

③ ［美］华勒斯坦：《开放社会科学》，刘锋译，三联书店 1997 年版，第 2 页。

高了人类认识的效率。客观的对象体现了人类认识、征服客观世界的唯物主义决心。

"客观""独特"的研究对象从根本上反映的是 20 世纪上半叶以前的科学形态。在机械主义本体论的指导下，世界在人的眼里被看成是可以拆分的机器一样，一方面，这一机器按照力学规律准确地运行，另一方面总体的机器能够被分解为一块块的零件，整体等于部分的线性相加。因此，当人类在认识世界时，也就很自然地把作为整体的客观世界"肢解"为一块块的部分，并把它们分配给不同的学科来研究、认识。当把不同学科的知识加在一起，就构成了一幅世界的图景。从现代科学发展的历史来看，几百年来以研究对象为分类标准一直是科学分类的主流，由此在大体上形成了今天的学科框架。[1] 可见，"客观""独特"的研究对象是传统学科框架的一个典型特征。

2. "唯一""独特"的研究方法

判断学科的成熟度，研究方法是一个重要的指标。在 20 世纪上半叶以前的科学形态下，学科框架的另一个重要的要求就是必须拥有"唯一"、"独特"的研究方法。

"唯一""独特"的研究方法是和"客观""独特"的研究对象紧密联系在一起的。在现代科学看来，认识是对客观事实的真实反映，因而方法决定于对象，也服务于对象，认识方法是和认识对象息息相关的。因为学科对于世界的分割并不是任意的，而是根据物质世界的固有性质和结构来进行的。世界不同部分因为本质的不同而具有不同的结构和特点，从而分别作为不同学科的研究对象且不互相重叠。这样，要真实反映客观事实，反映本质不同的对象，就要求用不同的方法来认识。认识的错误是由于方法的不恰当，一个对象一定存在着一种与其相对应的方法来认识，不能有效认识对象是因为我们没有掌握很好的认识方法而已。所以说，学科独特的研究对象决定了学科独特的研究方法。

另外，根据 20 世纪上半叶以前的科学观，我们拥有的是一种客观、普遍的和价值中立的知识观，科学被认为是以准确无误地反映物

---

[1]　唐莹：《元教育学》，人民教育出版社 2002 年版，序 3 页。

性（客观规律）为原则，它本质上是一种对客观事实的认识，只要认识符合客观事实便是真理。在一个事实问题上，真理只有一个，正确答案也只有一个，只要能够找到这个唯一的答案，事实就能被客观地反映。因此，科学知识对人来说具有一种封闭性。在一个问题上，真理只有一个，这一方面是理性主义认识论的推理逻辑所决定的，因为同一个事物不可能既是 A 又是 B；另一方面这也是实证主义的方法论所决定的。因为所有的真理都要在事实上得到实证，而实证的正确结果只能是一个。所以，在探索科学知识的过程中，人只有找到与客观事实相对应的唯一的一种合适的方法才能将事物认识，这正是学科研究方法唯一性的根基所在。

由上可见，学科的研究对象的独特必然带来学科研究方法的独特性，而真理的唯一性又决定了学科研究方法的唯一性——学科的研究方法就必然是独特的、唯一的，这正是机械主义本体论、理性主义认识论和实证主义方法论的体现。这样，学科研究对象和世界各个部分一一对应，而学科研究方法又与学科研究对象一一对应，这正是传统学科框架的逻辑所在。

3. "线形""单向度"的知识体系

在 20 世纪中叶以来的科学形态下，各经典学科的知识体系表现为如下两个特点。

首先，这种学科知识体系是单向度、范式单一的。一门学科一旦划定了自己的独特研究对象，并且确定了自己的唯一独特的研究方法，那么在现代科学型下，这门学科的成熟的知识体系必然是单向度的、范式单一的。因为研究对象是客观独特的，根据客观的知识观，关于这个对象的知识应该是客观存在的，而且这种知识作为客观实在还是稳定不变的，所以，关于同一个对象的知识真理也是稳定不变。因为研究方法是独特的，而且还是唯一的。那么运用同一种方法对同一个对象进行研究，其形成的理论也必然是唯一的。库恩关于科学理论范式的研究其实也体现了现代科学的这些思想。尽管在科学发展中存在范式的转换，但是在常规科学时期，理论范式肯定是唯一的。唯一的理论范式被认为是学科成熟的标志之一。因此，"一门学科从兴起到确立其独特地位以及其后的发展历史，就是一部从多种'准范式'之争归于一种'范式'

独霸的历史，就是一部学派'消亡史'"。①

其次，这种学科知识体系还是一种"线形"的知识体系。所谓线形知识体系是指由于研究对象、方法的独特排他性和学科理论范式的单一，学科理论知识呈直线状地积累，呈简单的线形发展。从理论形式上看，其基本思路是这样的：从独特对象到独特研究方法，从基本概念、基本推理衍生出基本判断、基本理论，学科的知识体系结构紧凑、联系紧密、内在一致，每一个知识点都有它的逻辑基础，同时在它的基础之上又发展出更高水平的知识点，每一个知识点都与其他知识点存在直接或间接的必然联系，整个理论体系内聚性、累积性强、结构严密，在发展知识的过程中表现出一条非常清晰突出的逻辑主线。从深层次上来看，这种思路与20世纪上半叶以前的现代科学思想一脉相承。因为现代科学认为，不但世界可以像机械一样被拆分组合，而且任何学科的研究对象又可以进行更加精细的分割。不管是复杂的、整体的东西被还原简化为最简单、最基本的单位，或是后者组合、累加为前者，都是一个线性加减的过程，在此过程中，事物的性质不会丢失。正是这样，现代各学科都根据机械分离和简化还原的思想，从最小构成单位开始，探究最基本的本质，然后严格遵守逻辑推理的秩序，由部分相加到整体，从简单积累上升到复杂，最后达到对整体的、复杂的现实的认识。

（三）适应了20世纪上半叶以前科学和学科发展的要求

1. 单一分类逻辑下绝对分类的专业设置办法适应了20世纪上半叶以前科学分化、学科孤立和知识分割的特点

新中国和苏联的专业设置都遵循了单一分类逻辑下绝对分类的原则，政府颁布的学科专业目录建立在单一的逻辑分类框架（学科或行业）上，纵向地设置一级、二级和三级目录，各级之间是垂直的隶属关系，缺乏横向的沟通。不管是以行业为分类逻辑，还是以学科为分类逻辑，专业都是在行业或学科下的垂直设置，专业就是单一行业或学科下的局部，是亚行业或亚学科，专业的增长就是对行业或学科更加细致的划分。按照这种办法设置的专业是一个封闭、独立的单元，它们各自对

---

① 冯向东：《高等教育研究中的"范式"和"视角"辨析》，《北京大学教育评论》2006年第3期。

应着自己独特的知识领域，有着自己独特的培养目标、课程体系和就业岗位。专业之间界限分明，无需联系，自成一体。如在 1954 年的本科专业目录里，整个专业设置以行业部门的划分为基本框架，在行业部门下设置若干个专业类，在每一个专业下设置若干专业。再如 1998 年的本科专业目录，首先把整个人类的科学分为 11 个学科门类，再在学科门类下又细分出 71 个专业类，然后在这些一级学科下分门别类地设置了 249 个专业。显然，在这些专业目录里，专业都是纵向地分割，缺少横向的关联，专业都是特定行业或学科的专业，根本不存在跨行业或跨学科的交叉专业。在高校里，专业的这种封闭独立性又进一步在组织层面上表现出来，这就表现在专业对应着自己特有教学资源，专业成为拥有自己课程、教师、学生、图书、设备的独立王国，表现在以专业为基础的学系或学院的封闭上。同时，专业的封闭独立性还进一步贯彻到专业的课程设置上，专业课程都是在特定单一的行业或学科范围之内设置，该行业或学科之外的知识难以进入到专业的教学之中。

专业设置的办法与科学发展的状况是紧密相连的。新中国单一分类逻辑下绝对分类、垂直设置专业的做法，在知识层面上较好地符合了 20 世纪上半叶以前科学分化、学科孤立和知识分割的特点。很显然，正是因为在机械主义本体论、理性主义认识论和实证主义方法论的指导下，科学才可以分化为一个个孤立的学科，学科才可以拥有客观、独特的研究对象、唯一独特的研究方法和线形、单向度知识体系。正是因为学科的孤立和知识的分割，学科之间界限分明，人才培养才可以分化为一个个不同、独立的专业，社会生产生活才分为不同的、甚至互不关联的行业和领域，社会才可以在这个基础上建立与之相对应的"条块分割"的管理体制。这里，我们可以看到一条穿越科学、教育与社会的连贯逻辑。

半个多世纪以来，特别是第二次世界大战以来，科学和学科的面貌发生了巨大变化，科学和学科发展的趋势、特点表现出与过去极大的不同，甚至可以说，科学和学科在根本上发生了转型（详见后文），但是这一单一分类逻辑下绝对分类的专业设置方法仍然在专业制度的流变中"顽固"地得到严格执行。显然，这一以知识垂直分化、相互隔离为特征的专业制度不能适应今天科学知识日益融合、学科交叉的趋势，亟待改革！

2. 相对稳定不变的专业设置管理办法适应了 20 世纪上半叶以前科学发展相对缓慢、知识相对稳定的特点

我国 20 世纪 50 年代建立起来的专业制度具有相对稳定不变的特点。国家以一个权威、统一的专业目录来统筹管理高等教育的专业设置和人才培养，专业目录一旦颁布，在一个相当长的时间内就相对稳定不变。专业一旦进入专业目录，其人才培养目标、教学计划和课程设置，甚至教学大纲一旦确定，就在下次专业目录修订之前必须在高校中得到严格遵守。专业目录的稳定性从表面上来看是建立在社会职业分工的稳定性之上的，但是社会职业分工的稳定性又是由社会行业和生产技术的稳定性决定的，而所有这些从根本上则均是建立在科学和知识稳定的基础上的。由此可见，稳定不变的专业设置管理办法适应了 20 世纪上半叶以前小科学时代科学发展相对缓慢、知识相对稳定的特点。

第二次世界大战以来，特别是 20 世纪下半叶进入知识经济时代以来，人类科学知识发展状况发生了巨大的变化，知识爆炸、更新加快，知识半衰期越来越短，这种情况使得专业的相对稳定性失去了合法基础，也使得这种相对稳定不变的专业设置管理办法越来越不适应今天科学发展和社会生产的要求，亟待改革！

三　适应了精英高等教育的要求

（一）精英高等教育的概念与特征

到目前为止，关于精英教育的内涵还没有一个公认的理解。除了马丁·特罗从 15% 的毛入学率这一数量指标来界定精英教育阶段之外，还有人从培养对象来界定精英教育，认为精英教育是对少数具有先天禀赋、特殊才能等精英潜质的人进行的教育；有人从培养目标的角度将精英教育看作是培养社会精英的教育；有人将精英看作是一种意识和精神的非实体性的概念，将精英教育看作是一种渗透性的教育思想和一种超越性的价值追求。[①] 还有人从内在的卓越品质来认识精英，将精英教育

① 雷晓云：《精英教育：一个仍需关注的课题——兼论精英与精英教育的质的规定性》，《现代大学教育》2001 年第 4 期。

看作是激发人的精英性的教育活动。① 但是，无论从什么样的角度来理解精英和精英教育，精英教育一定具备如下几个特征。

一是教育对象一定是被认为具有特定资质的人。这种人在过去可能是具有特殊社会地位的人，今天也有可能是具有一定心理和智力水平的人。

二是培养目标一定是社会的上层精英人士，这种人在过去可能是阶级精英，在今天可能表现在技术精英。作为社会精英，毕业生就业时处于"卖方市场"的优势地位。

三是精英教育一定是小规模的教育。因为无论是具有精英潜质的培养对象，还是社会所需要的精英人才，都一定是同龄群体中的极小部分。大规模的教育只能是培养大众化的人才。

四是精英教育一定是同质性的教育。因为规模小、选拔标准单一和培养目标统一，所以接受精英教育的人一般在智力、品格等心理层面上大致相同，因而精英教育的课程、教学和管理等教育教学层面表现出更多的同质性。

综合上述几个因素来看，20 世纪 50 年代以来到高校"扩招"以前的我国高等教育无疑是处于精英高等教育阶段。如果从高等教育的毛入学率来看，在新中国成立后的相当长的一段时间里，我国高等教育的毛入学率一直维持在一个非常低的水平。1949 年新中国成立时，当年全国的在校大学生不到 12 万人，毛入学率只有 0.26%，到"文化大革命"开始时的 1966 年在校大学生也只有 50 多万人，毛入学率仅为 0.91%。"文化大革命"期间，高等教育秩序混乱，毛入学率一直在极低位徘徊。"文化大革命"结束后，我国高等教育稳步发展，但是在校生规模和毛入学率却增长缓慢，1978 年刚刚恢复高考的时候，高校在校生为 132.19 万人，毛入学率为 1.56%。1985 年，高校在校生迅速增长到 300 多万，毛入学率为 2.8%。到高校"扩招"前夕的 1998 年，我国高校在校生规模虽然增长到 643 万，但毛入学率也还只有 6.8%。只是到 2002 年，我国高等教育规模发展到 1512.62 万人，毛入学率才刚刚突破 15%，达到马丁·特罗所设定的大众化阶段的标准。很显然，

---

① 周志成：《高等教育哲学视域中的精英教育》，《新视野》2011 年第 5 期。

在新中国成立以来的几十年里，在高等教育毛入学率如此之低的情况下，高校入学考试非常严格，选拔性极强。即使是在"文化大革命"期间，高等教育入学实行推荐、强调阶级出身和政治成分，其入学难度也是非常大，只是选拔的标准从学业标准转变为政治标准而已。与此同时，数量如此少的大学生一直被作为国家极为宝贵的人才资源，政府从国民经济建设的实际需要出发来为大学毕业生分配工作。

表 3 - 1　　新中国成立以来我国高等教育毛入学率的变化情况

年份	在校生数（万人）	毛入学率（%）
1949	11.73	0.26
1960	157.87	3.49
1966	53.92	0.91
1970	4.78	0.06
1978	132.19	1.56
1985	351.54	2.80
1998	642.99	6.80
1999	742.42	10.5
2000	939.85	11
2001	1214	13.3
2002	1512.62	15.3
2003	1900	17
2004	2000	19
2005	2200	21
2006	2300	22
2007	2400	23
2008	2907	23.3
2009	2979	24.2
2010	3105	26.5
2011	3167	26.9
2012	3325	30

数据来源：1949—1998 年数据转引自杨德广、张瑞田《60 年来中国高等教育大众化进程》，《现代大学教育》2009 年第 6 期；1999—2012 年数据引自 1999—2012 年《中国教育事业统计公报》。

（二）适应了精英高等教育的要求

1. 入学群体的同质、培养目标的统一，为高度统一、权威固定的专业制度提供了可能

在精英教育阶段，通过高度选择性考试进入高校学习的入学群体无论是在知识、智力、意向需求、个性品质等层面均具有较大的同质性。只有在面对具有同质知识基础、智力水平和个性品质的学生的条件下，专业才能设置统一的课程和教学内容，实行同样的教学方法，提出统一的培养目标，才能实行"齐步走"式的学年制统一培养方式。在这样的情况下，国家才能对高校人才培养实行高重心的管理，颁布统一、权威的专业目录，实行统一、权威的专业设置管理。

而进入高等教育大众化阶段，与精英高等教育相比，伴随学生规模扩大的是学生群体的多元化、知识智力的差异化和个性品质、兴趣爱好的多元化。在这种情况下，政府不但不能实行统一、高重心的人才培养管理，而且还必须根据学生的实际情况来推动培养目标的多元化、课程设置的灵活化、培养方式的开放化和人才培养的个性化等。因为多元化的群体、兴趣爱好和培养目标需要为学生提供更多自由空间，赋予他们更多的对专业、课程、教师和其他教育资源进行跨专业选择的权利，而不能以固定统一、封闭分割的专业制度限制他们的发展。

2. 以实体专业为基础线性组织起来的、"条块分割"式的高校内部组织结构只能在小规模的精英教育阶段中存在

如前所述，因为专业是一个固定的人才培养单位，在小规模精英教育的条件下，高校在实际的管理过程中很容易以专业为单位进行资源分配和组织设计，从而导致了专业的实体化和高校内部的"条块分割"。今天看来，专业的实体化在实践中造成了一些问题，如实体性专业的分割实际也就意味着高校各种教育资源的分割，意味着高校不能对其各种资源进行高效率的配置，难以使得各种资源要素在校内流通，不能有效促进高校内部的竞争，从而降低了高校办学的活力和人才培养效率。而且与此同时，师生、课程、实验设备等依附于互相封闭的不同专业，使得跨学科、跨专业、跨院系的教学、研究和学习变得极其困难，这也严重影响了教育和人才培养的质量。进入高等教育大众化时代，这样一种高校内部的组织设计和管理模式显然就难以为继了。因为在大众高等教

育阶段，高校的办学规模急速扩张，但是高校的教育资源和投入却不可能以同等速度增长。这样，大众化高等教育时代就出现了一个普遍现象，那就是高校办学的资源会持续紧张。为了生存和发展，高校就必然要重组内部组织结构，优化资源配置，提高资源利用效率。这就要求高校要打破专业的实体性，设计更加灵活的组织模式，"解放"被分隔、封闭、固化在不同专业（或院系）里的有限的办学资源，促进课程、知识、教师、学生、图书、设备等各种教育资源跨院系、跨专业流通共享，实现跨学科、跨专业、跨院系的教学、学习和研究，从而大大地提高资源利用效率。

3. 20 世纪 50 年代统一、权威固定的专业目录适应了精英教育阶段处于"卖方市场"的大学生就业形势

在精英教育阶段，由于教育规模小，大学生是社会的宝贵资源，不存在就业的压力。另外，在我国，大学生作为由政府培养的为经济建设服务的精英人才，是宝贵的社会资源。政府可以在制定清晰专业目录的基础上，通过指令和计划来实现大学生的培养、就业与具体的行业、部门和岗位的对接。但是进入大众化时代，面对数量多、需求各异的大学生，没有任何一种智慧力量能够制定出一份供所有高校使用的精准的专业目录，让设置的专业既能够满足不同学生的个性需求，同时还能够非常清晰地将大学生的培养、就业与社会的复杂需求一一对应起来。

第三节　制度环境转变与传统学科专业制度的弊端

20 世纪 50 年代建立起来的学科专业制度，适应了当时宏观经济社会体制、科学和高等教育发展状况等环境的要求，是作为社会主义的先进经验从苏联引入而来，体现了当时社会主义制度的优越性。但是新中国成立 60 多年来，我国学科专业制度的环境发生了巨大变化，计划经济体制已经被社会主义市场经济体制取代，科学已经或正在发生转型，高等教育也由精英教育阶段步入了大众化阶段。在这种情况下，建立在旧的制度环境基础上、在特定时期作为社会主义的先进经验引入而来的传统学科专业制度，在新的制度环境下产生了诸多不适应，到今天已暴露出越来越多的弊端，受到越来越多的批评，主要表现在如下几个

方面。

一　死板

学科专业制度的死板表现在如下两个方面：

1. 国家以一个权威、统一、有限、稳定的学科专业目录来规范知识、教育和社会生产等各个领域

首先，因为权威和统一，尽管它有利于统一全国高校人才培养标准和质量标准，有利于不同高校之间的横向比较，但是学科专业目录仍然显得有点"眉毛胡子一把抓"，不分"青红皂白"，不能充分考虑不同地区、类型、层次高校的实际情况而实行有区别的政策。在这种学科专业目录之下，"不同学校同一学科、专业几乎按同一模式运行，学校、学生的选择范围很小，在培养内容雷同，培养模式趋同的情况下培养出来的学生，千人一面，齐则齐矣，创新则成为一种奢望"。[①]

其次，因为学科专业种类数目的有限，统一的学科专业目录显得有点"以偏概全"，它并不能全面反映人才市场不同类型规格的人才需求和科学发展纷繁复杂的实际情况，很多社会需要的专业因为不能进入学科专业目录而难以培养人才，很多亟须发展的学科因为被排除在学科专业目录之外不能得到发展。显然，在高度发达的市场经济时代，在科技日新月异、社会分工愈加精细和人才需求更加多元的情况下，这样的学科专业目录不是对市场所需人才全面真实的反映，而是对市场所需人才的框限和粗略的分类。正如有学者所言："在信息时代，知识爆炸，社会不断发展变化，社会对高级人才种类和规格的需求在不断地变化，在这种情况下要以一个统一的专业目录来囊括社会所需人才的种类，实在是过于理想主义。"[②]

最后，因为稳定，学科专业目录显得有点"呆滞"、僵化，它不能随时间及时地调整变化。社会上新的人才需求和科学发展的新变化不能及时地在学科专业目录中得到反映，知识更新加快带来的社会产业调整和技术升级对新人才的要求不能及时得到满足，从而使得高级专门人才

---

① 王战军、翟亚军：《关于〈研究生学科、专业目录〉的思考》，《学位与研究生教育》2007 年第 3 期。

② 罗丹：《规模扩张以来高校专业结构变化研究》，博士学位论文，厦门大学，2008 年。

的培养有可能滞后于社会的需要。① "当市场迫切需要或不再需要某类专业人才时，不能及时增减和改变专业。特别是在研究生教育阶段，学位的授权点一旦遇到这种情况，很难应付自如。因为各授权点在人员、梯队、设施设备等方面都相对比较固定，课程体系的弹性受到相当的限制。所以随市场变动，整个授权点常常一荣皆荣、一损皆损，缺少灵活性和回旋余地"。②

2. 死板其次表现在国家对高校学科专业设置的高位管理上

在高校的学科专业设置管理上，我国长期以来实行的中央集权或政府集权的模式，高校自主设置学科专业的权力十分有限。不但高校没有在目录外自主设置学科专业的权力，即使是目录内学科专业设置在大部分情况下也必须得到政府的审批。而在更早期的一段时间内，甚至专业的教学计划、课程设置和教学大纲等一并随专业由中央政府统一制定，高校不但在学科专业设置上没有权力，甚至在具体教学过程中也难以实现自主。有学者认为，政府对学科专业设置的集权管理是建立在三个假设前提之上：预测的科学性、政府完全行为能力和有计划按比例。但是实际上，这三个前提是不可能成立的，这就决定了这种高位管理体制的死板和"失灵"。③尽管自1985年以来，我国传统高度集中的高等教育管理体制进行了诸多改革，高校专业设置和专业具体教学的权力部分地从中央政府下放到省级政府，从政府下放到高校。但是从目前来看，从社会主义市场经济体制改革的步伐来看，从市场经济体制下高校办学的实际需要来看，这一权力下移的步伐仍然缓慢，下移的幅度仍然十分有限，高校学科专业设置仍然缺少足够的灵活性，这严重限制了高校面向市场办学、培养适销对路的人才。④

① 鲍嵘：《从"计划供给"到"市场匹配"：高校学科专业管理范式的更迭》，《浙江师范大学学报》（社会科学版）2007年第2期。

② 王伟廉：《高等学校学科、专业划分与授权问题探讨》，《高等教育研究》2000年第3期。

③ 刘振天、杨雅文：《进一步扩大高校办学自主权　深化学科专业管理体制改革》，《现代大学教育》2002年第5期。

④ 周群英：《改革开放以来本科教学改革回顾与评述——基于政策分析视角》，《大学教育科学》2009年第2期。

二　封闭

在单一学科（行业）下设置的专业必然是对学科（或行业）的细分和分割。专业作为人才培养的固定单位，它有自己确定的内涵（如每个专业均有自己的培养目标，课程设置，早期甚至还有教学计划和教学大纲），专业之间的界限非常明显。专业的分割导致了专业之间的互相封闭，形成了专业壁垒，并深入表现到知识领域、教育领域和生产领域中去。

"知识划分成学科、专业本身就已经存在着产生学科壁垒的危险，而用这种划分来规范人才培养，在客观上会大大加重这种封闭性"。[①]在知识领域，专业的封闭其实就是对科学知识的分割。在今天的专业目录里，专业是学科之下的垂直细分，专业对应着特定的知识领域，不同专业之间最大的区别就是专业知识的区别。这样，专业的封闭实际上就是科学的"碎片化"，在整体上将知识分割成一个个的"孤岛"。同时，这种"碎片化"的影响通过在封闭的专业里培养封闭的人才被进一步放大。在教育领域，高校根据互相封闭的专业培养人才，高校中不同的专业拥有完全不同的文化、思想以及知识体系等。不同专业培养不同的人才，具有不同的培养目标、教学计划和教学内容，在此基础上形成了互相封闭的不同人才培养单元。[②]在生产领域，与知识和教育领域封闭紧密相连的是，社会生产过程被划分为不同的专业工作或岗位，它们需要不同的专业知识，需要接受不同专业教育的人才，因而互相之间也是封闭的，专业工作者被固化、捆绑在专业岗位上，难以流通。

专业的封闭分割阻断了专业之间在知识、教育和职业层面上的流动和沟通。一方面，专业的封闭分割降低了人才培养的质量，人才培养被局限于一个特定的知识范围之内，知识面窄、基础不扎实，缺少创新能力和可持续发展的能力。另一方面，它又反过来作用于科学，强化了学科知识的分割，导致了知识之间的鸿沟，阻碍了科学的前进。这样，人

---

① 王伟廉：《高等学校学科、专业划分与授权问题探讨》，《高等教育研究》2000 年第3 期。

② 程妍：《刍议我国高等教育学科专业目录分类中的交叉学科设置》，《高教探索》2008年第4 期。

类认识的结果就不是一幅关于世界的紧密相连的完整画面，而是许多的碎片——局部非常清晰，但整体是支离破碎的。① 同时，教育中专业的封闭分割又向下造成了社会生产领域中的封闭、分割，专业人才因为其智能结构的专业化难以适应职业流动和技术升级的要求，从而也不利于生产技术的更新和生产效率的提高。

今天，科学已经或正在转型，科学转型带来了学科框架的转变（详见第六章）。在新的科学形态下，学科高度分化又高度综合，学科交叉日益深入，学科"贸易"日益频繁。今天的学科，很难再保有"客观""独特"的研究对象，"唯一"、"独特"的研究方法和"线形""单向度"的知识体系。在这种情况下，封闭的学科专业制度在很大程度上成为了人才培养、科技创新和社会发展的障碍。下面我们就以运筹学为例，来看看在这种封闭的学科专业制度下交叉应用学科的生存困境。

数学一级学科之下的运筹学的生存困境

一、运筹学是一门交叉应用学科

"夫运筹策帷幄之中，决胜于千里之外"，决策优化的运筹思想古已有之。现代运筹学思想产生于 20 世纪 30 年代末，它与当时英国军事部门进行的关于合理运用雷达的研究联系在一起。运筹学的目的是为行政管理人员做决策提供科学的依据，关于它的定义有几种不同的说法："为执行部门对所控制的业务作出决策提供数量上的依据的一门科学。""由一支综合性的队伍，采用科学的方法，为一些涉及有机系统（人—机）的控制系统问题提供解答，为该系统的总目标服务的学科。""应用系统的、科学的、数学分析的方法，通过建模、检验和求解数学模型而获得最优决策的科学。"②从运筹学的发展和各种运筹学的定义来看，运筹学的学科性质具有两大特点。

第一，运筹学是一门应用学科。

首先，运筹学产生于应用实践，它不是数学研究理论逻辑发展

① ［美］E. 拉兹洛：《用系统论的观点看世界》，闵家胤译，中国社会科学出版社 1985 年版，第 2 页。

② 雷晓军：《运筹学的历史与现状》，《铜仁学院学报》2008 年第 7 期。

的结果，而是实践应用的需求促进其诞生。例如，运筹学早期人物英国人 F. W. Lanchester 用常微分方程组来研究战争中集中兵力的原理，Erlang 利用排队论来研究哥本哈根电话交换机的效率，Horace C. Levinson 运用运筹学思想研究零售问题，分析了商业广告和顾客心理。可见，实践需要推动了运筹学的萌芽。

其次，运筹学是服务于实践，在实践应用中成长发展。运筹学这个名词的正式使用是在 1938 年，当时英国为解决空袭的早期预警，做好反侵略战争准备，积极进行"雷达"的研究。Rowe 和 Robert Watson Watt 爵士主持了最早的两个雷达研究，并将其命名为 Operational Research。这就是运筹学这个名词的起源。"战后，从 1945 年到 1950 年代初期是运筹学的创建时期。美国最早的工业运筹学队伍出现在国家煤炭委员会，随后电力、交通两个国有部门先后在很短的时间内分别组建了自己的运筹学小组。部分私营产业，尤其是有合作研究协会的产业，如英国钢铁研究协会也陆续创立了运筹学小组。在英国，最早一些从事运筹学研究工作的人积极讨论了如何将运筹学方法应用于民用部门，于是在 1948 年便成立了'运筹学俱乐部'，在煤炭、电力等部门推广应用运筹学并取得了一些相应的进展。"[①] 可见，运筹学在大学中的制度化是运筹学启蒙发展了数十年之后的事情，运筹学的发展、成熟并不是大学学院式研究的收获，而是实践应用中发展的结果。正如运筹学著名学者、我国运筹学会理事长章祥荪先生所言："运筹学的理论固然重要，但应用是它的灵魂。"[②]

第二，运筹学是一门跨学科、交叉学科。

应用学科一般都是跨学科、交叉学科。运筹学是一门典型的跨学科、交叉学科，因为只有当运筹思想应用于具体的领域，与其他学科交叉，运筹学才有存在的意义和价值。今天，随着运筹学的应用越来越广泛，与之交叉的领域多种多样，产生多种多样的运筹理论。如从应用的对象领域来看，有工业运筹学、农业运筹学、交通

---

① 林友等：《运筹学及其在国内外的发展概述》，《南京工业大学学报》（社会科学版）2005 年第 3 期。

② 章祥荪等：《中国运筹学发展史》，《中外管理导报》2002 年第 9 期。

运输运筹学、公共事业运筹学、军事运筹学、金融、市场、保险运筹学等。从其与自然科学、人文科学的交叉来看，则又有计算运筹学、工程技术运筹学、管理运筹学、生命科学运筹学等等。[①] 从运筹学的研究、教育实践来看，其交叉性首先表现在人员的交叉性。如由美国诺贝尔奖获得者、物理学家勃拉凯特领导的、世界上第一个以运筹学命名的研究小组成员就是一个由各方面专家组成的交叉学科小组，被人们戏称为马戏团。从运筹学的发展史来看，为她的建立和发展作出贡献的有物理学家、经济学家、数学家、其他专业的学者、军官和各行业的实际工作者。其次，运筹学的交叉性还表现在研究问题的交叉性和理论知识的交叉性。运筹学的研究主要是应用运筹思想解决具体领域的问题，因此其研究问题和知识的交叉性非常明显。

二、我国现行学科专业制度下运筹学的生存困境

长期以来，在我国的学科专业目录里，运筹学被定位在数学一级学科下的二级学科。[②] 按照这种定位，运筹学在高校中是设置在数学院（系）里，教师、学生、研究者的学历背景、知识结构被框限在数学之内，这样的设置今天实际上造成了运筹学发展的诸多困境。

首先，严重阻碍了运筹学的研究和理论发展。运筹学是运用数学工具实现决策优化的学科，但是其理论和研究的重点不在于数学，而是利用数学为实践应用服务。从某种意义上说，运筹学在主流数学的意义上并无核心理论问题，它的生命力和发展的空间更多地存在于它在具体领域中的交叉应用研究之中。但是在我国高校的院系组织设计中，建立在现行学科专业制度基础上的"条块分割"现象非常严重，教师、学生、课程、图书等各种资源成为部门所

---

① 章祥荪：《运筹学：生机勃勃四十年》，《运筹学学报》1999 年第 1 期。

② 根据过去的学科专业目录，本科没有设置运筹学专业，运筹学作为数学一级学科下的二级学科出现在研究生学科目录之中。2011 年修订的研究生学科目录因为只列出了一级学科，运筹学甚至在新版的学科目录里还找不到。尽管根据国务院学位委员会、教育部印发的《学位授予和人才培养学科目录设置与管理办法》（学位〔2009〕10 号）的规定，各高校可以在一级学科之下自主设置二级学科，但是实际上一般高校还是依照惯例在数学一级学科之下设置运筹学二级学科。

有，跨院系、学科、专业的流通非常困难。在这种情况下，运筹学在数学学科和数学院内部的设置，将运筹学的研究、教育局限于数学之内，人为分隔了运筹学与其他学科的沟通，限制了运筹学研究、师资与其他学科研究、师资之间的交流，阻碍了运筹学课程与其他应用领域课程的融合，这无疑在很大程度上阻碍了运筹学的研究和理论发展。一方面，这种阻隔、阻碍来自学院的、制度的、管理的壁垒，另一方面还自来教师和研究者的学术背景、知识结构的限制。出身于数学学科背景的教师缺乏相关应用领域的知识，其他领域的教师又缺乏运筹知识，交叉应用研究自然也就难以进行。此外，在我国，科研项目申报目录和科研基金的资助目录基本上是与学科专业目录保持一致，作为交叉学科的运筹学，其研究项目申报在数学学科内因为其交叉应用性难以获得资助，在数学学科之外更是无立"项"之地。显然，难以获得有效研究资助同样不利于该学科的研究。

其次，运筹学的应用和社会功效没有得到充分发挥。运筹学是一门应用学科，只有当其与实际应用领域结合起来，才能发挥学科的社会功效。无论是从该学科的产生和发展历程来看，还是从国内外运筹学的开展来看，应用于社会实践都是运筹学学科地位得以确立、学科思想得以发展的主要原因。不但运筹学本身需要通过开展应用研究得到发展，而且相关学科及实践领域也迫切需求应用运筹思想解决实际问题。但是在目前的情况下，由于学科的阻隔、院系的分设，运筹学开展应用与服务存在诸多困难，很多需要运筹学思想的其他领域的研究、人才培养和实际工作，因为各种壁垒、界限难以引进运筹学，运筹学的思想也难以渗入到其他学科和领域中去。

再次，运筹人才培养的质量难以提高。运筹学作为应用学科和交叉学科，其人才培养的目标应该是具有跨学科知识结构的应用型人才，最好是针对具体领域的应用运筹人才。显然，这样的人才培养目标要求具有跨学科的综合课程体系，要求具有跨学科知识背景的教师队伍、多学科的图书、设备资源和跨领域的实践教学基地。但是在数学学科和数学学院内部设置的运筹学专业，上述条件都难以满足。很显然，这严重影响了运筹人才的培养质量。

最后，学科及从业者的地位被边缘化。由于运筹学具有应用学科和交叉学科的性质，本身并没有在主流数学意义上的独特核心问题。因此，它在数学学科内部并没有具有理论意义上的重要地位，不处于基础数学主流的研究范围，而处于边缘化的地位。同理，在高等学校的院系设置中，运筹学的研究者、教师在数学学院内也同样难以处于主流的地位，难以获得发展空间和所需资源。这样，处于"弱势"、边缘化地位的运筹学学科及从业人员自然难以实现他们的发展。

运筹学的上述困境正是源于运筹学作为数学学科内二级学科的设置。实际上，从世界范围内运筹学的发展现状和我国运筹学的发展历史来看，我国运筹学在数学学科内部的设置并不是必然的、决定性的。在国际上，运筹学所属的建制单位五花八门，如麻省理工学院就设置了独立的跨学科运筹研究中心，其教师来自管理学院、电子工程与计算科学系、民用环境工程系、数学系、航空与宇宙航空学系、机械工程系、核工程系和都市研究与规划系等。① 伯克利大学在其工程学院内部设置有工业工程与运筹系；② 在普林斯顿大学的工程与应用科学学院中设置了运筹与金融工程，培养本科生和研究生。③ 在我国，运筹学最开始的设置也不是在数学学科之内。1956 中科院力学研究所在钱学森的领导下成立了第一个运筹研究小组，并于 1958 年成立运筹学研究室，只是直到 1960 年，力学所的运筹学研究室和数学所 1959 年成立的运筹学研究室合并，并将建制放在数学所之中，由此开启了我国运筹学归属数学学科的先河。我们认为，运筹学归属于数学学科可能与当时中科院数学所、特别是华罗庚的推动有很大关系，更多的是社会性的原因，而并不一定具有学理上的基础。实际上，20 世纪下半叶以来，随着运筹学的应用推广以及和管理学、经济学、计算机科学等其他学科的交叉日深，运筹学对数学的"离心"倾向越来越明显。如我国 1980

① http：//www. mit. edu/~orc/people/index. html 2009 – 6 – 4.

② http：//ieor. berkeley. edu/2009 – 6 – 4.

③ http：//orfe. princeton. edu/undergraduate 2009 – 6 – 4.

成立的、从属于中国数学会的中国运筹学会，在 1991 年正式脱离数学会，成为全国性一级学会和中国科协的正式成员。运筹学会从数学会中的脱离是我国运筹学发展史上的一个重要事件。事实上，国际上几十年来对运筹学发展的讨论一直没有停止过。1994 年美国运筹学会和管理科学学会的合并是国际运筹学界的一件大事，强有力地表明了运筹学的交叉应用性质和与数学的非必然关系。

运筹学的学科困境其实早就为运筹学学科人员注意到。早在 1998 年，中国运筹学会就向中国科协提出了将运筹学设置为一级学科的建议，建议在"管理学"前增设一级学科"运筹学"，其下设二级学科及三级学科。一级学科"数学"下的"运筹学"改为"运筹数学"，下设三级学科。[①] 这条建议的目的显然就是要将运筹学从数学学科的限制中解放出来，通过运筹学一级学科下的二级、三级学科设置来扩大运筹学的发展空间，将交叉领域的运筹学应用容纳其中。而数学一级学科下设的"运筹数学"则主要是研究运筹学的数学工具问题。这样，运筹学的交叉应用能够得到拓展并在高校的院系设置中得到合法化，从而促进了运筹学的人才培养、科学研究和社会服务。但是运筹学会的上述建议并没有得到采纳！

实际上，运筹学会的这一建议仍然是在现行学科专业制度中的调整，将运筹学单独设为一级学科虽然可以通过二、三级学科来容纳更多的交叉运筹学科、跨学科运筹学等，但是前述的那种学科专业界限及在高校院系设置中的院系壁垒仍然会继续阻碍运筹学的发展。实际上，今天运筹学所面临的发展困境并不是运筹学所独有的。几乎所有的交叉学科、应用学科在目前的学科专业制度中都处于与运筹学同样的境地。显然，我们对运筹学的思考需要深入到对我国现行学科专业制度的思考，解决运筹学及其类似学科的困境，需要我们对目前的学科专业制度进行反思、改革。

---

① 中国运筹学会：《关于"运筹学"学科分类的意见》，《运筹与管理》1998 年第 2 期。

三　实体化

《教育大辞典》对"专业"一词的解释大体相当于《国际教育标准分类》中的课程计划或美国高等学校的主修。[①] 的确，从教学和人才培养的角度来说，苏联和新中国高校中的专业也是一个系列的、有一定逻辑关系的课程组合。但是与国际上的"课程计划"或"主修"相比，这一"专业"却具有一个突出的独特特点——实体化。长期以来，由于专业目录的权威性和稳定性，专业被看作是一个固定不变的人才培养单元，在高校里同时成为岗位设置、资源分配和内部管理的基本框架。专业不仅是一个课程的序列，它还是一定的人、财、物等资源的组合：与特定专业相连的学生及教学班级、与特定专业相连的教师及教师组织（与专业同名或相近名的教研室），与特定专业相连的经费、实验室、仪器设备、图书资料以及实习场所等。[②] 学生、教师及其图书、设备等资源都是某个专业或学科的学生、教师和资源，而不是全校的学生、教师和资源，这样的专业就成为了组织意义上的实体。一个专业就是拥有相对独立资源的王国和自我运行的系统，专业是高校的基本组成单位和管理单位，是整个高等教育系统这一有机体的构成"细胞"。而且，"专业不仅是一个实体，而且其所有权归属国家。专业作为实体组织，就是一个单独的资源使用和产出单位，存在规模效益问题，其结果是院校资源为一个个专业所分割，教育资源仅为确定的几组课程服务，课程资源在一校内乃至几所学校内的共享实属困难。同时，既然专业所有权归属国家，那么专业所属的学生、教师必然归属于国家，这无疑致使先前旨在促进权力主体分化的一些制度安排失效"。[③]

改革开放以来，特别是随着研究生教育的发展和20世纪90年代高校系统的再造，这种实体化不再是以单个专业的实体表现出来，而是以同类专业相结合的学科的实体表现出来，传统专业的实体化逐渐上升为学科的实体化，学院逐渐取代学系成为这种实体王国的表现形式，但是

---

① 顾明远：《教育大辞典》第三卷，上海教育出版社1991年版，第26页。

② 卢晓东、陈孝戴：《高等学校"专业"内涵研究》，《教育研究》2002年第7期。

③ 鲍嵘：《从"计划供给"到"市场匹配"：高校学科专业管理范式的更迭》，《浙江师范大学学报》（社会科学版）2006年第7期。

不管是以什么形式表现出来，那种根基于传统专业实体化的逻辑仍然是一脉相承的。

专业和学科的实体化使得学科专业制度不但是对学科专业的设置和管理，而且还是对高校组织设计和内部管理的规范与制约。专业和学科的实体化最终在高校组织层面上表现出来，那就是院系组织的实体化上。高校中的院系可以看作是专业目录中的学科、专业与特定人、财、物资源的结合，是专业制度的物质化。这样，专业和学科的实体化就造成了高校中不同院系组织之间的独立分隔，造成了专业知识、教育和研究的人为割裂，造成了高校资源的"条块分割"和部门所有。教师、学生、课程、实验设备等依附于互相封闭的不同学科专业，使得跨学科、专业、院系的教学、研究和学习变得不可能，这不但影响了科学研究的水平和高效管理的效率，更为严重的是使得人才培养的知识视野局限于单一的学科和专业之内，课程、教学内容和师资束缚于单一的学院和学系之中，培养的人才从而难以满足人才市场对复合、交叉、跨学科、跨专业人才的需求。

第四章

传统学科专业制度下的当前大学生就业难问题

专业制度本身无所谓先进和落后，它的好与坏只是相对于其所处的环境而言。随着环境的变化，在一种环境下的先进制度可能会失去其适应性和先进性而成为另一种环境下的落后制度。

60 多年来，特别是改革开放的 30 多年来，我国自 20 世纪 50 年代初建立起来的专业制度尽管进行了诸多改革，但是其基本精神和主旨仍然保留至今。从历史来看，传统的学科专业制度有利于国家对教育资源和人才培养的计划统筹，保证国家经济社会建设对重点人才的需求，在特定历史时期发挥了重要的作用。但是，今天看来，这一本为指导高校教学和人才培养工作而建立的制度赖以依存的宏观经济社会体制、科学发展状况和高等教育发展阶段已经发生了重大变化，制度的规范性、权威性超越了其指导性，应用范围也超越了教学和人才培养的领域，过度的制度化已经在实际上造成了学科专业的死板、封闭和实体化等诸多问题，在实践上造成了高校学科专业设置和人才培养规格趋同、人才培养与现实需求脱节、高校发展缺乏特色等，这些问题在很大程度上都促成了当前我国大学生就业难问题。

第一节 大学生就业难与高校人才培养趋同

一 "愈演愈烈" 的大学生就业难问题

（一）大学生就业难问题的形势分析

1999 年高校"扩招"以前，高校毕业生一直是"稀缺资源"，由国家统一分配，作为"香饽饽"受到用人单位的青睐，几乎不存在就业难问题。但是在 2003 年之后，伴随高校"扩招"后毕业生的剧增，这一问题开始显现出来并且愈演愈烈。高校"扩招"以来的十多年，是我国大学生就业越来越难的十多年。截至目前，这一问题已非常严重，并且早已超出了教育界的范围，而成为一个深受政府牵挂、广为各界关注的社会问题！

2003 年是中国高校"扩招"后的本科生毕业第一年，当年全国高校共有普通教育本专科毕业生 187.75 万人，比 2002 年增加 54.02 万人，增幅达 40.39%，就业形势开始就不容乐观。2004 年普通教育本专科毕业生达到 239.12 万人，比 2003 年增加 51.37 万人，增幅为 27.36%。2005 年这一数据达到 306.8 万人，比 2004 年增加 67.68 万人，增幅达 28.3%。到 2013 年，全国普通高等教育本专科毕业生达到 638.72 万人，如果加上往年毕业未能就业的大学生，就业大军可能高达上千万人。从增长情况来看，2009 年以前每年高校毕业生的增长人数均在 50 万人以上，增速则基本在 15% 以上，远远高于 GDP 的增速（见表 4-1）。

表 4-1 2003 年以来历年全国普通高等教育本专科毕业生数量变化情况

年份	毕业生数（万）	较上年增长（万）	较上年增长率（%）
2003	187.75	54.02	40.39
2004	239.12	51.37	27.36
2005	306.8	67.68	28.3
2006	377.47	70.68	23.04
2007	447.79	70.32	18.63
2008	511.95	64.16	14.33
2009	531.10	19.15	3.74
2010	575.42	44.32	8.34
2011	608.16	32.73	5.69
2012	624.73	16.58	2.73
2013	638.72	13.99	2.24

数据来源：教育部发布的 2003—2013 年《全国教育事业统计公报》。

伴随毕业生规模急剧增长的是毕业生就业率不断下降，大学生毕业即失业人数急剧上升（见图 4-1、图 4-2）。以本科生为例，在"扩招"后第一届毕业的 2003 年，6 月份一次就业率仅为 50%，这比 2002 年的 64.7% 下降了近 1/3，2004 年、2005 年这一数据分别为 47% 和 50%，[①] 大学生就业难问题成为不仅仅是关系高校和毕业生的高等教育

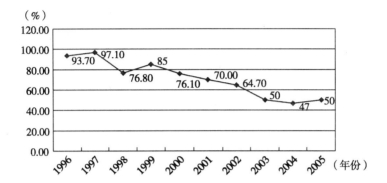

图 4 - 1　1996—2005 年大学生一次就业率变化情况（单位：%）

数据来源：李少鹏、吴嘉晟：《灰色系统模型及其经济问题应用》，《数学的实践与认识》2008 年第 1 期。

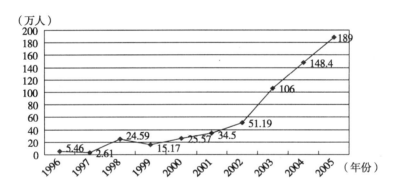

图 4 - 2　1996—2005 年大学生失业情况统计

数据来源：李少鹏、吴嘉晟：《灰色系统模型及其经济问题应用》，《数学的实践与认识》2008 年第 1 期。

问题，而且上升为政府关心、社会揪心的重大社会问题。近年来，在政府的高度重视和高校千方百计的努力下，同时因为就业率统计口径和统计时间的变化，大学生就业率有一定幅度上升（见表 4 - 2），如根据麦

---

① 李少鹏、吴嘉晟：《灰色系统模型及其经济问题应用》，《数学的实践与认识》2008 年第 1 期。

可思研究院发布的《中国大学生就业报告》，2007 届到 2013 届我国大学毕业生毕业半年后（即毕业第二年 2 月）就业率在 90% 左右徘徊。但是，如果按照传统的全职就业的观念来看，就业率仍然只徘徊在 80% 左右，如果统计时间放在毕业季的 7 月份，就业率仍然非常不乐观。在毕业生规模超过 600 万的情况下，每年高校毕业生失业人数仍然非常可观。①

表 4 - 2　　　　2007—2013 届我国大学生毕业半年后就业情况一览　　单位:%

年份	大学生就业率	受雇全职工作率	失业率
2007	87.5	83.7	12.5
2008	85.6	81.0（79.9）	14.4
2009	86.6	78.5（77.8）	13.4
2010	89.6	82.4（82.6）	10.4
2011	90.2	81.0	9.8
2012	90.9	81.3	9.1
2013	91.4	80.6	8.6

注：括号内数据为可能数据。《中国大学生就业报告》在不同年份报告中的同一年份数据出现不一致，可能为错误或为修正后数据。

数据来源：2008—2014 年《中国大学生就业报告》。

（二）大学生就业难问题的特点分析

深入分析近年来的大学生就业难问题，发现具有如下几个特点：

一是全面性。我国大学生就业难问题"来势凶猛"，毕业生失业人数在"扩招"后本专科第一届学生毕业的 2002 年、2003 年陡然增多，各层次高等教育、各类型高校、各学科专业都未能"幸免"，大学生就业难问题具有全面性。从教育层次来看，本科和高职高专毕业生就业难程度不分伯仲，两者就业率和失业率比较接近，相差不大。从教育类型看，"211"院校、非"211"本科院校和高职高专院校毕业生都存在不同程度的失业情况。尽管"211"院校的非失业率相对于后两者的就业率数据要高一些，但这并不意味着"211"院校的就业率要更好一些，而是因为"211"院校毕业生攻读研究生的比例要明显高于后两类高校

---

① 麦可思研究院：《中国大学生就业报告》，社会科学文献出版社 2008、2009、2010、2011、2012、2013、2014 年版。

所致。从学科专业来看，尽管各学科专业就业率之间有一定距离，但是没有一个学科专业出现 100% 就业率的情况，所有学科专业均在不同程度上存在大学生就业难问题。

二是不平衡。在大学生就业难问题全面普遍出现的情况下，深入分析，发现不同层次高等教育、不同类型高校和不同学科专业就业难问题在不同程度上、不同范围内存在不平衡，特别是不同学科专业之间，就业难程度相差较大。例如，2013 届本科生毕业半年后就业率最高的专业类是能源动力类，数据为 95.2%，最低为生物科学类，数据仅为 85.1%，两者相差达 10.1%。而 2010 届高职高专大学生毕业半年后就业率最高和最低的专业类分别为建筑设备类（93.8%）和临床医学类（70.6%），两者相差达 23.2%。可见，就业率不平衡的情况非常明显。

三是隐蔽性。大学生就业难问题非常复杂，有时候甚至是比较隐蔽，不能仅凭统计数据来进行判断，而是需要我们深入分析才能了解真实情况。特别是近年来，无论是教育部的数据还是麦可思研究院的数据，都表明我国大学毕业生就业率似乎在逐步提升，当然这里面有教育行政部门和高校努力工作所作出的贡献，但是我们不能完全据此认为我国大学生就业难问题已得到较大缓解，其理由如下。

首先，就业率数据中包含了大量的"被就业"情况。很多大学毕业生就业岗位并不符合自己的意愿，而是在理想就业碰壁未果之后，"被迫"或"委曲求全"地"降格以求"，这也是毕业半年后就业率会比毕业时就业率要高出许多的一个重要原因，这从历年《中国大学生就业报告》中的"就业满意度"、"工作与职业期待吻合度"和"工作与专业相关度"等数据中可以看出。以 2013 届毕业生为例，全国总体、本科院校和高职高专毕业大学生就业满意度分别只有 56%、58% 和 54%，也就是说将近有一半的大学毕业生对他们的就业情况不满意，就业实属"无奈"。进一步看该届毕业生就业工作与他们的职业期待相吻合的程度，全国总体、本科院校和高职高专院校毕业生的吻合度分别只有 44%、46% 和 40%，这进一步证明了近 3/5 大学毕业生是"失望"地就业。再看该届毕业生工作与专业相关度的数据，只有 69% 的本科毕业生和 62% 的高职高专毕业生认为他们就业所从事的工作与他们所学专业相关，也就是 1/3 左右的大学毕业生无法实现"专业对口"。从高校人才培养的角度来看，"被就业"实际上就是无效就业，就业工作与职业期待和所学专业不吻合在很大程度上说明高校人才培养的无效。

其次，如果以每年7月份或9月份来统计，我国大学生就业率数据可能要低很多。实际上，以7月或9月作为毕业生就业率统计的截止时间，最能反映高校人才培养与市场需求的契合程度。

再次，如果严格统计口径，就业率可能也要大大"缩水"。目前大学生就业率的相关统计机构大都将就业的"外延"扩大，有的将半职工作作为就业来统计，有的将读研、出国留学也纳入就业范围，这样的统计结果实际上就包含了大量的"虚假就业"。

最后，尽管大学毕业生失业率有逐步减低的趋势，但是从绝对数量看，近年来大学应届毕业生失业人数仍然相当可观且比较稳定，如果加上往届失业且至今没有就业的人数，失业大学生的数字可能会更多。

二 大学生就业难不是因为大学生"供过于求"

为什么大学生就业如此困难？一个比较大众的看法就是认为这是高校"扩招"所致，"扩招"导致了高校培养的大学生超过了人才市场的需求，从而出现人才"供过于求"的现象。诚然，从1999年高校"扩招"以来至今，我国高等教育的招生规模增长了6倍，在校生规模增长了7倍，高校毕业生规模的增长速度远超市场对这一层次人才需求规模的增长速度，从而不可避免地对大学生就业产生重大影响。应该说，高校"扩招"是大学生就业难问题的最直接原因，因为从事实来看，也正是高校"扩招"以后才出现了大学生就业难问题，正是毕业生数量的逐年增加才使得这一问题越来越严重，这从"扩招"后高校毕业生一次就业率这一数据可以明显看出，如这一数据在2001年为70%，到"扩招"后本科生的第一个毕业年2003年则下降为50%。[①] 但是，高校"扩招"必然会导致大学生就业难吗？当前我国大学生真的已经"供过于求"了吗？如果我们稍微深入思考一下，就会发现答案是否定的！

首先，从世界范围来看，我国高等教育毛入学率还不算太高，相比于世界其他发达国家，我国大学生还很难说"供过于求"。在2003年，

---

① 数据来源于2001年和2003年《中国教育年鉴》"高等教育"部分。

当大学生就业难问题开始出现之时，我国高等教育的毛入学率还只有17%。与西方发达国家相比，在这么低毛入学率的情况下就出现大学生就业难，这让我们很难说大学生就业难是因为大学生"供过于求"。实际上，到2012年，我国高等教育的毛入学率也只有30%，即使到2020年，我国高等教育的毛入学率也只有40%，这与西方发达国家相比，仍然是不算太高的水平。而且我国高等教育毛入学率的提高还不完全仅仅是高校规模扩张、大学生绝对数量增加的结果，适龄人口下降也在一定程度上助推了这一个数据的提升。但是，我国在高等教育毛入学率还只有百分之十几的时候，大学生就业就比较困难了，这说明大学生就业难必有他因！

其次，从国内人才需求来看，我国在出现大学生就业难问题的同时还存在着严重的人才短缺问题！面对大学生就业难问题，或许我们还可以辩驳，尽管我国高等教育毛入学率相比西方发达国家还不是太高，但是因为经济发展水平不同，我国市场经济对人才的需求不够多，对人才的吸纳能力还不是太强，大学生仍然存在着"供过于求"的问题。但是我们必须看到，自21世纪初，几乎就在大学生就业难问题开始出现的同时，东南沿海地区开始出现比较严重的高级技工人才短缺问题，到今天，紧缺人才的层次不断提升，应由高等教育培养的高级专门人才也存在着严重短缺问题。如天津市2014年发布了《天津市2014年紧缺人才目录》，列出紧缺人才类别共有13个，其领域覆盖了航空航天、装备制造、新能源和新材料、港口建设、石油化工、电子信息、食品和生物医药、医疗卫生、金融、文化体育、现代农业、教育、服务外包等领域。[①]

总之，无论是从毛入学率来看，还是从人才需求来看，我国大学生就业难问题还远不是高校"扩招"、人才培养过剩所致！与别的国家相比，我国还是一个人力资源并不很丰富、高等教育毛入学率还不是太高的国家，那为什么大学生就业困难就如此严重？

三 高校人才培养趋同与大学生就业难问题

尽管从根本上来说，大学生就业难不是因为大学生"供过于求"，

---

① 人民网，http://rencai.people.com.cn/n/2014/0519/c244800 - 25034591.html 2014 - 9 - 10。

但是我们必须看到，高校"扩招"和毕业生数量剧增却也是在客观上带来了大学生就业难问题。也就是说，尽管大学生在绝对数量上并不"供过于求"，但是数量的增长却又实际带来了问题。这个现象该如何解释？

当前，一边是大学生找不到工作，一边却又是大量的工作找不到合适的人才，大学生就业难和人才短缺问题的同时存在，说明这里问题的根源不在于绝对数量的多少，而在于大学生供求结构的矛盾，即高校的人才培养结构（学科专业结构）与市场上的人才需求结构不相一致。

那么，高校人才培养结构与市场上的人才需求结构不一致表现在哪里？从逻辑上来讲，应该表现在两个方面：一是人才数量结构，即高校不同学科专业培养人才的比例关系与市场需求的不同种类人才的比例关系不一致；二是人才种类结构，即人才培养的种类与市场上人才需求的种类不匹配。下面对这两个方面的原因来逐一分析。

（一）从人才培养数量上看

如前所述，与西方发达国家相比，我国高等教育毛入学率并不是太高，大学生总量上并不存在"供过于求"的问题。但是大学生就业难和市场人才短缺的同时存在表明结构上的数量可能出现问题，即大学生绝对数量在不同学科专业上的分配结构不合理，不同学科专业人才培养的不均衡，有些种类的人才培养过多，从而造成了这些学科专业毕业生的就业难问题。

从我国大学生就业难的现状来看，就业难问题的确在不同学科专业上表现的严重程度不大一样。虽然绝大部分的学科专业都存在就业难问题，但是我们不能否认在实际上存在不同学科专业之间人才培养的不平衡，也不能否认这种不平衡在客观上加剧了一些学科专业的就业难问题。实际上，深入分析一下，学科专业发展的不平衡也表现在两个方面。

一方面，学科专业目录中学科专业设置的不平衡，一些学科下设的专业多，一些学科下设的专业少。显然，专业设置数目少的学科，人才培养的分化不够，在高校"扩招"的情况下，大量的学生聚集在几个有限的专业和就业方向上，其就业难问题就自然而然了。如以2000年为例，其下实际设置专业最少的学科门类是哲学，实际设置专业数为8

个，其下实际设置专业最多的学科门类为工学，实际设置专业数为 374 个，后者是前者的 46.75 倍。

另一方面，更重要的还是高校实际设置学科专业的不平衡问题，即不同学科专业在高校中的布点不平衡问题。在高校"扩招"的过程中，受权威、统一的学科专业目录的影响，也因为高校之间的跟风、模仿，使得我国高校专业布点急剧扩张，布点总数剧增。表 4-3 列出了 1998—2010 年我国普通高校（本专科）分学科实际设置专业数、专业布点总数和专业平均布点数。可以看出，从高校"扩招"前的 1998 年到 2010 年，我国高校各专业平均布点数从 26.31 个增加到 108.1 个，增长了 4.1 倍，也就是平均每个专业的设置高校数量增长了 4.1 倍。

表 4-3　1998—2010 年我国普通高等学校（本专科）分学科设置专业数①

		哲学	经济及管理学	法学	教育学	文学	历史学	理学	工学	农学	医学	总体
1998 年	实际设置专业数	9	35	26	19	108	16	75	381	52	58	779
	专业布点总数	56	3132	772	773	3227	363	2253	8080	951	894	20501
	专业平均布点数	6.2	89.5	29.7	40.7	29.9	22.7	30.0	21.2	18.3	15.4	26.31
1999 年	实际设置专业数	12	35	26	19	109	16	74	378	54	58	781
	专业布点总数	58	3546	838	859	3569	380	2500	9180	1017	993	22940
	专业平均布点数	4.8	101.3	32.3	45.2	32.8	23.8	33.8	24.3	18.8	17.1	29.4
2000 年	实际设置专业数	8	35	25	19	112	16	75	374	54	58	776
	专业布点总数	52	4433	1187	1098	4573	404	2873	10863	1141	1207	27831
	专业平均布点数	6.5	126.7	47.5	57.8	40.8	25.3	38.3	29.0	21.1	20.8	35.9
2001 年	实际设置专业数	5	44	24	52	80	9	61	129	32	37	473
	专业布点总数	50	6362	1370	2016	4470	281	3506	8953	965	1291	29264
	专业平均布点数	10	144.6	57.0	38.8	55.9	31.2	57.5	69.4	30.2	34.9	61.9
2002 年	实际设置专业数	5	52	26	56	85	9	68	151	35	41	528
	专业布点总数	57	7782	1545	2476	5251	294	4005	10419	1119	1540	34488
	专业平均布点数	11.4	149.7	59.4	44.2	61.8	32.7	58.9	69.0	32.0	37.6	65.3

---

① 《中国教育统计年鉴》自 2011 年起改变了高校设置专业数的统计口径，只列出普通本科教育的情况。为了便于比较，我们在这里也只统计到 2010 年为止。

续表

		哲学	经济及管理学	法学	教育学	文学	历史学	理学	工学	农学	医学	总体
2003年	实际设置专业数	5	54	26	55	86	8	65	150	36	42	527
	专业布点总数	59	9607	1791	2899	6484	309	4665	12268	1251	1857	41190
	专业平均布点数	11.8	177.9	68.9	52.7	75.4	38.6	71.8	81.8	34.8	44.2	78.2
2004年	实际设置专业数	5	66	34	54	89	8	81	185	37	48	607
	专业布点总数	66	10748	1824	3022	7016	299	5036	13433	1332	2072	44848
	专业平均布点数	13.2	162.8	53.6	56.0	78.8	37.4	62.2	72.6	36.0	43.2	73.9
2005年	实际设置专业数	4	64	36	43	89	8	80	181	34	47	586
	专业布点总数	63	12833	2072	2233	8176	261	4287	16836	1454	2312	50554
	专业平均布点数	15.8	200.1	57.6	51.9	92.0	32.6	53.6	93.0	42.8	49.2	86.3
2006年	实际设置专业数	5	73	36	45	93	8	82	191	34	48	615
	专业布点总数	68	13992	2027	2299	8860	260	4610	18145	1485	2404	54150
	专业平均布点数	13.6	191.7	56.3	51.1	95.3	32.5	56.2	95.0	43.7	50.1	88.0
2007年	实际设置专业数	5	75	38	45	97	8	82	206	35	50	641
	专业布点总数	74	15824	2214	2597	10111	274	4894	20413	1612	2621	60634
	专业平均布点数	14.8	211.0	58.3	57.7	104.2	34.3	59.7	99.1	46.1	52.4	94.6
2008年	实际设置专业数	5	76	36	46	101	8	82	208	36	49	647
	专业布点总数	77	16982	2244	2789	10991	279	5084	22541	1713	3094	65794
	专业平均布点数	15.4	223.4	62.3	60.6	108.8	34.9	62.0	108.4	47.6	63.1	101.7
2009年	实际设置专业数	5	76	36	46	100	8	83	206	35	51	646
	专业布点总数	81	17434	2219	2800	11376	289	5261	23472	1730	3139	67804
	专业平均布点数	16.2	229.4	61.6	60.9	113.8	36.1	63.4	114.0	49.4	61.5	105.0
2010年	实际设置专业数	5	76	36	46	100	8	83	206	35	51	646
	专业布点总数	89	17939	2194	2813	11762	298	5434	24392	1752	3190	69863
	专业平均布点数	14.8	236.0	60.9	61.2	118.9	37.2	64.7	119.0	50.0	62.5	108.1
2010/1998年	实际设置专业数	0.6	2.2	1.4	2.4	0.9	0.5	1.1	0.5	0.7	0.9	0.8
	专业布点总数	1.6	5.7	2.8	3.7	3.6	0.8	2.4	3.0	1.8	3.6	3.4
	专业平均布点数	2.4	2.6	2.1	1.5	4.0	1.6	2.2	5.6	2.7	4.1	4.1

　　数据来源：1998—2010年《中国教育统计年鉴》。管理学类从2001年开始从经济学类中分列出来，为了便于比较，在这里仍然放在一起统计。

　　但是与此同时，我们必须看到，在高校各专业平均布点数快速增长的同时，可能是因为高校对新专业的"时髦"追求，或是因为特定专业的办学成本较低，使得一些学科专业在全国高校范围内的布点扩张速度和招生数量增长较其他学科专业更快，从而造成了学科专业发展的不平衡。这可以从1998—2010年普通高校本专科分学科设置专业数（见表4-3）和普通高校本科招生学科分布和增长情况（见表4-4）的实际数据中得到反映，这些数据表明两点：一是全国高校本专科各学科专业布点总数、专业平均布点数及增长速度很不平衡。如2010年，高校本专科专业平均布点数最多的学科为经管学科，达到236个，最少的哲学学科只有14.8个，悬殊非常惊人。从1998年到2010年间，高校本专科专业布点总数增长最快的是经管学科，最少的历史学，增长速度分别为5.7倍和0.8倍，专业平均布点数增长最快的是文学，增长4倍，最慢的是历史学，仅为1.6倍。二是高校各学科招生数及增长速度也极不平衡。2012年，高校本科招生最多的工学学科约200万人，而招生最少的哲学类仅仅只有2335人。1998年到2012年间，本科招生数经管类增长10.1倍，文学类增长9.7倍，教育学类增长5.9倍，法学类增长4.7倍，而哲学和历史学科增长速度则较慢。

　　从表4-4可以看出，招生数增长较快的基本是文管类。文管类增长较快的原因在很大程度上并不是因为市场对这类人才需求的增长较快，而是因为这类专业办学成本相对较低，这类专业新增布点或扩大招生对于高校来说比较容易实现。很显然，专业布点数和招生规模增长过快，造成了特定种类的人才被"扎堆""超常规"地培养，毕业生数量成倍增多，超出了市场对这些学科专业人才的需求，从而导致了大学生就业难问题。

表4-4　　　1998—2012年普通高校本科招生学科分布及增长情况　　（单位：人）

年份	哲学	经济及管理学	法学	教育学	文学	历史学	理学	工学	农学	医学
1998年	1086	89481	28725	24276	72676	9154	67623	280301	27056	52757
1999年	1386	131459	42765	35163	117599	11043	99870	386458	35834	75113
2000年	1530	165173	51467	49143	151461	12803	131539	465508	42099	89468
2001年	1600	256401	68631	48944	196526	10495	165609	498984	37133	97512
2002年	1700	315833	78519	59317	243324	10474	191997	543447	37513	105815

续表

年份	哲学	经济及管理学	法学	教育学	文学	历史学	理学	工学	农学	医学
2003 年	1446	377254	91920	69682	297002	11496	220157	595398	41637	119270
2004 年	1695	448024	102663	79374	361894	12164	247995	669745	44379	131218
2005 年	1797	516999	108779	86080	435484	13379	268061	739668	45674	147726
2006 年	2158	563056	110019	90533	470022	13698	279708	798106	47312	155242
2007 年	2337	645781	115696	98017	539633	14937	296510	890510	53755	173795
2008 年	2442	680392	114942	103629	569106	15730	312069	943738	53332	175221
2009 年	2563	752950	126335	116457	627375	17007	332874	1023678	58940	202892
2010 年	2516	830900	133630	124405	667431	18057	344921	1108832	62322	219549
2011 年	2647	856090	129428	133587	672496	18281	341487	1134270	60835	217290
2012 年	2335	903068	133717	142812	707543	18926	344671	1195234	63974	228294
2012/1998 年	2.2	10.1	4.7	5.9	9.7	2.1	5.1	4.3	2.4	4.3

数据来源：1998—2012 年《中国教育统计年鉴》。管理学类从 2001 年开始从经济学类中分列出来，为了便于比较，在这里仍然放在一起统计。

（二）从人才培养种类上看

人才培养种类与市场人才需求种类不匹配的情况，可以从三个方面来看。

一是高校人才培养的种类不是市场人才需求的种类，导致高校培养的是市场不需要的人才。我国高校本科生最初出现就业难问题是"扩招"后第一届本科生毕业的 2003 年，这一年毕业生的培养种类是由 1999 年高招专业种类决定的。如果说这一年的高招专业种类不是市场人才需求的种类，似乎应该说不过去，因为要知道此前一年即 1998 年，教育部才刚刚颁布实施了新一轮的本科专业目录，1999 年的高招专业是新目录颁布后的首次实施。

二是人才培养的种类多于市场人才需求的种类，导致了一些专业培养出来了市场没有需求的人才。是不是高校在满足市场人才需求的基础上"超额"设置了一些市场根本不需要的人才培养种类呢？这个理由似乎不能完全成立，因为 1998 年颁布的本科专业目录中设置的专业总数仅为 249 个（虽然在高校实际办学过程中，往往还有一些目录外专业布点，但是总的来看目录外专业布点控制严格、布点少、培养规模小），应该说市场人才需求的种类远远不止这个数。而且我国学科专业目录的制定都是基于过去和当前科技发展、产业技术升级情况确定的，不大可能出现市场根本不需要的专业种类（当然，我们不能否认在学科专业目录中，的确存在个别特别"冷门"的专业，它们的设置可能不是因为市场的人才需求，而是为了保持学科和人才的延续，但是这种学科专业的招生数量一般受到严格控制，不应该成为大学生就业难的主要原因）。另外，从最后大学生就业的现状来看，我们确实也没有发现哪一个学科专业的大学生完全无法就业，或是就业率奇低的情况。

　　三是人才培养的种类少于市场人才需求的种类。的确，当高校的人才培养种类少于市场人才需求的种类时，高校人才培养没有充分分化，在有限的方向上设置了有限的学科专业，这样在高校"扩招"的条件下，即使人才培养绝对总量没有"供过于求"，也有可能出现大学生就业难问题。因为在有限数量的人才培养种类上培养的人才数量可能超出了人才市场上对这些种类人才需求的数量。有数据为证：从1998年到2010年，我国高校本专科实际设置专业种数从779个减少到646个（含目录外专业），减幅为17.07%。而此期间的专业布点总数则从20501个增加到69863个，增幅为240.77%，专业平均布点数则从26.31个剧增到108.1个。再从招生规模和在校生规模来看，这一期间高等教育本专科招生数和在校生数分别从108.36万人、340.88万人增加到661.76万人、2231.79万人，增幅分别为510.70%、550.47%。在实际设置专业种数不升反降的情况下，我国高校本专科各专业平均招生数和在校生数分别从1391人、4375人增加到10243人、34548人，后者分别是前者的7.36倍和7.90倍。① 当然，这还是平均数，具体到个别具体的学科专业上，增幅可能达到8—10倍。如增长最快的是文学类，其下设专业平均招生规模从673人上升到6674人，后者几乎是前者的10倍了（9.9倍）。

　　专业平均招生数和在校生数急速增长，其原因除了高校"扩招"以外，一个重要的原因就是专业设置数目的下降。几乎在高校"扩招"的同时，我国高等教育的专业设置数量被大幅压缩。在拓宽专业面、提高人才培养质量的目的指导下，1998年颁布的本科专业目录将1993年本科专

---

① 根据1998年和2010年《中国教育统计年鉴》计算分析得出此数据。

业目录的专业设置数"拦腰减半"，从 504 个压缩为 249 个，高校实际专业设置数也就随之锐减。在高校"扩招"的背景下，专业设置数量的下降必然带来专业平均布点数、专业平均招生数和在校生数的剧增。

专业平均布点数的剧增意味着设置同一专业、培养同一种类人才的高校的数量翻番，专业平均招生数和在校生的剧增意味着同一专业培养人才数量的剧增。这样，在高校设置专业数有限、人才培养分化严重不够的情况下，高校"扩招"使得高校在有限的专业和方向上培养了"过多"的人才。可以想象，当一个专业的布点数、人才培养数量在十几年间如此快速增长，无论这个专业对应的行业如何快速发展，也不可能全部吸纳所有的毕业生就业，这就不可避免地造成了大学生就业难问题。① 如根据麦可思研究院的数据，2007—2009 年连续三届失业人数最多的专业有法学、计算机科学与技术、英语、国际经济与贸易、工商管理、汉语言文学、电子信息工程、会计学。这些专业分属于工学、文学、经管和法学，② 除法学外，③其他三个学科都是专业平均招生规模增长速度非常快的三个学科。

表 4 – 5　　　1998—2010 年全国普通高校本科分学科设置专业数和
平均专业规模④ （种数单位：个；规模单位：人）

年份		哲学	经济及管理学	法学	教育学	文学	历史学	理学	工学	农学	医学
1998	专业种数	9	35	26	19	108	16	75	381	52	58
	专业平均招生规模	120.7	2556.6	1104.8	1277.7	672.9	572.1	901.6	735.7	520.3	909.6
1999	专业种数	12	35	26	19	109	16	74	378	54	58
	专业平均招生规模	115.5	3756.0	1644.8	1850.7	1078.9	690.2	1349.6	1022.4	663.6	1295.1

① 特别是在校际专业人才培养高度趋同的情况下，这种困难就更加可想而知了。请参见本章第二节和第三节。

② 麦可思研究院：《2010 年中国大学生就业报告》，社会科学文献出版社 2010 年版，第 13 页。

③ 法学虽然在专业平均招生规模上的增速上不是很快，但其在总体招生规模上的增速上排列第三，法学专业就业率持续走低可以认为该专业人才培养在总体上是"供过于求"，其原因在于该专业办学成本较低所带来的专业布点过快增长，这就是前文所讲的高校人才培养数量结构的不平衡问题。

④ 《中国教育统计年鉴》自 2011 年起改变了高校设置专业数的统计口径，只列出普通本科教育的情况。为了便于比较，我们在这里也只统计到 2010 年为止。

续表

年份		哲学	经济及管理学	法学	教育学	文学	历史学	理学	工学	农学	医学
2000	专业种数	8	35	25	19	112	16	75	374	54	58
	专业平均招生规模	191.3	6606.9	2058.7	2586.5	1352.3	800.2	1753.9	1244.7	779.6	1542.6
2001	专业种数	5	44	24	52	80	9	61	129	32	37
	专业平均招生规模	320.0	5827.3	2859.6	941.2	2456.6	1166.1	2714.9	3868.1	1160.4	2635.5
2002	专业种数	5	52	26	56	85	9	68	151	35	41
	专业平均招生规模	340.0	6073.7	3020.0	1059.2	2862.6	1163.8	2823.5	3599.0	1071.8	2580.9
2003	专业种数	5	54	26	55	86	8	65	150	36	42
	专业平均招生规模	289.2	6986.2	3535.4	1267.0	3453.5	1437.0	3387.0	3969.3	1156.6	2839.8
2004	专业种数	5	66	34	54	89	8	81	185	37	48
	专业平均招生规模	339.0	6788.2	3019.5	1469.9	4066.2	1520.5	3061.7	3620.2	1199.4	2733.7
2005	专业种数	4	64	36	43	89	8	80	181	34	47
	专业平均招生规模	449.3	8078.1	3021.6	2001.9	4893.1	1672.4	3350.8	4086.6	1343.4	3143.1
2006	专业种数	5	73	36	45	93	8	82	191	34	48
	专业平均招生规模	431.6	7713.1	3056.1	2011.8	5054.0	1712.3	3411.1	4178.6	1391.5	3234.2
2007	专业种数	5	75	38	45	97	8	82	206	35	50
	专业平均招生规模	467.4	8610.4	3044.6	2178.2	5563.2	1867.1	3616.0	4322.9	1535.9	3475.9
2008	专业种数	5	76	36	46	101	8	82	208	36	49
	专业平均招生规模	488.4	8952.5	3192.8	2252.8	5634.7	1966.2	3805.8	4537.2	1481.4	3575.9
2009	专业种数	5	76	36	46	100	8	83	206	35	51
	专业平均招生规模	512.6	9907.2	3509.3	2531.7	6273.8	2125.9	4010.5	4969.3	1684.0	3978.3
2010	专业种数	5	76	36	46	100	8	83	206	35	51
	专业平均招生规模	503.2	10932.9	3711.9	2704.5	6674.3	2257.1	4155.7	5382.7	1780.6	4304.9
2010/1998	专业种数	0.6	2.2	1.4	2.4	0.9	0.5	1.1	0.5	0.7	0.9
	专业平均招生规模	4.2	4.3	3.4	2.1	9.9	3.9	4.6	7.3	3.4	4.7

数据来源：1998—2010 年《中国教育统计年鉴》。管理学类从 2001 年开始从经济学类中分列出来，为了便于比较，在这里仍然放在一起统计。

正如有学者指出，我国高等教育规模的扩张，并不是依靠增设新的学科专业种类来实现，而是以原有学科专业布点数的增加来吸纳更多的学生。① 所以说，我国高等教育大众化的过程其实主要是原有学科专业人才培养目标的重复复制和同类放大过程，② 而没有因应大众化时代学生个性需求和市场人才需求的多样化而增加高校专业设置数量、促进高校人才培养的充分分化，从而造成了特定类型、规格人才的大量重复培养和其他类型、规格人才的稀缺。由此可见，高校人才培养趋同、缺少分化是我国大学生就业难问题的重要原因。

第二节 高校人才培养趋同的微观实证分析

如第一节所述，我国大学生就业难的原因不是大学生供过于求，而是在高校"扩招"情况下专业设置数目过少带来的专业平均招生规模增长过快和数量结构不平衡所造成的局部"供过于求"。无论是专业平均招生规模增长过快，还是数量结构的不平衡，都表现为高校人才培养缺少分化、高度趋同。

理论上来说，在大学生总量没有"供过于求"的前提下，专业平均招生规模增长过快也不一定导致大学生就业难问题。因为如果各高校同一专业人才培养呈特色发展，在不同人才培养方向上创新培养目标、课程设置，那么同一专业人才培养校际之间也会高度分化，从而有可能在一定程度上缓解甚至抵消高校专业设置趋同所带来的大学生就业难问题。但是遗憾的是，我国高校在专业设置高度趋同的同时也存在严重的同一专业人才培养过程高度趋同，同一专业人才培养校际之间严重缺乏分化。下面我们就进行了一项微观实证研究，揭示我国高校同一专业人才培养过程校际高度趋同的严重程度。

我们随机抽取了国内 8 所不同层次、类型的高校（其中"985"院校 3 所，"211"院校 2 所，一般本科院校 1 所和新建本科院校 2 所），

---

① 罗丹：《规模扩张以来高校专业结构变化研究》，博士学位论文，厦门大学，2008 年。
② 不可否认，在高校"扩招"的过程中，高校实际设置了很多目录外专业，而且这种目录外专业的数量还非常可观。但是，因为政府对目录外专业设置的严格控制，使得这些专业的布点数非常有限，招生数和在校生数也非常少。

从院校的学科性质看，综合类、理工类和文史类分别为 3 所、3 所和 2 所（见表 4 - 6），以当前正在执行的本科人才培养方案①为蓝本，选取布点面较广、就业形势最严峻、就业率最低的法学本科专业为例，② 重点考察其法学专业的人才培养目标、课程设置框架、主干课程和学科专业必修课等方面趋同程度。

表 4 - 6　　　　　　　　　　样本院校的基本情况

	"985" 院校			"211" 院校		一般本科	新建本科	
	CQU	TJU	SCUT	NCU	BUT	ECIT	JGSU	JYC
综合类	√	√		√				
理工类			√		√	√		
文史类							√	√

一　8 所院校法学本科专业人才培养目标和规格分析

8 所院校法学专业人才培养目标和规格有两个共同特点：

第一，关于目标和规格的表述比较笼统、抽象，缺乏具体的可操作性，大部分高校在描述人才培养目标的时候都使用了德智体全面发展、基础厚、能力强、素质高、具有创新精神和实践能力等口号式的标语。

第二，绝大部分院校的人才培养目标和规格非常接近。这里有几种情况：一是几乎所有院校法学专业的培养目标和规格都参照了 1998 年教育部专业目录中法学专业介绍对该专业培养目标和规格的表述，且受后者的影响非常严重。一些院校（如 TJU、JGSU 等）甚至是直接抄袭该专业介绍，还有一些院校（如 NCU、SCUT、JYC 等）则与

---

① 个别院校仍然延续计划经济时代的习惯称之为"教学计划"。在本书里，我们把人才培养方案等同于教学计划。

② 据《中国大学生就业报告》（就业蓝皮书）的调查分析，2009 届本科和高职高专毕业生半年后就业率最低的专业都是法学，而从 2007—2009 年连续三届失业人数最多的 8 个专业中，法学均上榜。在 2009—2011 年间，法学专业的就业率则连续 3 年垫底，而在 2011、2012 年的报告中，法学专业就被连续给予了红牌警告。见麦可思研究院《中国大学生就业报告》，社会科学文献出版社 2010、2011、2012、2013、2014 年版。

教育部的专业介绍高度雷同；二是尽管有些院校在目标和规格的表述或位置安排上与其他院校不一样，尽管某些院校在目标和规格上增加了一些新的内容（主要是关于思想政治素质、计算机和外语要求以及人才类型的描述），但是人才培养的核心目标和规格还是基本一致的。那些不同的或新增的内容有的是国家明确规定的，有的则是已得到公认的，几乎每所学校都在实际上执行的东西。研究型大学、一般本科和新建本科对法学人才的素质要求和就业方向上没有本质区别，如作为研究型大学的 TJU 和新建本科的 JGSU 的人才培养目标竟然是高度一致。综合型大学与理工类院校和文史类院校的法学人才素质要求和就业方向也基本一致，如综合型大学 NCU 和作为理工院校的 SCUT 和文科院校的 JYC 在法学专业人才培养目标上差别也是非常小；三是 8 所院校法学专业人才培养目标和规格的差异与这些学校的类型、层次和学科特色没有直接的关系。如 JYC 在培养规格中提出了"从事法律研究工作的能力"，显然这对于属于新建本科院校、应该定位于应用型人才培养的 JYC 来说并不是一个明智的选择。而作为"985"院校、理应属于研究型大学的 TJU 和 SCUT 却并没有对其法学专业学生提出研究能力的培养要求。由此可见，长期以来高等教育界一直在鼓励和提倡的院校分类定位和打造学科特色在 8 所院校法学人才培养目标上并没有体现出来，这些院校法学专业人才培养目标和规格在严重趋同的同时，存在着与它们自身的分类定位和学科特色并不相关的混乱的差别。

二　8 所院校法学本科专业课程设置框架分析

从 8 所院校的人才培养方案看，各院校的课程设置框架具有如下几个共同点：一是课程设置的框架基本一致。几乎所有院校的课程设置基本上都可以分为三个模块：通识教育（公共基础）模块、学科基础（专业基础）模块和专业核心（专业方向）模块，而且每个模块的学分在总体课程中所占比例大致接近。二是所有院校的总体学分比较近，一般为 170 分左右（见表 4 - 7）。

表4－7　　　　　　　8所院校法学专业课程设置框架比较分析

院校	学分	名称	名称	名称
CQU	168	公共基础	专业基础	专业核心
TJU	176.5	＊	学科基础	专业类课程
SCUT	166	公共基础	学科基础	专业领域
NCU	169.5	通识教育课程	学科基础课	专业课程
ECIT	179.5	通识教育＋公共基础课程	专业基础课程	专业课程
JGSU	172	通识课程	学科基础课	专业方向课
JYC	160	公共课程	专业课程	专业方向课
BUT	190以下	通识教育＋公共基础	学科基础	专业教育

＊此部分包括三个子课程模块：人文与社会科学类、数学与自然科学类、训练与健康类。

三　8所院校法学本科专业通识教育（公共基础）课程模块分析

从8所院校的人才培养方案来看，所有院校都设置了通识教育（公共基础）课程模块。这一模块面向全校各个专业的学生，可以看作是学校培养所有学生共同基本素质的课程模块。这一课程模块一般分为必修和选修两个部分，必修部分主要是由国家规定了名称、内容、学分甚至教材的"两课"、英语、计算机、就业指导课、军事训练等课程，这些课程在所有高校都是一致的，大致占到了通识课程总体学分的75％—80％左右。选修部分就是要求学生从文化艺术、哲学社会科学和自然科学、生物医学等学科中选修一定学分的课程，选修课程一般占通识课程的20％—25％。实际上，尽管不同学校开设的选修课程名称和不同学生选修的课程不一样，但是因为课程设置的范围（个别院校开设的地方特色课程或校本课程除外）以及学分比例却是大致相当，所以从校际比较来看，通识教育（公共基础）课程模块的选修部分也可以看作是基本一致的。所以，无论是从必修课程来看，还是从选修课程来看，不同院校通识教育（公共基础）课程模块在课程设置和学分比例上的实际区别其实很小，趋同的现象非常严重，仅有的区别主要是教学水平的高低、教学内容的深浅和教学方法的先进与落后上。

四　8 所院校法学本科专业主干课程设置分析

主干课程是一个专业最重要的、最骨干的课程，是支撑专业人才培养目标和规格的专业基础课程。在大部分情况下，主干课程属于学科基础（专业基础）课程模块，偶尔也被置于专业核心（专业方向）课程模块，其课程性质都是必修课。学科基础（专业基础）课程模块主要是为了适应教育部要求的大类培养和宽口径培养设置的，所以主干课程也基本上决定了人才培养的基础和口径。从 8 所院校法学专业的人才培养方案开看，学科主干课程的设置基本上是根据 1998 年教育部专业目录法学专业介绍所列主干课程来进行的，课程设置的趋同度非常高。

在 8 所院校法学专业人才培养方案里，每所院校均列出了该专业的主干课程。其中 1 所院校（TJU）仅列出了 5 门主干课程，5 所院校（SCUT、ECIT、JGSU、JYC、NCU）列出了 14 门主干课程，与 1998 年教育部专业目录法学专业介绍中所列出的主干课程完全雷同；其他两所院校分别列出了 15 门和 16 门主干课程，其中均完全包含了教育部专业介绍中的主干课程。如果以提出某一主干课程的院校数除以所有院校数为指标，来表示某一门主干课程在 8 所院校中被重复设置的指数。显然，指数越大，趋同度越高，指数越少，差异新颖度越高。统计来看，在 8 所院校法学专业总共列出的 17 门主干课程中，只有一所院校设置的课程有 2 门，即科技法学（TJU）、劳动和社会保障法学（BUT），所以此两门课程的重复指数为 1/8，即 12.5%；仅有两所院校设置的课程只有 1 门，即（环境资源法）（BUT、CQU），则此门课程的重复指数为 2/8，即 25%；7 所院校共同设置的主干课程有 10 门，则此 10 门课程的重复指数为 7/8，即 87.5%；而在 8 所院校均被设置的主干课程有 4 门，它们的重复指数为 8/8，即 100%。我们将所有主干课程被设置的院校次数相加并求其平均数为 6.23 所，这一数字说明的是，在 8 所院校总共设置的 17 门主干课程中，平均每一门课程有 6.23 所高校设置；我们将所有主干课程的重复指数相加并求其平均，结果为 77.94%。这一数字说明的是，此 8 所院校法学专业主干课程的重复指数为 77.94%，这基本反映了当前我国高校法学本科专业主干课程的趋同度

（见表 4 - 8）。

表 4 - 8　　　　　　　　8 所院校法学专业主干课程重复程度分析

序号		课程名称	CQU	TJU	SCUT	NCU	BUT	ECIT	JGSU	JYC	开设院校数量	课程重复指数（%）
1	98年教育部专业介绍所列主干课程	法理学	√		√	√	√	√	√	√	7	87.5
2		中国法制史	√		√	√	√	√	√	√	7	87.5
3		宪法	√		√	√	√	√	√	√	7	87.5
4		行政法与行政诉讼法	√	√	√	√	√	√	√	√	8	100
5		民法	√		√	√	√	√	√	√	7	87.5
6		商法	√		√	√	√	√	√	√	7	87.5
7		知识产权法	√		√	√	√	√	√	√	7	87.5
8		经济法	√		√	√	√	√	√	√	7	87.5
9		刑法	√		√	√	√	√	√	√	7	87.5
10		民事诉讼法	√		√	√	√	√	√	√	7	87.5
11		刑事诉讼法	√	√	√	√	√	√	√	√	8	100
12		国际法	√		√	√	√	√	√	√	7	87.5
13		国际私法	√	√	√	√	√	√	√	√	8	100
14		国际经济法	√	√	√	√	√	√	√	√	8	100
15		科技法学		√							1	12.5
16		劳动和社会保障法					√				1	12.5
17		环境资源法	√				√				2	25
总计			15	5	14	14	16	14	14	14	6.23	77.94

有一点必须说明的是，尽管 TJU 在其主干课程中只明文列出了 5 门课程。但是在教育部专业介绍中所列的 14 门主干课程中，除 4 门已被列入了该校法学专业主干课程外，宪法、民法、刑法、经济法、法理、民事诉讼法、国际法、商法、知识产权法等 9 门课程被作为必修课列入该校法学专业的学科基础课程模块之中，故这些课程亦可以被看作为专业主干课程。如果这样计算，则该校的主干课程可以达到 14 门，覆盖了 1998 年教育部专业介绍中的 13 门主干课程。那么在上表所列的 8 所院校规定的 17 门主干课程中，则有 13 门课程的重复度为 100%，那么

所有课程的课程重复指数总计为 84.56%。由此可见，8 所院校法学专业主干课程的趋同度就更高了。

五　8 所院校法学本科专业专业必修课设置分析

在 8 所院校人才培养方案的三个课程模块中，一般来说，学科基础（专业基础）模块均为必修课。而通识教育（公共基础）模块和专业核心（专业方向）模块均设置了必修和选修课。学科基础（专业基础）模块和专业核心（专业方向）模块决定了高校人才培养的专业素质，我们在这里将其统称为专业课。所以，集中分析各校法学专业专业课的课程设置，可以非常清楚地比较各校法学专业培养的人才的专业素质。在专业课中，必修课又代表着专业素质中最稳定最核心的部分，同时也由于选修课不好控制，所以本书这里主要分析的是专业课的必修课部分。在 8 所院校中，TJU 没有将学科基础（专业基础）模块和专业核心（专业方向）模块分开设置，而是笼统地称之为"专业教育课程"。因此该校的专业必修课就指专业教育课程中的必修部分。另外，在这里计算的专业必修课是指排除了所有院校均要开设的毕业论文、法律调查、法律写作、毕业实习等课程之外的主要专业必修课。我们对所有院校进行逐个统计，情况如下：

表 4-9　　　　8 所院校法学专业专业必修课程趋同度分析

院校	A	B	C	D	E
CQU	20（5）	25%	法学导论（2）、物权法（2）、合同法（6）、环资法（7）、劳社法（7）	2（法学导论、物权法）	10%
TJU	15（2）	13.33%	房地产法学（4）、科技法学（1）	1（科技法学）	6.67%
SCUT	19（4）	21.05%	法学入门（2）、法律方法（0）、物权法（2）、债权法（0）	4（法学入门、法律方法、物权法、债权法）	21.05%
BUT	16（2）	12.5%	合同法（6）、企业法（2）、公司法（4）、国际公法（0）、科技法（1）	3（企业法、国际公法、科技法）	18.75%
NCU	19（2）	10.52%	国家公务员制度（2）、法律逻辑学（1）	2（国际公务员制度、法律逻辑学）	10.53%

续表

院校	A	B	C	D	E
ECIT	26（9）	34.62%	合同法（6）、法律逻辑（1）、环保法（7）、证券法（2）、证据法（5）、海商法（3）、律师实务（6）、公平交易法（0）、婚姻家庭与继承法（7）	4（法律逻辑、证券法、海商法、公平交易）	15.38%
JGSU	14（0）	0			0
JYC	14（0）	0			0

　　表4-9中的A指的是各院校法学专业主要专业必修课的数量，括号中的数字指的是1998年教育部专业介绍所列主干课程之外的主要专业必修课程数量。如果以括号中的数字除以前面的数字即为4-9表中的B栏，则这一指标表明的是各院校法学专业必修课程设置相对于1998年教育部法学专业介绍的创新特色程度。很显然，这一指数越小，则该院校与教育部法学专业介绍越接近，与其他院校的趋同度也就越高；反之，指数越大则与教育部专业介绍越疏远，相对其他院校的特色新颖程度越大。从表中可以看出，JGSU和JYC两所院校专业必修课程完全照抄了1998年教育部专业介绍中的课程设置，相对于后者毫无特色可言。而8所院校中特色程度最高的ECIT的特色指数也仅仅为34.62%。也就是说，该校专业必修课程中仍有65.39%与教育部专业介绍中的主干课程保持一致。

　　表4-9中的C指的是各校专业必修课程中相对于1998年教育部专业介绍的特色课程名称，括号中的数字表示的是该课程在其他7院校培养方案总体课程（含必修和选修）中出现的频次，这一频次指的是各院校相对于1998年教育部专业介绍的特色课程在所有院校中的特色程度。如果频次数是7，表明该课程虽然是教育部专业介绍之外的课程，但却在所有其他院校中均已开设，则表明相对其他院校而言该课程仍然毫无特色可言。如果频次是0，则表明该课程在其他7所院校均没有开设，说明该课程不仅是教育部专业介绍中没有的特色课程，而且相对其他院校而言也是绝对的特色课程。从上表可以看出，在8所院校法学专业开设的专业必修课中，在教育部专业介绍所列主干课程之外的特色课程一共只有27门，也就是说，每所院校在教育部专业介绍所列主干课

程之外设置的专业必修课只有 3.37 门。而在所有这些 27 门课程中，8
所院校全开设（包括选修）的课程有 4 门，7 所院校开设（包括选修）
了的课程有 6 门，6 所院校开设（包括选修）了的课程有 1 门，5 所院
校开设（包括选修）了的课程有 2 门，所以真正属于院校特色的课程的
数量还是非常少的。

　　表 4 - 9 中的 D 指的是各院校相比其他院校而言的特色课程的数量。
这里，我们是把出现频次在 3 及以下的课程，即在 8 所院校中只有一半
（即 4 所）及更少院校开设的课程单列出来，并确认为特色课程。从上
表可以看出，各院校真正的特色课程其实是非常少，最多也只有 4 门。
如果以各校特色课程的数量除以专业必修课程数（即 E）来表明各院校
法学专业必修课程设置相对于其他院校而言的特色程度，则特色度最大
的 SCUT 其课程的特色度也不过为 21.05%，最小的则为 0，而平均数则
为 10.30%。也就是说，在总共的 8 所院校中，各院校相对于其他院校
课程设置的平均特色新颖度只有 10% 左右。

六　8 所院校法学本科专业分方向培养情况分析

　　根据教育部 2001 年下发的《关于做好普通高等学校本科学科专业
结构调整工作的若干原则意见》，高校"在考虑到就业需要的情况下，
可以在宽口径专业内灵活设置专业方向"。显然，教育部的这一措施就
是希望通过不同院校在坚持宽口径和共同学科基础课的同时，通过设置
不同的专业方向来实现人才培养的分化，避免统一规格人才的重复培
养。但是从 8 所院校的情况来看，只有 JYC 在宽口径的基础上进行培养
方向的分化，设置了国际经济法、民商法等两个课程模块方向，而其他
7 所院校均没有有差别地进行方向设置。显然，由于培养方向的综合单
一，不同院校同一专业人才培养在课程设置上的区别非常小，人才培养
的规格自然也就非常接近。

　　综上所述，无论是从人才培养目标、课程结构，还是从课程设置及
分方向培养情况来看，在 8 所不同类型、层次和学科特色的高校中，本
科法学专业的人才培养过程存在高度趋同的取向。显然，在高校专业设
置高度趋同的同时同一专业人才培养过程校际高度趋同！我们有理由相
信，正是因为如此，我国高等教育大众化的过程其实也就是有限专业人

才培养目标的重复复制和同类放大过程，高校没有因应大众化时代学生需求的个性化和人才需求的多样化而促进人才培养的分化，从而造成了特定类型和规格的人才的重复培养和其他类型、规格人才的稀缺，从而最终造成大学生就业难和市场人才短缺现象的并存。

第三节　传统学科专业制度下的高校
人才培养趋同机制

从第一、二节的分析可以看出，我国大学生就业难问题不是因为高校"扩招"所致，相比发达国家高等教育发展水平和我国市场的人才需求来说，我国大学生数量还没有达到"供过于求"的水平。大学生就业难的主要原因是高校人才培养缺少分化、高度趋同，而这就与我国当前的学科专业制度紧密联系在一起了。

我国传统学科专业制度如何造成高校学科专业设置高度趋同和同一学科专业人才培养过程高度趋同，其深层次的机制在哪里？下面，本节就集中探讨这一问题。

一　权威、统一学科专业目录造成了高校学科专业设置的趋同

（一）高校学科专业设置的共时性校际趋同

新中国成立60多年来，尽管其间经历了多次修订，但是中央政府一直维持着一个具有法令色彩的学科专业目录，作为国家对学科专业的权威认定和高校设置学科专业的依据。在这一学科专业目录之下，不但所有高校进行学科专业设置的范围是相同的，而且所有高校设置的学科专业的名称和内涵都是一致的。即使存在一些目录外学科专业以及部分高校拥有自主设置学科专业的权力，但是对绝大多数高校而言，这种目录外学科专业设置仍然需要得到政府的层层严格审批，所以布点的范围非常狭窄。而那些所谓的自主设置学科专业的权力其实也只是在学科专业目录之内自主设置专业的权力。这样，权威、统一的学科专业目录自然就导致了高校学科专业设置的高度趋同。

在20世纪90年代的高校合并大潮中，过去以行业为基础的单科院校逐渐消失，多科性或综合性高校大量增加，高校的学科和专业设置越

来越趋于一致。有研究表明，在 1980 年，我国 90.22% 的单科性院校为学科完全单一的院校。按 1998 年教育部颁布的《普通高等学校本科专业目录》的学科划分标准，当时没有一所单科院校具有 6 科及 6 科以上的学科门类，只有少数理工、农类和财经类院校的学科门类超过 2 科。到 1993 年，全国真正只设置单一学科门类的单科院校比例已经下降到 57.24%，而有 3.68% 的单科院校其学科门类已达到 6 科。2002 年，单科院校学科设置的状况又有明显的变化，学科门类达 6 科及以上的农、理工、财经、医药四类院校总比例已达 40.78%，已有超过半数的理工类院校其学科门类设置超过 6 科，甚至达到 10 科。而到了 2007 年，全国近 400 所的本科单科院校中只有 18 所院校（其中 11 所医学院、4 所体育学院和 3 所理工学院）还是名副其实的单科性院校，62.96% 的单科院校其学科门类已达或超过 6 科，从学科门类看大多已是综合性大学。[①]

在 21 世纪以来的高等教育大众化过程中，适应"扩招"的需要，各高校不断增设学科专业。但是在同一学科专业目录的情况下，高校新增学科和专业并不意味着高等教育总的人才培养种类的增加，而是同一学科或专业在不同高校中的布点数的增加。[②] 特别是一些所谓的"热门"专业，在全国高校中的布点面非常广泛，学科专业设置的重复率（即专业布点数除以高校数）非常高。这样在客观上又进一步加剧了不同高校学科专业设置的雷同。以 2010 年为例，全国普通高校本专科专业平均布点数为 108.1 个，即每一个专业的设置高校数在 108 所以上。除哲学（14.8）和历史学（37.2）较低外，其余学科下设专业的平均布点数均在 50 个以上，其中管理学、经济学、工学、文学下设专业的平均布点数均在 110 个以上。管理学下设 57 个专业总共布点数为 14476 个，专业平均布点数为 254.0 个，为专业设置重复率最高的专业。另外，经济学专业的这一数据为 182.2 个，工学为 119.0 个，文学为 118.9 个。[③]

[①]　俞俏燕：《中国单科性院校专业趋同问题研究——大学综合化发展的视角》，博士学位论文，厦门大学，2008 年。

[②]　罗丹：《规模扩张以来高校专业结构变化研究》，博士学位论文，厦门大学，2008 年。

[③]　通过 2012 年《中国教育统计年鉴》的相关数据计算得出。

（二）高校学科专业设置的历时性趋同

如前所述，我国的学科专业目录是封闭的、稳定的。学科专业目录是由教育行政部门隔一段时间修订一次，修订时间的间隔长短不一，短则几年，长则几十年，一般也有十几年。学科专业目录在两次修订之间的时间内是基本稳定不变的。而且学科专业目录是事先制定好的规范性文件，它是基于过去经验的总结来规范未来，所以未来科技发展、市场需求变化等对学科专业设置的新要求均不能在规范性文件中随时得到反映，这样学科专业目录根本不能因应时代和环境的变化而随时更新，从而不但使得学科专业目录每次一修订就有可能落后于实际需求，而且更严重的是它以"静"制动，约束了高校的手脚，人才培养不能及时动态发展，从而造成高校人才培养呈现出历时性的趋同。

二　政府高位管理导致了同一学科专业人才培养的校际趋同

在传统的学科专业制度下，学科专业设置和管理的权力重心集中在政府，学科专业作为人才培养的单位在内涵上被固化、模块化和标准化。虽然政府颁布的学科专业目录只是明确规定了学科专业设置的范围和名称，但是在更深层的机制上政府仍然严格制约了学科专业的课程设置和教学内容，导致不同高校同一学科专业人才培养的高度趋同。例如在新中国成立后相当长的一段时期里，高校不但要执行统一的专业目录，而且还要遵守教育部颁发的统一教学计划和教学大纲。这样，人才培养的课程设置权和教学内容选择权均由政府掌控。

1985年中共中央颁布《关于教育体制改革的决定》后，为适应经济体制改革的需要，政府不断扩大高校的办学自主权。高校在执行"法定"学科专业目录的前提下，表面获得了学科专业的课程设置权和教学内容选择权，这在理论上为高校的人才培养分化、创新提供了可能。但是今天看来，这种分化、创新的可能性并未实现，政府在深层上更"隐蔽"地限制了高校人才培养分化的空间。这主要表现在三个方面。

（一）国家统一规定的课程限制了通识课程模块的创新空间

当前高校本科培养方案中的通识课程模块一般分为两个部分：一部分是"两课"、英语、计算机、体育和就业指导等国家规定的必修课程，另一部分则是由学生任选或限选的有关人文、社会和自然科学的课程。根据国家的相关规定，由国家统一规定的课程学分一般在 37 学分至 40 学分之间，这占到了当前本科阶段总学分数的 1/4 左右，几乎达到了通识教育课程模块的 75%—80%。从校际之间的比较来看，通识课程模块中占到绝大部分学分的国家课程模块不仅课程设置完全相同，而且有的课程教材也是全国统一的，而学生任选或限选的通识课程学分数及比例均非常小。

（二）教育部学科专业目录中附带的专业介绍在客观上也"指导"了不同高校同一专业人才培养的趋同

在 2012 年的本科专业目录中，教育部除了对高等教育的专业进行了权威设置外，还对各个专业进行了较为详细的介绍，指导性地说明了各个专业的业务培养目标、业务培养要求（含知识能力结构）、主干学科、主要课程设置、实践性教学环节及时间长短、修业年限和授予学位等。尽管根据 1985 年颁布的《中共中央关于教育体制改革的决定》，高校在执行国家的政策、法令、计划的前提下，"有权调整专业的服务方向，制订教学计划和教学大纲，编写和选用教材"，但是由于受到行政权威引导和评估等的制约，高校在确定各专业的人才培养目标和规格、进行课程设置时仍然自觉不自觉地受到了教育部专业介绍的制约和影响，很多高校甚至直接沿用了专业介绍中培养目标和规格以及课程设置的相关规定，从而表现出惊人的一致。这在前文对 8 所院校法学专业主干课程和专业必修课的比较分析可以得到充分证明。8 所院校法学专业必修课设置不但相对教育部的专业介绍而言缺少特色，而且它们互相之间也毫无特色可言。或者说，正是因为它们受教育部的专业介绍影响甚深，与后者保持高度一致，才导致它们互相之间在专业必修课上缺少特色（见本章第三节）。

（三）教育部提出的淡化专业、大类培养也进一步阻碍了高等教育人才培养的分化

由于实行单一学科内垂直设置专业的方法，专业数增加就会造成人才培养口径窄、基础薄等问题。所以，为了提高人才培养质量和培养创新型人才，我们需要不断地压缩专业种数，努力拓宽专业培养的基础和口径。为此教育部先后颁布了《关于深化教学改革培养适应二十一世纪需要的高质量人才的意见》（教高〔1998〕2 号）、《关于做好普通高等

学校本科学科专业结构调整工作的若干原则意见》（教高［2001］5号）等文件，要求高校进一步拓宽专业口径，着重加强基础教育，实行按专业大类招生、按专业大类培养，甚至明确提出了"鼓励并支持有条件的高等学校按照《普通高等学校本科专业目录》中的二级专业类设置相关专业或按二级专业类组织招生"。很显然，拓宽专业口径、实行专业大类培养有利于扩大本科教育的专业基础，改变过去人才培养的诸多困境。但是我们不能忽视的是此举在解决问题的同时带来了新的问题，那就是由于专业是在单一学科下的专业，拓宽口径、按大类培养其实就是要求各所高校人才培养要加强学科的基础课程，减少方向和特色课程，这样就必然会导致校际同一专业在专业课上的差别不断缩小，从而进一步压缩了人才培养分化的空间。我们认为，伴随着高等教育大众化的推进，本科教育的性质和地位在不断发生分化，除了极少一部分继续作为精英教育并成为研究生教育的基础教育之外，大部分的本科教育是大众化教育，并且作为终端教育直接服务于学生未来的生产生活需要。拓宽口径和基础所带来的人才培养趋同严重地不利于人才培养的分化和大学生的充分就业。因此，对于拓宽口径、怎么拓宽、拓宽什么等问题需要我们重新仔细地考虑，而不是简单地实行大类培养的问题了。

三 单一学科内的专业设置方法严重限制了专业设置和人才培养的分化

我国的本科专业目录实行的是绝对学科分类逻辑下的专业设置。人类总体的知识被划分为若干独立的学科，专业是在各大学科下的垂直细分，专业是单一学科的专业，专业的增长是在单一学科下的更加细致的分化。就促进高等教育人才培养分化而言，目前这种单一学科内的专业设置办法有两个严重的弊端。

一是为了保证人才培养的宽口径和厚基础，我们需要不断地压缩专业目录中专业种类数量，这样，可供全国高校设置的专业种类就非常有限，趋同在所难免。如1998年、2012年版的本科专业目录中的专业设置数量分别为249个和506个，也就是说本科层次能够培养的人才种类也仅为249个或506个（尽管实际上存在少量的目录外专业）。显然，无论是249个，还是506个，社会需要的本科人才种类在具体层次上远远不止于此。所以，这种企图用有限的专业数量来覆盖社会无限的人才需求种类，不但是不切实际的，而且还是对社会人才需求的框限和错误引导，严重限制了高校人才培养的分化。

二是单一学科内的专业设置还导致各校同一专业课程设置的高度趋同。因为课程是专业的课程，专业是学科下的专业，课程设置要根据学科的理论分化和知识逻辑来进行，这样，尽管高校获得了课程的设置权，但是不同院校同一专业的课程设置要遵循同一个学科的理论逻辑和知识路线，而不能根据学校的类型、层次、特色以及不同行业的需要来设置跨学科课程，其存在大面积重复和高度趋同也就不足为奇了。

四 趋同、实体化的学科专业组织造成了高校人才培养的高度趋同

首先，根据权威统一的学科专业目录来设置的高校院系学术组织表现出校际之间的高度趋同，使得不同高校同一学科专业人才培养所依托的组织平台高度一致，所拥有的教师、课程等教学资源相差不大。

长期以来，乘借强大的权威力量，我国学科专业制度的适用范围被无限放大，权威统一的学科专业目录不仅对教学和人才培养进行规范，而且也是高校设置学院学系（研究所、教研室）等学术组织、管理学术人员（定编定岗和人事管理）和管理分配人财物等资源的重要依据，[①] 尽管在我国的高等教育管理中，国家只对学科和专业进行统一规范，高校有权决定其内部院系的设置。但是，在传统的学科专业制度下，我国高校的院系设置仍然存在极大的趋同。这里面有两个原因：一是我国高校今天的学院大多数是由过去的系升格而来。新中国的高校仿照苏联的做法，将新中国成立前"校—院—系"的组织模式转变为"校—系—教研室"模式。在新的模式中，"系以专业为基础，系不过是学校里面的行政单位"，[②] 高校按专业来设置系，一个系与一个专业（或接近的几个专业）相对应。显然，专业的统一规范就直接导致了系的统一规范，也最终带来升格后的学院的统一规范。二是院系设置是以学科为基础。在 20 世纪 90 年代的大规模高校合并中，随着高校内学科

---

① 王泉根：《学科级别与"国学学位问题"——试评〈学科专业目录〉》，《学术界》2007 年第 6 期。

② 曾昭抡：《高等学校的"专业"设置问题》，《人民教育》1952 年第 9 期。

门类设置的增加，过去高校与行业（学科）、系与专业相对应的局面被打破。在多学科或综合性的高校里，学科门类设置数量大量增加，以一个或几个相近的学科为基础设置的学院成为高校内部的中层单位，而学院下面则以一级（或二级）学科为基础设置学系。这样，新中国成立前我国高校的"校—院—系"模式又重新出现并成为一种最普遍的高校组织模式。在这个过程中，因为专业目录的统一性和学科设置的规范性，以学科为基础的学院和学系设置也自然地趋同了。特别是在高校规模扩张中，随着学科和专业设置的扩张和趋同，这一学院和学系趋同的现象越发明显了。

其次，学科专业组织的实体化使得不同学科专业的学术组织之间形成了"壁垒"和"鸿沟"，各个学科专业之间相互封闭，自成一体，教师、课程、知识、学生等教学资源难以跨学科、跨专业流通。这样，高校人才培养在具体培养过程中也失去了"变异"、分化的可能，不同高校的同一学科专业在大致相同的范围内，依托大致相同的学术组织平台、利用大致相同的教学资源，培养了大众相同的人才。

显然，正是在传统学科专业制度上述这些机制的作用下，我国高校的人才培养趋同非常明显，从学科专业设置的趋同到人才培养过程的趋同再到最后人才培养结果的趋同，高校人才培养严重缺乏分化，高等教育的大众化过程成为有限种类人才培养的重复复制和同类放大的过程。

第四节　解决大学生就业难问题呼唤就业导向的学科专业制度改革

一　高校"扩招"以前被掩盖的人才培养趋同问题

从前述分析看，今天大学生就业难的主要原因在于高校人才培养缺少分化，而这又要归咎于传统的学科专业制度。在传统学科专业制度下，高校在学科、专业和院系的设置、人才培养模式和过程等方面高度趋同，人才培养缺少分化。在高校不断"扩招"的情况下，伴随人才培养规模的急剧扩张，高校人才培养各学科专业平均学生数急剧增加，同一学科专业人才严重重复培养，从而造成了大学生就业的困难。而由于学科专业种类总数的有限，使得高校人才培养难以覆盖社会总的人才需求种类，社会需要的其他人才不能在高校中得到培养，从而造成了特定素质规格人才的短缺。这可能就是当前我国大学生就业难和市场人才短缺并存的根本原因。

但是，我国当前的学科专业制度已经建立了 60 多年，为什么在高校"扩招"以前它没有引起严重的大学生就业问题？难道高校"扩招"以前高校人才培养趋同的现象不存在？

答案自然是否定的！在 20 世纪 50 年代新中国仿照苏联建立起传统学科专业制度以来，高校人才培养趋同的问题一直存在，或者说人才培养趋同是传统学科专业制度的根本典型特征。因为这一制度本身是建立在计划经济体制和专业教育模式之上，强调高校人才培养的高位统一管理，要求专业设置和人才培养的标准化，追求的是不同高校同一专业人才培养目标和规格的一致。在高校"扩招"以前的几十年里，这一制度之所以没有引起大学生就业难问题，这里有两个方面的原因。

一是在前面所讲到的，"扩招"以前高等教育规模小，大学生数量少，即使是人才培养高度趋同，也不会引起大学生就业难的问题，因为一方面特定专业的人才培养数量少于或等于国民经济特定行业岗位的需求，就不存在就业难问题。另一方面即使特定专业人才培养的数量大于特定行业岗位的实际需求，因为大学生总体规模较小，富余的人才很容易被消化或者也不会引起重视。而高校"扩招"后，这一问题在高等教育大众化时代被放大，从而凸显为社会问题。

二是长期以来实行的大学生毕业分配制度契合了传统学科专业制度下高校人才培养趋同现象。在计划经济时代里，大学生作为宝贵的人才资源，其培养和使用由国家统一控制，不但大学生招生的数量、专业类别是由政府统一控制，而且大学生的就业也是由政府统一分配。政府根据国民经济各条战线上的人才需求确定高校招生计划，又根据这一需求来分配大学毕业生。这种"量入为出"的做法，在理论上就消除了任何专业人才培养的供求失衡问题。

实际上，高校人才培养趋同是计划经济体制对人才培养的必要要求，因为只有统一的人才培养标准、目标和规格，政府才可以在不需要考虑具体人才素质规格的情况下对人才培养进行计划和对大学生进行分配。而只是因为精英高等教育大学生数量少的条件，加上政府的计划招生和毕业分配等机制，才使得高校人才培养趋同没有在实际上产生严重的就业问题。但是高校"扩招"后，随着高等教育的大众化和社会主义市场经济体制下毕业分配制度的取消，传统学科专业制度下人才培养趋同问题才对大学生就业产生了越来越严重的消极影响。

二　当前大学生就业难问题面前传统学科专业制度的困境

显然，从学科专业制度的视角来看，解决大学生就业难问题，不只要从调整学科专业结构、转变就业观念、加强职业指导教育等方面着手，而且更重要的是还要打破高校人才培养的趋同，努力促进人才培养的分化。

促进高校人才培养分化，其实质就是要增加人才培养的方向，降低每一学科专业平均学生数，允许高校紧跟市场的人才需求信息，有选择地在不同方向上差别化、个性化地培养人才，避免人才在有限相同的方向上"扎堆"培养，从而满足学生的个性需求和社会的多元人才需要。显然，这直接涉及高校人才培养的学科专业设置种数问题。是不是我们增加学科专业目录中的专业设置数量，大学生就业问题就能迎刃而解呢？然而，事情远没有这么简单！事实上，今天，在大学生就业问题上，我国20世纪50年代建立起来的学科专业制度越来越陷入了一个不可调和的困境和矛盾之中。

一方面，随着科学技术、市场经济和高等教育大众化本身的发展，社会需要的人才和个人发展的目标追求会越来越多样化，高等教育学科专业设置的种类也就必然要不断增加，以更好满足社会需要和个人需求。这一点可以从美国高等教育"学科专业目录"（Classification of Instructional Programmes，CIP）中学科专业种数的变化得到证明：从1985年的431种增加到1990年的912种，五年中增加了491种，增幅为113.92%。到2000年，这一数字又被刷新到1358种，十年间又增加446种。[①] 从我国高等教育本科专业种类变化来看，也反映出这种趋势。如1952年我国开始按照苏联模式设置专业，1953年全国共设置专业

---

① 刘念才等：《美国学科专业设置与借鉴》，《世界教育信息》2003年第1—2期。

215 种，到 1957 年增加到 328 种。在 1958—1960 年的"大跃进"期间，专业种数猛增到 740 种。1978 年"文化大革命"结束后整理登记的专业已达 819 种。到 1980 年，我国高等教育专业总数竟上升到了1039 种。[①] 但是与此同时，在传统的学科专业制度下，学科专业种数的增加却严重影响了人才培养的质量。因为按照传统学科专业制度的学科逻辑，学科专业种数的增加其实就是对单一学科的更加细致的分割，学科专业种类的增长过程就是培养口径的逐渐窄化过程，这样就出现了越来越严重的学科专业人才培养基础薄、口径窄、创新不足和发展乏力等问题，这明显不符合 21 世纪知识经济时代创新型人才培养的要求。

另一方面，为了适应科技和生产发展的新形势，提高人才培养的质量，高等教育需要不断合并学科专业，减少学科专业数量，拓宽学科基础和培养口径。如我国在 20 世纪 90 年代以来就开始调整学科专业目录中的学科专业设置，逐渐拓宽学科专业口径，强化学科专业基础，不断减少学科专业数量。到 2001 年，全国高校本、专科学科专业设置种数下降到历史最低点，为 473 种。但是在高等教育大众化时代，学科专业种数的减少却又造成了人才培养种类和规格的减少，不但学生个性需求和市场的多元需要难以得到满足，而且还因为高等教育规模扩大使得专业平均学生数的急剧增加，从而造成严重的高校人才培养趋同、缺少分化、大学生就业难等问题。

这样，我国今天的学科专业制度就陷入了一个增加学科专业种数就导致培养质量下降、减少学科专业种数就造成人才重复培养和就业难问题的"两难尴尬"境地之中。是增加还是减少，在现存的制度框架内我们似乎束手无策。显然，这种建立在单一学科分类基础上的学科专业设置制度今天越来越陷入了一个不可调和的困境和矛盾之中。

三 呼唤就业导向的学科专业制度改革

尽管教育部 2012 年已经完成了新一轮的本科专业目录的修订工作，并且新颁布本科专业目录中设置的专业数量比过去翻了一番，但是我们认为仅仅增加一倍的专业设置数也仍然覆盖不了市场需求的全部人才种

---

① 潘懋元：《新编高等教育学》，北京师范大学出版社 1996 年版，第 138—140 页。

类，而且在没有对整个学科专业制度进行改革的情况下，增加专业数目不但不可能从根本上促进高校人才培养分化、有效解决校际人才培养趋同问题，而且在单一学科下设置专业的逻辑下增加专业设置数量仍然会重犯过去的错误，造成专业口径窄、基础薄等问题。

我们认为，仅仅对学科专业目录进行增删、调整，并不能解决现行学科专业制度下的人才培养趋同问题，不能解决大学生就业难问题，也更不能满足新时期高等教育发展的要求。当前我们要做的是对整个学科专业制度进行反思、改革。

实际上，改革开放以来，我国高等教育进行了诸多改革，并且在世纪之交基本完成宏观高等教育体制改革的任务。[①] 但是，"大学内部以专业设置为基础的教学制度仍然继续着。随着市场经济的进一步发展，这一教学制度的一些基本特征也正在或将要发生改变。如何改变，新的教学改革在多大程度上扬弃 50 年代初形成的大学教学制度，这是当前中国高等教育改革的一项重要课题"。[②]

我们认为，改革学科专业制度，促进高校人才培养分化，应该成为今后我国高等教育改革的重大任务。对传统的学科专业制度进行改革，建立适应新的环境要求的新型学科专业制度，是推动我国高等教育教学制度改革、提高人才培养质量的基础，也是解决大学生就业难问题的根本之策。而要对传统的学科专业制度进行改革，首先就必须考察今天的学科专业制度环境，从宏观经济社会体制、科学发展状况和高等教育发展阶段等方面来考察新时期学科专业制度改革的方向。本书接下来的第五、六、七三章即是按照这一逻辑来展开的。

[①] 2000 年 8 月 24 日，时任国务院副总理李岚清在九届全国人大常委会第十七次会议全体会议上，代表国务院报告了实施科教兴国战略工作情况时说，按照《中国教育改革和发展纲要》提出的目标，我国高等教育管理体制改革任务基本完成。见《人民日报》2000 年 8 月 25 日第 1 版。

[②] 胡建华：《现代中国大学制度的原点》，南京师范大学出版社 2001 年版，第 214 页。

第五章

从宏观经济社会体制改革看
就业导向的学科专业制度改革

如前所述，今天的大学生就业难问题在很大程度上是由传统的学科专业制度造成的。从根本上解决大学生就业难问题，就需要在深层次上改革学科专业制度，促进高校人才培养充分分化。

今天，传统学科专业制度所赖以生存的制度环境已经发生了根本性的变化，社会主义市场经济体制取代计划经济体制并逐步完善，科学已经或正在转型，科学"图景"发生了巨大变革，我国高等教育也已经名副其实地从精英教育阶段进入了大众化教育阶段。制度环境的变化使得在过去体现了社会主义优越性的传统学科专业制度在今天面临着诸多困境和问题，甚至已经成为了高等教育科学发展的阻碍力量。实际上，仔细分析，这一制度今天所面临的困境和问题其实就是市场经济体制与计划经济体制的矛盾、转型后的科学与转型前的科学的矛盾、大众化高等教育与精英高等教育的矛盾等在学科专业制度问题上的集中反映。

制度是环境的产物，改革学科专业制度需要考察制度环境。学科专业制度环境的变化不仅对传统学科专业制度提出了挑战，也为当前构建就业导向的学科专业制度指明了方向、提供了启示。

正是基于这一逻辑，本书第五、六、七三章分别从宏观经济社会体制改革、科学转型和高等教育大众化等三个方面考察了当前新的学科专业制度环境，深入分析了社会主义市场经济体制、科学转型和高等教育大众化对学科专业制度改革的要求，为第八章构建就业导向的学科专业制度提供基础和铺垫。

第一节　市场经济的内涵与特点

一　市场经济的内涵

"计划和市场都是经济手段"。和计划经济一样，市场经济既是一种经济形态，也是一种管理体制。就其经济形态来说，市场经济是通过市场机制来实现资源的优化配置和统筹生产、分配、交换和消费的经济形态。市场机制和计划经济中的指令和计划一样，都是配置资源和统筹经济过程的手段。在这里，市场机制就是以价格为核心的各种市场内在功能的总称，它通过供求关系来优化资源配置、协调主体利益、调控经济过程。市场机制提供了供求、买卖双方直接接触的可能和场所。通过市场机制，供卖方积极倾听求买方的"信号"，努力满足求买方的需求。在完全理想的市场经济里，供求、买卖双方通过市场机制完全对接，市场达到一般均衡，资源配置实现"帕累托最优"，① 经济运行平稳，从而实现最大的选择自由、最高的经济效率和最优的收入分配。理想的市场经济排斥任何外在、人为的干扰，市场透过供给和需求产生复杂的相互作用，进而达成自我组织的效果。所以市场经济又被称为自由市场经济或自由企业经济。

就其管理体制来说，市场经济也是一种调控经济的管理体制。市场经济体制是指以市场机制作为配置社会资源的基本手段、从而实现经济管理的一种经济体制，其最基本的特征是经济资源商品化、经济关系货币化、市场价格自由化和经济系统开放化。

马克思主义认为："生产以及随生产而来的产品交换是一切社会制度的基础；在每个历史地出现的社会中，产品分配以及和它相伴随的社会之划分为阶级或等级，是由生产什么、怎样生产以及怎样交换产品来决定的。"② "我们视为社会历史的决定性基础的经济关系，是指一定社

---

① 经济学中帕累托最优的资源配置状态就是：任何形式的资源重新配置，都不可能使任何一个人的境况变好而不使其他人的境况变坏。如果不减少其他人的福利，就不能增加任何人的福利，资源配置已经没有任何可以改进的空间。

② 《马克思恩格斯选集》第 3 卷，人民出版社 1972 年版，第 424—425 页。

会的人们用以生产生活资料和批次交换产品（在有分工的条件下）的方式说的……经济条件归根到底还是具有决定意义"。① 所以说，经济基础决定上层建筑，特定的经济管理体制也就对应着特定的政治、文化、科技、教育等其他一切事物的管理体制。作为社会资源配置手段的市场机制同样可以用于社会其他事务的管理。所以说，市场经济体制不仅是特定的经济管理体制，也是一种与之相应的社会其他一切事务的管理体制。

二　市场经济的特点及其在高等教育和大学生就业语境中的意义

相对于计划经济而言，市场经济是一种根本迥异的经济形态，市场经济体制在各个方面也与计划经济体制表现出截然不同的特点。下面，我们联系高等教育和大学生就业的语境，从与计划经济及其体制相比较的角度来阐述市场经济及其体制的特点。

（一）资源的竞争性

没有竞争就没有市场，竞争是市场经济最突出的特点。与计划经济中资源通过计划和指标分配不同，在市场经济中，各项资源的配置是在市场中通过竞争得以实现，竞争是市场主体获得生存及发展所需资源的主要手段。市场主体通过价格和质量参与竞争，为了赢得竞争、获取资源，他们需要不遗余力地提高质量、降低价格。市场经济相对计划经济而言具有两个突出的优势：一是市场经济能最大限度地激发市场主体的活力，促进技术创新和质量提升；二是市场经济能最大限度地实现资源的最优配置，促进资源流向成本最低、效益最高的市场主体中去，从而极大地提高资源的使用效率。在高等教育和大学生就业的语境下，建立高等教育市场，引入市场机制，鼓励市场竞争，可以高效率地配置高等教育资源和高质量地培养人才。而要达到这个目的，高校就必须在人才培养上密切关注市场，积极"聆听"市场信号，满足市场人才需求，这样不但能激发高校办学的动力和活力，提高高等教育的服务质量，而且能够实现有限高等教育资源的效益最大化。

（二）市场开放性

为了促进市场竞争和资源在更大范围内的优化配置，市场经济需要

---

① 《马克思恩格斯选集》第3卷，人民出版社1972年版，第487页。

建立开放性的统一市场，要打破各种地域藩篱和人为限制，促进资本、原材料、人才、产品等资源要素在统一市场内的自由流通，实现竞争最大化和效益最大化。这与计划经济是根本不同的，计划经济要实现统一有效的计划，需要设置不同的"条""块"，通过"条块分割"进行资源管理，各种资源要素既不能自由流通、交换，更不能实现优化配置和效益最大化，各个主体各自为政、相互封闭，正是"鸡犬之声相闻，老死不相往来"。在高等教育和大学生就业的语境下，市场经济下的高等教育需要建立统一的学生、教师、经费等各类要素市场，在统一的市场中，高校需要打开校门，在更大范围内关注人才市场变化，了解同类高校的发展动态，不但要在区域内、国内和全球范围内迎接挑战，获取资源，而且还要在人才培养上努力找准定位、错峰发展、办出特色。

（三）需求的多元性

市场经济是以需求为中心的经济。相比于计划经济，市场经济中的需求不断走向多元化，其原因有二：一是顾客需求是市场主体的服务方向，是其创新技术、提高质量的最大动力，最大限度地满足顾客需求是市场主体的中心任务。顾客的需求是多元的，为了赢得竞争，获取资源，市场主体需要充分关注并极力满足顾客的多元个性需求，从而有意识地创新生产服务形式。二是激烈的市场竞争使得市场主体需要寻求差别化的竞争策略，创新开发不同的产品，这也促使产品不断个性化，以满足市场的多元需求。在高等教育和大学生就业的语境下，市场经济中的用人单位的人才需求、学生发展的个性需求不断多元化，满足多元个性的需求要求高校不断创新人才培养机制，多元化培养，个性化服务。

（四）主体的独立性

在计划经济中，整个经济运行的权力集中于最高层，各个"条"、"块"作为政府的附属机构成为被计划的对象。作为资源的分配者，政府处于经济管理的中心地位，行政指令是经济管理的主要手段。但是在市场经济中，市场机制作为"看不见的手"是经济运行和资源配置的主要手段，在最理想的自由市场经济中，政府的干预甚至被完全排斥。在激烈的市场竞争中，市场主体具有独立的法人地位，对自己负责，他们必须依靠自己的管理战略和技术创新不断地降低成本、提高质量，从而在市场中获取资源。在高等教育和大学生就业的语境下，市场经济下的高校是一个个享有独立法人地位的主体，他们需要充分挖掘潜力以提高办学质量，赢得竞争，获得生存和发展，他们也要为自己的失误和失败承担责任、付出代价。在高校人才培养的问题上，独立法人的主体地位改变了高校依赖于政府的附属地位，赋予了高校人才培养的主体地位和学科专业设置管理的权力。

总之，在现代发达的市场经济中，特别是在市场经济和知识经济叠加的时代，科学技术在生产中的作用日益重要，劳动力价值形成的教育因素日益增强，科学技术和复杂劳动力的商品化日益明显，高校日益成为科技人才商品生产与交换的基地，日益变成市场经济体系中一个相关构件。① 当高校成为劳动和知识商品的生产者和经营者之后，市场机制便深深地渗透到高校的办学过程中去，在资源约束和需求约束机制下，高校办学活动则不可避免地受到市场经济规律的支配。

第二节　世界高等教育的"市场化"与我国高等教育的"市场化"改革

一　20 世纪 80 年代以来世界高等教育的"市场化"

20 世纪 80 年代以来，伴随着新自由主义思潮的泛滥和经济全球化的迅猛推进，也由于苏联的解体和两极政治格局的"坍塌"，世界范围内经济社会体制普遍经历了一场"市场化"的过程，这对高等教育产生了重大影响。这一过程在西方资本主义国家里表现为自由主义政策的实施和"政府再造"运动的盛行。其中前者突出表现在 1979 年撒切尔夫人、1981 年里根上台执政后的英国和美国，其共同的特点就是减税、分权，扩大市场、促进经济自由。后者则以新公共管理主义为理论基础，坚持效率（efficiency）、效益（effectiveness）和节约（economy）的原则，"运用'私有领域（private sector）或市场（market）的概念、原则和做法，来营运公共事业和供应部门，其目标是要使公共服务变得更

———————

① 陈列：《市场经济与高等教育———一个世界性的课题》，人民教育出版社 1996 年版，第 17 页。

能适应市场的需要"。① 在实际上表现为英国的"下一步改革计划"
（the Next Steps Program）及"公民宪章运动"（The Citizen Charter Move-
ment）、加拿大的"公共服务 2000 计划"（Public Service 2000）、澳大
利亚的"公共服务改革法案"（Public Service Reform Act）、法国的"行
政现代化政策"、德国的"新领航行政模式"（Neues Steuerungsmodell）、
瑞士及奥地利的"新公共管理运动"、新西兰的"迈向 2010 年之路"
（Path to 2010）、中国台湾的"政府再造纲领"等，② 其共同的特点主要
有解除管制、民营化、市场化、问责和绩效管理等。

　　这一"市场化"的过程在社会主义阵营的国家里则具体表现在两个
方面：一方面是一些社会主义国家国体转向资本主义，如苏联的解体和
东欧社会主义国家的剧变；另一方面是一些社会主义国家积极探索经济
体制改革、向特色的市场经济体制转轨，如中国、越南和古巴的经济体
制改革，等等。

　　显然，无论是资本主义国家的"市场化"还是社会主义国家的
"市场化"，均对作为公共部门的高等教育的管理和运行产生了重大的
影响，形成了世界范围内的一股高等教育"市场化"的风潮。在这一
风潮中，世界各国的高等教育经历了一些共同的改革，如政府向高校放
权，高等教育从政府控制模式走向政府监督模式；高等教育形式和类型
的不断地多样化；鼓励高校之间的竞争，等等。在这一过程中，政府对
高校的管理和高校的运作方式均发生了重大变化，"政府的角色已由主
要提供者转为监控者……国家借由绩效责任的强调和外部评估的需求，
提出一系列的考绩及评价活动……政府纷纷引入企业精神，发挥管理主
义以提升高等教育结构的效率和效益"。③

二　我国经济体制改革与社会主义市场经济体制的建立

　　新中国成立以来，我国仿照苏联建立起高度集中的计划经济体制。
这一经济体制在新中国初期的一段时期内为国家集中财力进行重点建
设、促进国民经济恢复发展发挥了重要的作用。但是，在计划经济体制

---

① 戴晓霞等：《高等教育市场化》，北京大学出版社 2004 年版，第 33 页。
② 同上书，第 18 页。
③ 同上书，第 40 页。

下，权力高度集中，计划和指令过于呆板，出现了严重的"政府失灵"问题。因为中央统得过死、政府管得过细，经济领域出现了政企不分、企业缺少自主权和积极性、经济发展缺乏活力等严重问题。特别是在相当长一段时间内，由于坚持"以阶级斗争为纲"的错误的政治路线，经济生产受到严重影响。到十年"文化大革命"结束之际，我国社会生产严重萎缩，国民经济几乎处于崩溃的边缘。

"文化大革命"结束后，我国进入新的历史发展时期，中央在拨乱反正的同时，逐渐认识到体制改革的必要性和紧迫性，从而逐步掀开我国经济体制改革的序幕。1977 年 8 月，中国共产党第十一次全国代表大会宣告"文化大革命"结束，1978 年 12 月党的十一届三中全会做出了把全党工作重点转移到社会主义现代化建设上来的战略决策，从而为经济体制改革提供了现实基础。从 1979 年至今，我国经济体制改革经历了"以计划经济为主，市场调节为辅"（1979—1982）、"有计划的商品经济"（1983—1986）、"计划经济与市场调节相结合"（1987—1992）、"建立社会主义市场经济体制"（1992—2003）和"完善社会主义市场经济体制"（2003—　）等五个阶段，逐步顺利地实现了从计划经济体制向社会主义市场经济体制的转轨。

三　我国高等教育的"市场化"改革

学科专业制度是高等教育管理制度体系中的一项重要制度。研究经济体制改革与学科专业制度的关系，应该将其置入经济体制改革与教育体制改革、特别是高等教育体制改革的宏观背景中去考察。

体制改革的实质是政府职能的调整和管理权力的重新分配。经济体制改革并不只是经济领域的改革，而且还要在经济领域改革的基础上推动包括高等教育在内的其他一切社会事务领域的改革。从计划经济体制走向社会主义市场经济体制，要求政府重新调整其管理高等教育的职能，要求管理权力在政府内部和政府与学校之间重新分配。

市场经济体制其实也是一个笼统的概念，其内部实际可以分为不同的类型。不同国家因为历史、政治、文化等各方面背景的不同，其所建立起来的市场经济体制不尽相同，甚至差别还很大。有些国家实行充分的自由市场经济，市场机制发挥作用的力度较大、范围较广，政府干预的力度较小、范围有限。有些国家则相反，国家集权、政府干预得较多，市场机制的作用相对较弱。还有一些国家则实行介于两个极端之间的"光谱"之中，国家干预和市场调整处于动态的平衡，共同发挥作用。在不同类型市场经济体制下，高等教育管理体制和运行机制肯定有差别，例如美国和法国都是市场经济国家，但是两国高等教育管理方面的差别就相当大。

尽管如此，作为同样实行市场经济体制的国家，相对于实行计划经济体制的国家来说，其共同性仍然大于其差异性。有研究者认为市场经济体制下的高等教育运行有三个典型的特征，即自主性、市场性和自控性。就自主性来说，不论在哪一类型市场经济体制的国家里，大学都是法定的自治机构，都实行校长负责制，都坚持学术自由和校务自治原则。就市场性来说，高等教育都会不可避免地受到市场的主导性调节作用，在高等教育活动的一些方面都体现出市场性质。就其可控性来说，市场经济体制下的高等教育，都不同程度地受到国家政府的宏观调控和指导。①

按照社会主义经济体制改革的精神，建立与社会主义市场经济体制相适应的高等教育体制是改革开放以来我国高等教育体制改革的方向与目标。"三十年来我们之所以在体制上不断进行着探索与改革，目的就是为了适应'改革开放'所带来的社会全方位变化与发展的需要，进而有效地释放原有体制的活力并探索追求新的体制"。② 实际上，从我国的改革实践来看，每一次大的经济体制改革后面都会相应地进行一次大的高等教育体制改革。譬如，新中国成立之初，以"院系调整"为核心的高等教育体制改革就是在建立社会主义计划经济体制背景下进行的，其目的就是建立与计划经济体制相适应的高等教育管理体制。我们还可以从 20 世纪 80 年代中后期和 90 年代中后期我国高等教育体制改革中看到经济体制改革与高等教育体制改革之间的这种密切的关系。

改革开放以来，我国宏观高等教育管理体制改革基本上是始于

---

① 陈列：《市场经济与高等教育——一个世界性的课题》，人民教育出版社 1996 年版，第 2—3 页。

② 中国高等教育学会：《改革开放 30 年中国高等教育发展经验专题研究》，教育科学出版社 2008 年版。

1985 年《关于教育体制改革的决定》的颁布，至 2000 年基本完成。[①]
在这 15 年期间，适应我国从计划经济体制向社会主义商品经济再向社
会主义市场经济体制的转变，我国宏观高等教育体制进行了诸多改革。
大致来看，15 年的时间可以分为两个阶段，下面我们就这两个阶段为
例，简单介绍一下我国经济体制改革下的高等教育体制改革。

（一）政—校关系改革期（20 世纪 80 年代中期到 20 世纪 90 年代
中期）

20 世纪 80 年代中期高等教育体制改革启动的标志就是 1985 年中共
中央《关于教育体制改革的决定》的颁布。这一阶段改革的重点就是
调整政府与高校的关系，推进政府向高校分权，扩大高校自主权。改革
的宏观背景就是"文化大革命"结束和十一届三中全会后中央工作重
心的转移和改革开放战略的确立，其直接的背景就是 1984 年中共中央
《关于经济体制改革的决定》的出台。这一经济体制改革的决定正式以
中央文件的形式吹响了我国经济体制改革的号角，文件针对长期以来的
计划经济体制的弊端，明确了经济体制改革的方向就是"为了建立充满
生机的社会主义经济体制"，提出了社会主义有计划的商品经济的概念，
突破了把计划经济和商品经济对立起来的传统观念。

正是在这一背景之下，在做出经济体制改革决定第二年的 1985 年，
中共中央颁布了《关于教育体制改革的决定》。这一文件根据国家经济
体制改革的精神，指出了当时我国教育在管理权限、教育结构和教育思
想等方面存在的主要问题。其中的第一突出问题就是"在教育事业管理
权限的划分上，政府有关部门对学校主要是高等学校统得过死，使学校
缺乏应有的活力；而政府应该加以管理的事情，又没有很好地管起来"。
文件指出，"当前高等教育体制改革的关键，就是改变政府对高等学校
统得过多的管理体制。在国家统一的教育方针和计划的指导下，扩大高
等学校的办学自主权，加强高等学校同生产、科研和社会其他各方面的
联系，使高等学校具有主动适应经济和社会发展需要的积极性和能力"。

---

① 2000 年 8 月 24 日，时任国务院副总理李岚清在九届全国人大常委会第十七次会议全
体会议上，代表国务院报告了实施科教兴国战略工作情况时说，按照《中国教育改革和发展纲
要》提出的目标，我国高等教育管理体制改革任务基本完成。见《人民日报》2000 年 8 月 25
日第 1 版。

为此，文件明确规定下放高等教育管理权，明确高等学校在执行国家的政策、法令、计划的前提下，"有权在计划外接受委托培养学生和招收自费生；有权调整专业的服务方向，制订教学计划和教学大纲，编写和选用教材；有权接受委托或与外单位合作，进行科学研究和技术开发，建立教学、科研、生产联合体；有权提名任免副校长和任免其他各级干部；有权具体安排国家拨发的基建投资和经费；有权利用自筹资金，开展国际的教育和学术交流"。

为了"加强和改进对高等教育的宏观指导和管理，扩大高等学校的管理权限，进一步调动学校和广大师生员工、办学单位和用人部门等各方面的积极性"，1986 年 3 月，国务院根据中共中央《关于教育体制改革的决定》出台了《高等教育管理职责暂行规定》，对国家教委、国务院有关部门、省、自治区、直辖市人民政府和高等学校职责权利进行改革调整。其中，明确指出了高等学校八项管理权限，它们是：

（一）在保证完成国家下达的培养人才任务的前提下，可以按照国家规定的比例实行跨部门、跨地区的联合办学，接受委托培养生和自费生。可以提出招生来源计划建议，按照国家有关规定，录取学生，处理和淘汰不合格的学生。落实国家下达的毕业生分配计划，制订毕业生分配方案，并向用人单位推荐部分毕业生。（二）执行勤俭办学的方针并在遵守国家财务制度的前提下，按照"包干使用，超支不补，节余留用，自求平衡"的经费预算管理原则，可以安排使用主管部门核定的年度事业经费。接受委托培养生、自费生，举办干部专修科、函授、夜大学及社会技术服务和咨询取得的收入，按照国家有关规定安排用于发展事业、集体福利和个人奖励。（三）按照主管部门批准的总体设计任务书、总体规划、长远和年度基建计划，在向主管部门实行投资包干的前提下，可以自行择优选择设计施工单位。在保证实现投资效益的前提下，经过主管部门批准可以自行审定设计文件，调整长远和年度基建计划。包干投资，节余留成使用，超支不补。（四）按照干部管理权限，可以根据规定的干部条件、编制和选拔步骤由校长提名报请任免副校长；任免其他各级行政人员；聘任、辞退教师和辞退职工。

（五）经过批准的高等学校，可以按照国家有关规定，评定副教授的任职资格，其中少数具备条件的高等学校，可以评定教授的任职资格；审定授予硕士学位的学科、专业，增补博士研究生导师。（六）根据党和国家的教育方针政策及修业年限、培养规格，可以按社会需要调整专业服务方向，制订教学计划（培养方案）、教学大纲，选用教材，进行教学内容和方法的改革。（七）在保证完成国家下达的科学研究任务的前提下，可以自行决定参加科学研究项目的投标，承担其他单位委托的科学研究任务，面向社会开展技术服务和咨询。在不需要主管部门增加基建投资、事业经费和人员编制的情况下，可以自行决定单独设立或与其他单位合办科学研究机构或教学、科学研究、生产的联合体。可以接受企业单位的资助并决定其使用重点。（八）在国家外事政策和有关规定的范围内，积极开展对外交流活动。凡属学校自筹经费（含留成外汇），经过上一级主管部门批准认为可以接受的对方资助或在主管部门下达的经费外汇限额内，可以决定出国和来华的学术交流人员。经过批准的学校可以自行负责出国人员的政治审查。

《中华人民共和国国务院公报》，1986（13）

显然，1986 年的暂行规定是对 1985 年《决定》的补充和细化。

1993 年 2 月，中共中央、国务院颁布的《中国教育改革和发展纲要》再次强调："在政府与学校的关系上，要按照政事分开的原则，通过立法，明确高等学校的权利和义务，使高等学校真正成为面向社会自主办学的法人实体。要在招生、专业调整、机构设置、干部任免、经费使用、职称评定、工资分配和国际合作交流等方面，分别不同情况，进一步扩大高等学校的办学自主权。学校要善于行使自己的权力，承担应负的责任，建立起主动适应经济建设和社会发展需要的自我发展、自我约束的运行机制。"同时，"政府要转变职能，由对学校的直接行政管理，转变为运用立法、拨款、规划、信息服务、政策指导和必要的行政手段，进行宏观管理。要重视和加强决策研究工作，建立有教育和社会各界专家参加的咨询、审议、评估等机构，对高等教育方针政策、发展战略和规划等提出咨询建议，形成民主的、科学的决策程序"。

　　在上述三个文件的推动下，我国高校的办学自主权不断扩大，高校自主办学的意识不断增强，计划经济时代里政校不分、政校合一、政指挥校的局面被逐渐改变，高校逐步从作为政府部门的附庸转变为自我发展、自我约束的独立法人。

　　（二）政—政关系改革期（20 世纪 90 年代前期到 20 世纪末）

　　自 20 世纪 90 年代前期起，我国高等教育体制改革的方向发生了重大改变，改革的重点逐步转移到中央和地方政府之间的关系上，推动中央向地方分权，改革的目标是建立"以块为主"的高等教育体制。这一次改革的背景是党的十四大明确提出了建立社会主义市场经济体制，并在 1993 年的十四届三中全会上通过了中共中央《关于建立社会主义市场经济体制若干问题的决定》，明确了社会主义市场经济体制的框架和任务。社会主义市场经济体制确立后，一方面，为了推动经济发展，高等教育必须与地方经济社会发展紧密结合，中央必须向地方政府逐步下放高等教育管理权；另一方面，适应市场经济体制要求转变政府职能的需要，政府要按照政企分开，精简、统一、效能的原则，推动政府机构改革，缩减中央部委。在这种情况下，原来由中央业务部门主管的高校需要逐步剥离，除少部分高校划转到国家教委管理外，其他大部分高校下放到地方政府管理。这一阶段改革的进程大致如下：

　　1993 年 1 月国务院批转的《国家教委关于加快改革和积极发展普通高等教育的意见》提出："高等教育管理体制的改革方向是逐步实行中央与省（自治区、直辖市）两级管理、两级负责为主的管理体制。" 1993 年的《中国教育改革与发展纲要》明确指出："在中央与地方的关系上，进一步确立中央与省（自治区、直辖市）分级管理、分级负责的教育管理体制……对地方举办的高等教育的领导和管理，责任和权力都交给省（自治区、直辖市）。"

　　1994 年《国务院关于〈中国教育改革和发展纲要〉的实施意见》，该文件指出，"高等教育逐步实行中央和省、自治区、直辖市两级管理，以省级政府为主的体制。认真贯彻落实国务院关于《高等教育管理职责暂行规定》中有关中央和地方对高等教育的管理权限。逐步扩大省级政府的教育决策权和统筹权……争取到 2000 年或稍长一点时间基本形成以省级政府为主办学与管理的条块结合的新体制的框架"。1995 年国家教委出台了《关于深化高等教育体制改革的若干意见》，明确提出高等教育管理体制改革的目标是"争取到 2000 年或稍长一点时间，基本形成举办者、管理者和办学者职责分明，以财政拨款为主多渠道经费投入，中央和省、自治区、直辖市人民政府两级管理、分工负责，以省、自治区、直辖市人民政府统筹为主，条块有机结合的体制框架"。

1998 年，国务院实行了一次大规模的机构改革，撤并了 15 个国家部委。在此过程中，原机械工业部等九部委所属的 93 所普通高等学校实行中央与地方共建，以地方管理为主。72 所成人高等学校，除几所管理干部学院原则上就地并入普通高校或改制为培训教育机构外，其余的成人高等学校一律划转地方管理，46 所中等专业学校和技工学校划转地方管理。1999 年，国务院又对国防科工委所属五大总公司举办学校的管理体制进行调整。其中，25 所普通高等学校原则上都实行中央与地方共建，地方管理为主。3 所管理干部学院改制为非学历教育培训机构，分别由相应的企业集团管理。14 所普通中等专业学校原则上划转地方举办和管理。五公司下属企事业单位举办的成人高等学校、中等专业学校、技工学校仍由原单位举办，教育业务归口地方政府教育行政部门管理。

1999 年 6 月第三次全国教育工作会议印发《中共中央国务院关于深化教育改革全面推进素质教育的决定》，继续强调了"以块为主"的高等教育管理体制改革方向，提出"进一步简政放权，加大省级人民政府发展和管理本地区教育的权力以及统筹力度，促进教育与当地经济社会发展紧密结合。今后 3 年，继续按照'共建、调整、合作、合并'的方式，基本完成高等教育管理体制和布局结构的调整，形成中央和省级人民政府两级管理、以省级人民政府管理为主的新体制，合理配置教育资源，提高教育质量和办学效益"。

1999 年 12 月，国务院发布了《关于进一步调整国务院部门（单位）所属学校管理体制和布局结构的决定》，明确提出除教育部等 12 家中央部委外国务院部门和单位不再直接管理学校。根据这一精神，2000 年初，国务院办公厅转发了教育部等部门《关于调整国务院部门（单位）所属学校管理体制和布局结构的实施意见》。意见明确规定石油大学等 22 所普通高等学校划转教育部管理，北京医科大学等 34 所普通高等学校由教育部进行合并调整，中国音乐学院等 97 所普通高等学校实行中央与地方共建、以地方管理为主，并由地方统筹进行必要的布局结构调整，大连海事大学等 3 所普通高等学校继续由原主管部门（单位）管理。

至此，中央和地方政府两级管理、以地方政府为主的新高等教育管理体制已经基本形成。通过 20 世纪 90 年代的高等教育体制改革，高等教育的管理重心不断下移，地方政府的高等教育管理权限不断扩大，省级政府统筹区域高等教育发展的能力明显增强，高等教育与地方经济社会发展的联系日益密切。

总结 15 年的高等教育体制改革，在政—校关系和政—政关系重构的两个阶段里，通过推动政府向高校放权、中央向地方放权，我国政府管理高等教育的职能逐渐转变，宏观调控能力日益增强，高校办学自主权不断扩大，面向市场办学的意识和能力显著提升。

在经济体制改革背景下进行高等教育管理体制改革，必然要求学科专业制度进行相应的改革，学科专业管理也必然出现"政府向高校放权""中央向地方放权"等类似的取向。实际上，改革开放的 30 多年来，我国学科专业制度也的确发生了诸多变化，这一点可以从前述第二章第二节中关于学科专业制度演变部分中可以看出，在这里不做赘述。下面，本书要重点分析市场经济体制对学科专业制度提出的要求，研究市场经济体制改革与学科专业制度改革关系的内在机制和逻辑，为后文探索就业导向的学科专业制度改革提供基础。

第三节　从市场经济体制改革看就业导向的
学科专业制度改革

社会主义市场经济体制改革对高等教育体制改革产生了重要的影响，也与传统的建立在计划经济体制基础上的学科专业制度产生了诸多矛盾。如市场经济要求改变"条块分割"的高等教育系统，加强高等教育资源的优化配置，但是专业之间的壁垒和专业的实体性却极大地阻碍了高校中各种要素的流动与沟通；市场经济要求政校分开，赋予高等学校充分的自主权，允许高校灵敏地接受人才市场的"信号"，及时调整人才培养的数量、类型和规格，但是政府颁布的专业目录和高重心的专业设置管理却又束缚了高校的手脚，高校人才培养难以直接贴近市场的需要；市场经济要求复合型、高素质的、具有创新能力和可持续发展能力的劳动者，但是单一学科下垂直线性设置专业的学科专业制度却又导致了人才培养专业划分过细、学生知识面过窄、发展乏力等问题。显然，建立社会主义市场经济体制对传统的学科专业制度提出了诸多挑战，为就业导向的学科专业制度改革提供了启示和方向。

一　市场经济体制要求高校学科专业设置的应用性和个性

显然，建立社会主义市场经济体制，对高校学科专业设置提出了两个要求。

（一）学科专业设置的应用性

在市场经济体制下，高校作为特殊产品（人才和知识）的生产者，如同"自主经营、自负盈亏"的企业一样，要在激烈的市场竞争中经受考验。高校办得好不好、人才培养的质量如何，关系到高校自身的生死存亡。在这种情况下，高校具有和企业一样的"市场性"和"趋利性"，同样遵循"顾客是上帝"的市场逻辑。因此，按照需要"生产"产品、根据市场需要办学、"产出"市场需要的人才和科技成果是市场经济体制下高校办学的一个重要原则。根据这一原则，高校要将市场需要作为办学的重要方向，将用人单位的实际需求作为教学、科研工作的重要依据，大力培养满足市场需要、适应岗位要求的应用型人才。高校的学科专业设置和人才培养的目标都要以行业生产和人才市场的现实需要为出发点，根据生产实际设置兼顾应用的专业或应用型的专业，培养具有应用能力的人才或应用型的人才。

（二）学科专业设置的个性

竞争是市场经济的基本特征，竞争也是提高产品质量、满足市场需要、优化资源配置的重要途径。在市场经济体制下，各高校从各自的利益出发，为取得较好的"产销"条件、获得更多的资源而竞争。在竞争中，为了形成自己的竞争优势，高校必须在办学过程中培养自己的比较优势，这里同样适用的是国际贸易竞争理论中"两优取其最优、两劣取其次劣"的原则。高校要不断地创新学科专业设置和人才培养目标，努力满足市场的不同需要，从而形成了学科专业设置和培养目标上的个性，这主要是基于两个方面的考虑：一是因为市场的需要是多元的、复杂的。可以说，市场人才需求的种类远远超过学科专业目录的种类，市场上也几乎不存在与学科专业目录中相对应的专业人才需求，学科专业目录中的学科专业只是对市场人才需求的分类，每一个学科专业的内涵只是对市场一类人才需求的主要特征的归纳和概括。高校如果只是按照学科专业目录来培养人才，不仅会造成大面积的重复培养，而且更严重的是，人才培养没有反映真正的市场需求，培养的人才也不能完全满足市场需求。显然，要培养真正的应用型人才，要求高校必须在学科专业目录的基础上，直接面向市场，创新专业设置和培养目标，形成个性。二是专业设置和培养目标的个性也是各高校赢得高等教育竞争的重要手段之一。通过创新学科专业设置和培养目标，形成高校人才培养特色，实行错位竞争，错峰发展，从而最终获得"人无我有，人有我优，人优我精"的效果。

学科专业设置的应用性和个性是市场经济中高校竞争发展的重要手段。这就要求高校的学科专业设置要打破纯粹的学科分类逻辑，引入注重应用的专业设置框架；改变注重学科完整知识结构的专业内涵，大力设置跨越学科、关注技术应用的应用型学科专业，制定跨学科的培养计划，设置跨学科的课程；改变作为社会精英的理论研究型人才的培养目标，树立大众型应用人才的培养目标，根据实际应用组织合理的知识和能力结构；改变学科专业目录较长固定时段的修订机制，实行跟踪市场、动态的学科专业更新机制等。

二　市场经济体制要求高校在学科专业事务上享有更大的自主权

计划经济更多地和集权联系在一起，市场经济更多地意味着分权。这种分权不仅表现在中央政府向地方政府的分权，也表现为政府职能的转变，政府向管理对象的分权。建立社会主义市场经济体制的核心环节就是转变政府职能，政府对经济、教育等其他一切事务的管理要从直接管理转变为间接管理，从微观管理转向宏观管理，从策略管理转向战略管理。在学科专业管理制度上，市场经济体制所意味的分权也是如此。本书在这里重点要谈的不是中央政府向地方政府分权（这一点前文已经多有涉及），而是着重分析政府向高校的分权，以及政府和高校向学生的分权。

计划经济体制向市场经济体制的转变，对于高校来说，一个最大的变化就是高校从过去作为政府的附属部门转变为真正成为市场经济中的独立法人。在计划经济体制下，高校虽然也要服务于国民经济建设，但是作为政府附庸的高校就像是一个"未成年的孩子"，以听从指令、服从计划安排为唯一职责。高校没有办学的自主权，因而也没有承担办学责任的能力，当然也没有服务市场的使命感和责任感。

在市场经济体制改革中，通过实行政校分开，推动政府转变职能，高校获得了办学的自主权，逐渐摆脱了为其决策、作为其"监护人"的政府的直接管理，成为了一个自主办学、自主决策、独立承担责任的独立法人。1993年的《中国教育改革和发展纲要》就提出，"在政府与学校的关系上，要按照政事分开的原则，通过立法，明确高等学校的权利和义务，使高等学校成为面向社会自主办学的法人实体"。1998年的《高等教育法》也明确规定，"高等学校自批准设立之日起取得法人资格，高等学校的校长为高等学校的'法定'代表人"。

独立法人地位的获得对于高校来说就意味着高校在法律意义上已经成为"具有民事权利能力和民事行为能力，依法独立享有民事权利和承担民事义务的组织"，意味着高校不但充分享有办学的自主权，而且也要为自身的发展承担责任，从而需要建立起一套主动适应经济建设和社会发展需要的自我发展、自我约束的运行机制。

在市场经济体制下，凡是从事商品生产和经营的组织都具有经营的自主性，都是自主经营、自负盈亏、自我发展、自我约束的法人实体和竞争主体。高校虽然不是完全的经济组织，但其作为特殊商品（高级劳动力和科技知识产品）生产者的性质却不同程度地存在着。① 在市场经济体制下，高校作为独立法人，是享有办学自主权和承担办学责任的市场主体。"自主经营"、"自负盈亏"是高校办学最主要的特征。为了适应并赢得市场竞争，高校不再是被动地等待政府的指令和计划，而是需要主动投入到市场中去，敏锐地"聆听"市场信号，分析市场需求，

---

① 陈列：《市场经济与高等教育——一个世界性的课题》，人民教育出版社1996年版，第2页。

快捷地进行自我调整。

学科专业是高校人才培养、科学研究和社会服务的平台和基础,学科专业设置权是高校的核心办学自主权,正确、及时地设置学科专业是高校赢得市场竞争的关键!显然,高校只有在学科专业事务上享有充分的自主权,才能设置个性的学科专业,确定个性的培养目标,才能根据自身的实际情况和市场信息寻找自己的市场定位,创造性地凝练形成自己的人才培养和学科专业设置特色。只有享有充分的自主权,高校才能积极地关注产业、技术和市场的瞬息变化,才能直接根据产业升级、技术应用和人才需求信息,及时地设置学科专业,满足市场变化的人才需求,最终赢得市场竞争。

长期以来,学科专业设置管理的权限之所以一直紧握于政府,集中于中央,一个重要的理由就是担心学科专业设置权力的下放将带来学科专业设置的混乱和人才培养的无序,造成人才培养质量的低劣和与国家需要的脱节。但是如前所述,因为管理的统一和市场需求的多元,企图通过有序的管理来满足无序的需要几乎是不可能的,长期以来的集中管理模式使得高校办学同样与市场需要脱节,失去办学活力。

实际上,从国际高等教育的比较来看,下放学科专业设置的自主权并没有我们想象得那么无序、混乱和可怕。在美国等西方国家充分的市场环境下,下放学科专业设置权限不但可以促进教育与市场的紧密结合,而且还会形成一种自组织的新秩序。美国已故著名高等教育研究专家伯顿·克拉克提出了"无序和有序"的规律,认为"看似有序的高等教育集中管理方式导致无序结果的产生;相反,看似无序的高等教育分权管理方式却导致有序结果的产生"。[①] 他认为,"当一个国家的高等教育进入大众或普及发展阶段时,市场控制型的相对优势会明显地反映出来,因为它可以对学生的多样化需求以及外界的变化作出及时的反应。"[②] 克拉克在高等教育国际比较研究中得到一个重要的结论是,分权竞争比集权方式更为有效。他甚至提出了"无序合法化"的概念,认为"如果管理者将'多样化'作为核心目标予以支持时,那么就也

---

① 阎凤桥:《克拉克的高等教育分权管理思想之评介》,《高等教育研究》2012 年第 7 期。

② 同上。

应该理性地看待所谓的无序状态，当系统看上去混乱，系统中几乎没有任何一个人可以左右它的局面，没有人能够确切地知道谁在对谁做什么事情，不要认为这是一种异常的状况，反而应该将其视为一种理想的状态"。他进一步阐述道："高等教育系统需要一种'无序'，在这种无序状态下，个体及团体可以自由地表现，以非正式或半正式的方式相互学习，从而实现正式控制所不能达到的效果。""我们应该变得更加聪明，有意识地实现无计划变化的意图，通过设计一个宏观的架构，来鼓励高等教育系统的各个组成部分进行自发性的变革，以适应环境变化的需要"。[1]

可见，在市场经济体制下，下放高校办学自主权，进一步扩大高校在学科专业事务上的权限，不但不会引起无序和混乱，反而可以更好地满足市场的多元需求。

三 市场经济体制要求大学生在学科专业事务上被赋权

新中国成立以后的几十年里，在学科专业的设置管理上，高校的权力很小，更不用说大学生了。学科专业对于大学生来说是给予的和被安排的，他们在学科专业事务上几乎没有任何的话语权。

这种情况是基于两个方面的背景：一是在社会本位思想的指导下，高等教育成为政府实现政治和经济目标的工具，学生"沦落"为政府和高校实现其计划任务的材料、工具和载体。在高等教育的办学理念、指导思想中，大学生的地位被过分追求的社会目标所"淹没"。二是在精英教育时代，高等教育是一种宝贵的社会资源，接受高等教育往往与大学生的社会地位和收入福利的提升紧密联系在一起，高等教育对于大学生来说长期处于"卖方市场"。与此同时，在计划经济时代，高等教育作为一个国家部门被纳入到国家整体的经济社会发展总体计划之中，高校的人才培养过程、资源配置以及学生的招生和就业等都按政府指令和计划执行，高校之间几乎不存在任何的竞争。这样，在学生还没有成为高校之间竞争的对象的情况下，处于"卖方市场"的高等教育当然

---

① 阎凤桥：《克拉克的高等教育分权管理思想之评介》，《高等教育研究》2012年第7期。

不需要考虑学生的需求，高校缺少深入顾及学生需求的动力，学生发展的要求也没有进入到高校管理者的视野。

　　但是进入市场经济以来，这两个情况发生了显著的变化：一是对高等教育产品属性的认识发生了变化。"20 世纪 80 年代以来，关于高等教育费用的观念发生了明显的变化。以前，存在于大多数国家的一种共识是，高等教育是一种依靠向在大学和其他中学后教育机构的学生传授知识而突出地为社会作贡献的'公共产品'（Public good）；既然高等教育被视为一种公共产品，就必然认为社会应该承担其大部分费用。在 80 年代，观念开始变化，肇始于世界银行，后来延伸到众多国家的政府中。高等教育开始被看做主要是一种'私人产品'（Private good），个人受益多于社会。这一观念变化的逻辑结果是，给'使用者'——学生及其家庭带来了为高等教育付费的更大压力"。① 在高等教育成本分担和大学生缴费上学的条件下，高等教育从过去的"恩赐"或特权转变为学生持币购买的"商品"，大学生变成了高校的"顾客"和"上帝"，大学生自然就成为高校竞相拉拢的"消费者"，而满足学生的个性发展的需求、赋予学生参与高等教育事务的权利就成为一条重要的途径。因为作为消费者的大学生需要考虑的是其效用的最大化，需要接受最能满足其需要的高等教育，所以这时的高等教育不再坚持社会本位的唯一思想，迎合学生的要求、满足个人发展需要已经成为影响高校管理决策的重要因素。

　　在这方面，表现得最明显的莫过于英国高等教育。20 世纪 80 年代以来，在秉持新自由主义思想的撒切尔夫人政府的推动下，英国高等教育逐渐由"国家福利"走向了"市场化"，高等教育由政府无所不包的公共服务部门被改革成为市场化的一部分，政府经费不断削减，高校面向学生收费，高等教育的经费来源开始多元化。经过 1998 年的《迪尔英报告》、2004 年的《高等教育法案》、2010 年的学费制改革，英国高等教育的学费标准一涨再涨，学费占高校经费的比例不断上升，高校的运行与发展越来越依赖于学生的学费，高校间对学生的竞争日益激烈，

---

　　① ［美］菲利普·G. 阿特巴赫：《高等教育变革的国际趋势》，蒋凯译，北京大学出版社 2009 年版，第 6 页。

尊重学生消费者的观念在高校里逐渐占据上风。英国政府于 2011 年发布了名为《将学生置于体系中心位置》的高等教育白皮书，这是世界上首个直接以"学生中心"作为标题的国家政策文件。该文件强调将大学置于市场竞争之中，把学生置于消费者的中心地位，增加高校之间的良性竞争，增强为学生服务的意识。根据这一文件，政府对高校的投入由直接拨款改为学生贷款，高校要实行充分的信息公开，充分保障学生的选择权，政府鼓励高校招生竞争，放宽招生限额，等等。①

　　二是在市场经济和高等教育大众化叠加的时代，高等教育入学规模的扩大带来了高等教育入学机会的剧增，与此同时，由于适龄群体数量的减少，高等教育的市场竞争发生了逆转，由以学生竞争入学为主逐渐转变为高校竞争生源特别是优质生源为主。在我国，由于长期以来坚持计划生育基本国策，我国的人口增长速度放缓，据 2000 年第五次全国人口普查汇总数据显示，1986—1990 年是我国人口出生的高峰期，总出生人口达 12539.7 万人。而自 1991 年以来，人口出生率快速下降，1996—2000 年出生的人口只有 6897.8 万人，仅为 1986—1990 年出生人口的 55% 左右。② 显然，当前，我国高等教育的入学高峰已经过去，2014—2018 年的适龄青年不到 7000 万人，远远低于前两年的水平。这样，高校的生源竞争将越来越激烈。

　　在这种情况下，高等教育由"卖方市场"转变为"买方市场"，大学生由被挑选者转变为选择者。从大学生的角度出发，"个人首先考虑的是大学提供的知识是否令'我'有兴趣，学习这种知识是否对'我'有价值，'我'在未来能够获得什么，是对'我'的声望地位的提高有益，还是对提升'我'的经济地位有帮助，或者说可以使'我'有机会问津社会最重要的资源——权力。这些报偿预期都可以是个人兴趣的起点"。③ 显然，如何满足学生的需要成为高校办学的一个核心问题。为此，如何吸引生源、满足学生需求也成为学科专业制度改革的一个重要方向。这就要求政府和高校改变过去在学科专业事务上将学生排除在

① Higher Education：Students at the Heart of the System——An Analysis of the Higher Education White Paper www. official – documents. gov. uk. 2013 – 7 – 22.

② 杨益民等：《从生源状况看中国高等教育的危机》，《统计研究》2003 年第 3 期。

③ 王洪才：《大众高等教育论》，广东教育出版社 2004 年版，第 64 页。

外的做法，向学生进行一定赋权，不仅让他们享受学科专业的选择权，甚至在一定程度上还要赋予他们的学科专业设置权。

在这里，美国的"个人专业"就是在学科专业事务中向学生赋权的典型。美国高校在激烈的市场竞争中为了充分吸引学生，满足学生的特别学术兴趣，促进学生个性发展，培养创新人才和适应市场需要的人才，不但由学校公布了大量的专业供学生选择，还允许有特别需要的学生自己提出个人的学习计划和课程组合，发展个性化的专业和学习方向，这就是个人专业（Individual Major，IM）。个人专业不仅是一个专业种类，而且还代表着一种新的学科专业设置管理体制，更是学生获得学科专业设置权的代表。本书下面就对这一专业进行详细具体的介绍。

从"个人专业"看大学生的学科专业设置权

一、美国高校的"个人专业"

（一）美国高校的专业设置

美国是一个高度分权的国家。在高等教育中，来自于欧洲的大学自治、学术自由的理念根深蒂固。专业设置作为高校一项重要的学术工作，长期以来一直被认为是高校自己的事务，高校在自己的专业设置上具有充分的自主权。[①] 这样，不但美国没有中央统一、强制全国高校都要执行的学科专业目录，从而形成了各个高校在专业设置上的个性和特色，而且这一体制也为高等学校创新专业设置、满足市场多元需要、促进人才的个性化、多元化培养提供了空间。

在美国，存在一个类似于我国专业目录的指导性课程计划分类标准，简写为 CIP，它是由美国国家教育统计中心研究开发并由联邦教育部颁布，广泛应用于教育部的各部门和其他政府机构，并被高等院校所接受，在收集、报道、整理有关学科专业目录资料，指导教育规划、资源配置以及教育整体布局等方面发挥作用。[②] 但是美国的这一"专业目录"却没有我国专业目录所具有的权威性和对

---

① 乔玉全：《21 世纪美国高等教育》，高等教育出版社 2000 年版，第 1—55 页。

② 刘念才等：《美国学科专业设置与借鉴》，《世界教育信息》2003 年第 1—2 期。

高校的控制力。CIP 不是规范性文件，而是国家信息服务的一种方式。CIP 特别强调自己所使用的代码和名称是"标准的统计工具"，反映的是当前的实际情况，而不是官方承认或许可的学科专业的目录；名称和代码的增加、删减与移动，反映的则是自上次分类标准修订后学科专业设置上的实际变化。① 在美国，高校也并没有严格遵守"专业目录"，而只是在其指导下，自己确定专业设置的名称和方向，同一学科领域内各学校专业设置不同，同时也存在大量的五花八门的跨学科专业。

在这样一个宽松的专业设置环境下，美国高等学校在激烈的市场竞争中为了充分吸引学生，满足学生的特别学术兴趣，促进学生个性发展，培养创新人才和适应市场需要的人才，不但由学校公布了大量的专业供学生选择，还允许有特别需要的学生自己提出个人的学习计划和课程组合，发展个性化的专业和学习方向，这就是个人专业（Individual Major）。个人专业不仅是一个专业种类，而且还代表着一种专业设置和管理的不同体制，更是一种关于"专业"本质的不同理念和认识。认识个人专业对于我们认识和改革我国自20 世纪 50 年代以来的学科专业制度具有重要的意义。

（二）个人专业的发展过程

在美国各所高校关于个人专业的介绍中，个人专业一般被定义为高校为满足和实现学生的特定兴趣和学习目标，允许学生在学校已经公布的专业之外发起、提出、设计的新专业。这一专业为那些不能在学校已设置专业中满足其学术兴趣、实现其发展目标的学生提供了一个学习发展的个性化选择。在美国，大多数高校的本科教育中都提供了学生发展个人专业的机会。个人专业是美国高等教育中学科专业制度的一个重要组成部分。

对于一位学生而言，确定专业是人一生中最重要的选择之一，也是人生重要的十字路口之一。对于高校而言，批准一个个人专业也是一项非常严肃、需要仔细思考、反复研讨的学术事务，既要保证学生兴趣的满足，又必须保证课程结构的科学性，还要满足学校

---

① 鲍嵘：《美国学科专业分类系统的特点及其启示》，《比较教育研究》2004 年第 4 期。

教育的统一要求。因此一个个人专业的提出和实施不是一个简单的、轻率的选择，而是要经由复杂的程序、涉及多种机构和人员的审慎行动。尽管不同个人专业的情况因学科性质和学校校情略有不同，但个人专业的发展过程在总体上还是基本一致。一般来说，这一过程要包括确定兴趣、发展设计个人专业、提出申请、审核与批准、执行与修改等诸多环节。下面以加州大学戴维斯分校文理学院（the College of Letters & Science, University of California, Davis）的个人专业为例，简要介绍一下美国高校中个人专业的发展过程、步骤：①

1. 明确兴趣和目标

个人专业是服务于学生的个性化兴趣、需求和发展目标的，因此确定专业的前提和基础就是要明确学生的个性兴趣和人生目标。一般来说，各高校不鼓励学生轻易地申请个人专业，因为一个个人专业的提出在一定意义上是一种学术冒险行动。如果学生无法完成其个人专业的所有课程，或是课程结构最后证明是不合理的，那这对于学生个人和学校本身都是极大的资源浪费。所以各高校在学生申请个人专业之前都希望学生谨慎明确地确认自己的兴趣和目标，并要求学生尽量在学校已设专业和已批准的其他个人专业中选择适合自己的专业。

美国本科教育普遍实行通识教育，因此专业确定比较晚，大部分学生在第二学年结束之前才确定专业。在加州大学戴维斯分校，当学生需要确定专业时，学校要求学生仔细阅读校方设置专业的简介并尽量在其中选择自己的专业。如果学生不能在这些专业中发现自己感兴趣的专业，他们可以把那些培养目标及学术领域令其感兴趣的专业记录下来，即使这些专业还不能完全符合他的兴趣，并且最大限度地在这些专业的课程设置中寻找最接近他兴趣的课程。然后，学校建议学生可以请教那些看起来与他自己有同样学术兴趣的教师，这些老师经常是他感兴趣的课程的授课教师，学生还可以在

---

① The Individual Major In the College fo Letteres & Science: Student Book & Proposal Forms. http://www. ls. ucdavis. edu/students/majorminorlist. aspx 2013 - 12 - 29.

咨询处（Advising Service）与专业前顾问教师（Pre – Professional Adviser）或职业生涯顾问（Career Adviser）谈谈，探讨他们自己的学术兴趣与专业或生涯目标的关系。

学校还要求学生仔细考察一下过去已经得到批准的个人专业，确定是否存在能满足他们特定需要和兴趣的个人专业，或是能够对他们提出新专业有参考价值的个人专业。这种考察还可以扩展到其他学院或大学，以确定是否存在与学生兴趣相似的专业，然后在本校寻找最类似的专业或课程计划。

2. 发展个人专业计划

当学生决定要发展其个人专业时，他需要初步确定专业课程和专业名称。在学校开设的课程中，学生可以将那些打算包含在自己学习计划中的课程列出清单，并且根据课程名称或学术领域进行分组，初步形成一个结构性的课程计划，并尝试性地确定一个专业名称。这个专业名称要求能大致反映所选择课程的内容，并且能精要地概括课程计划的中心主题。学生必须就其组合的课程计划的主题和他们自己的教育目标形成一个书面的说明，其中要特别说明他们所形成的课程计划如何能够实现他们的发展目标。

然后，学生可以从开设了他们选择的课程的院系中选择两名教师作为他们的顾问，并把已初步确定的课程计划和书面说明提交给顾问教师，请求后者为个人专业的发展和实现提供帮助。一般来说，学生应该选择其课程计划中最核心课程的授课教师作为他们个人专业的顾问，并且指定其中来自于文理学院的教师作为首席顾问，另外一位作为第二顾问。顾问教师都必须是学术委员会的成员（Academic Senate）。学生要与顾问教师进行商讨，以确定他们所选择的课程是否合适于他们的兴趣，课程计划中是否还有课程需要增删修改，顾问教师是否认同这种课程计划，课程是否能最大限度地实现他们的目标，是否有必要加入学位论文、独立学习课程和实习等等。

在完成上述步骤后，学生可以约见文理学院院长办公室的一位顾问，这位顾问将会对学生们的课程计划进行一般技术性修改，如有必要，也可能指引他们向另外教师咨询。

3. 提出申请

当课程计划得到了顾问教师们的批准后，学生就开始填写个人专业申请表格。在向学院提交其申请时，申请表格还必须得到学生个人专业顾问教师的签名和同意支持。学生在提交申请的同时还要提交一份个人陈述（Personal Statement）和顾问教师填写的个人专业评价表。个人陈述主要是介绍申请者的教育目的、个人的或专业的目标以及所选课程之间的统一性和整体性。在陈述中，学生还要对课程计划中的任何可能与个人专业看起来不大相容的课程进行申辩。如果已经存在与他们所申请的个人专业相似的专业，那他们还要在陈述中解释为什么他们的目标不能在已经存在的专业中得到实现。而个人专业评价表则主要是顾问教师对该个人专业的新颖性、对学生的合适性、内容的科学性等方面的一个评价。

如果学生提交的个人课程计划中包含了那些注册学生数过多或者有专业限制的课程，学生还应该与相关院系咨询，以确保他们能够选修到那些课程。

4. 审核与批准

在加州大学戴维斯分校的文理学院，院方专门设置了一个个人专业教师委员会（The Faculty Committee for Individual Majors），对学生所提交的个人专业申请最后作出是否批准的决定。该委员会由 5 名教师代表和一名学生代表组成。在 5 名教师成员中，至少有一名教师必须分别来自于人文学科、社会科学、心理科学和生物科学。学院的一名助理院长列席委员会，但没有投票权。委员会实现一票否决制，只有在全体成员意见一致时，委员会是否批准个人专业申请的决定才能有效。如果意见不一致，个人专业申请将会被提交到学院的执行委员会进行最后处置。在某些情况下，如果学生同意修改某些个别指定内容，教师委员会会批准个人专业申请，有时该委员会也可能要求进行较大修改，并且建议推迟申请。

个人专业教师委员会关于个人专业的评价标准主要有：申请的个人专业是否能代表一个已确认的学科或学习领域；申请者的兴趣和目标是否能够在已经存在的专业中得到满足；学习计划是否具有严肃的学术性，是否与其他专业在学术性标准上相一致；课程计划是否具有内在一致性，课程之间是否是互补相关并且形成一个统一中心；是否包含了合适的理论和方法课程等等；学习计划看起来是否领域分得太散或太窄、太专业化；个人的陈述和课程选择是否相关；个人申请的课程计划是否适合于实现其目标，或者是否有其他的专业更合适这一目标；专业名称相对于课程计划是否合适，是否与学院里设置的其他专业相一致；课程计划在技术上是否正确，譬如学分要求或学分限制等等。

5. 执行与修改

得到批准的个人专业被看作是一个经过精心建构的、平衡的课程整体。当学生接受了批准过的个人专业，就意味着学生必须全心致力于完成这些专业课程并实现其专业目标，因此，除非出现了所选课程被取消开设，或者课程开设上存在一些不可避免的矛盾和冲突等之外，一般来说，学校不鼓励学生在其个人专业得到批准之后再进行任何改变和修改。在上述那些情况下，学生必须向文理学院院长办公室提交修改个人专业的申请和顾问教师的书面证明或支持，并详细解释修改原因。一般来说，选择替换课程，而不是删除课程，更容易得到批准。

（三）美国高校个人专业的发展背景与特点

美国高等教育中的个人专业并不是个别高校的特例，而是在美国高等教育中大量普遍地存在。在大部分高校中，它们被称为个人专业，在其他一些高校则被称为独立学习计划（Independent Studies Program）或未明确专业（Undeclared Major）。个人专业的普遍出现，具有深刻的理论、思想基础和实践的、时代的背景。

现代教育理论和现代大学理念的发展是个人专业出现的理论基础。20世纪初，以杜威为首的实用主义教育哲学以其强调学生在教育过程中的中心地位和权利，成为教育理论中"学生中心论"发展的最高阶段，在赫尔巴特的传统教育理论基础上开创了现代教育理论。这种新的教育理论是建立在美国长期以来根深蒂固的个人主义和学生中心的教育哲学基础上，成为个人专业在美国高校中普遍存在的思想背景。另外，在高等教育史上，以柏林大学为代表的德国大学代表着现代大学、现代大学理念和制度的肇始。美国高等教育深受德国大学的影响，德国大学中的教学自由理念和制度也从19世纪后期开始被移植到北美洲，并与美国本土的实用主义结合，以新的形式在美国高等教育中得到延续。如1869年，美国哈佛大学校长艾略特在哈佛推行本科生选课制，1872年哈佛又开始实施学分制，并很快带动美国其他高校实行选课制学分制。个人专业作为"学的自由"的重要表现，体现了现代大学教学自由的理念和精神。

高等教育大众化是个人专业发展的深厚现实背景。美国高等教育的大众化实际上开始于20世纪40年代，二战后得到快速推进，并在20世纪50—70年代经历了一个发展的"黄金期"。高等教育大众化在三个方面为美国高校个人专业的发展提供了土壤：第一，由于在大众化时期高等教育规模的急剧扩大，学生群体相对于精英高等教育时期在素质基础、兴趣爱好、人生理想、就业目标和教育需求等多方面出现多元化取向，这种多元化的取向是校方无法完全预测、满足的，从而要求高校为学生提供进行个人专业设计的机会；第二，高等教育的大众化其实也促进了高等教育市场的竞争，不同高校为了包括生源在内的各种教育资源展开激烈的角逐。特别是在20世纪70、80年代，由于经济危机的影响和政府拨款的锐减，高校之间的竞争更加激烈。为了获得优质的生源或是足够的生源，培养优秀人才，各个高校都需要努力贴近学生的需要，为学生提供个性化的课程、专业，以在竞争中赢得优势；第三，在高等教育大众化时期，高等教育的消费主义思想越来越把学生看作是"上帝"，这也为作为"消费者"的学生有权决定自己的学习、要求获得更好的服务提供了理由。

科学、经济发展的新态势是个人专业发展的广阔时代背景。二战以来，现代科学经历了一个飞跃，由小科学进入大科学时代，科学知识爆炸、更新速度加快，科学发展高度分化又高度综合。20世纪80年代以来，这种科学发展趋势在高等教育中产生了越来越重要的影响，建立在整体知识观基础之上的大学课程思想在美国高等教育逐渐占据主导地位。① 在这种情况下，传统的学科逻辑下的专业设置已经不能满足科学和技术发展的需要，大量的跨学科知识、技术和岗位要求跨学科专业、课程的开设和跨学科人才的培养。同时由于科技发展，使得社会人才需求的种类更加多样，对于跨学科人才产生了大量的需求。

正是在上述背景下，个人专业在美国高等教育中得到快速发展。总的来看，美国的个人专业具有如下特点。

1. 个人专业是学生发动、设计、以兴趣和发展目标为导向的专业。个人专业是由学生自己提出、根据自己的兴趣和目标进行设计的课程计划或学习进程。在这一过程中，学生是提出、发展和完成专业的主动者，不但兴趣、教育目的、发展目标是由学生确定并清楚表达，而且专业名称的确定、专业的申请都是由学生完成；不仅课程都是由学生挑选、设计的，而且即使是顾问和委员会的任何决定都必须得到学生的同意。所以说，个人专业是学生自己的专业。

2. 个人专业是个性化的专业和学习进程。几乎所有允许个人专业的高校在介绍时都指出，个人专业是为具有特别兴趣和目标的学生提供探索特定领域的机会，是在学校已经设置的专业之外、由学生创新提出的专业。没有具有相同课程设置、培养目标的个人专业，每一个个人专业都具有专业新颖性。这种新颖性不仅是指学生学习的课程之间的个性化差异，而且还是指要在学习的核心领域上、发展目标、知识能力结构等方面形成一个相对独特的整体性，与已经公布的正常专业和已批准的其他个人专业有较大差别。

3. 个人专业是跨学科、跨系的专业。一般来说，个人专业是围绕学科交叉、行业交叉的领域形成的，因此其课程就来自于不同的学科，授课教师也就来自不同的院系。威斯康辛大学麦迪逊分校的个人专业就明确规定个人专业的课程必须由二个以上的系开设。② 在加州大学戴维斯分校的文理学院和农业与环境科学学院里，其已

---

① 郭德红：《美国大学课程思想的历史演进》，中央编译出版社 2007 年版，第 170 页。

② Individual Major Information. http：//www. lssaa. wisc. edu/70bascom/pubs/Individual_ Major_ Application_ Information_ （spring_ 2009）. pdf, 2008 - 12 - 29.

经批准的个人专业有非洲文化、政治与发展（African Culture，Politics，and Development）、基因保健（Genetic Health Care）、工程管理（Engineering Management）、体育经济学（Sport Economics）、媒体时尚（Fashion in the Media）、农业植物种类学（Agriculture Ethnobotany）、酒业酿造与营销（Winemaking and Marketing）、农业教育学（Agriculture Education）、文化城市设计（Culture Urban Design）、动物科学与政策（Animal Science and Policy）、国际酒业商务（International Wine Business）等等。很显然，这些专业很难被划归传统的单一学科之内，它们大多聚焦于两门或两门以上学科的交叉地带，涉及二个以上的行业。①

4. 个人专业的提出和批准是严肃的学术事务。专业的设置是学生知识、能力结构的设计，是对学生学习进程的计划安排，对于人才培养和教育质量具有重要的意义。尽管个人专业是为了满足学生的个性需要，但是个人专业的管理却是非常严肃的。学生提出的个人专业并不都能得到学校批准，个人专业的发展和形成要经过严格的程序。个人专业不是学生单凭兴趣爱好提出的，它还需要顾问教师的帮助并且得到他们的支持同意，最后还必须经过教师委员会以及学院委员会等不同学术单位的严格审查。而且在个人专业的实施过程中，任何对课程设置的修改都必须得到顾问教师和委员会的批准才能生效，有的高校甚至还规定了当修改达到三次之多时，个人专业就需要重新提交和审核。

5. 个人专业不是课程的自由松散组合，而是一个经过科学架构、有逻辑、有结构的课程整体。首先，所有高校的个人专业都要求学生必须围绕一个中心领域（Concentration）或集约焦点（Focus）组织课程、发展专业；其次对于个人专业的课程还有结构上的明确规定，不同水平层次、不同院系开设的课程要分别达到一定数量。如加州大学戴维斯分校文理学院的个人专业要求课程分为数量不等的初级预备性课程（Preparatory Subject Matter）和45—54个单位学分的高级深度课程（Depth Subject Matter），其中后者中必须

---

① http：//caes. ucdavis. edu/StudInfo/Advising/individual – major 2014 – 1 – 19.

有不少于 30 个单位学分是在文理学院内部取得等等。又如威斯康辛大学麦迪逊分校文理学院对个人专业要求修满 36—40 个学分的课程，其中在一个系里修满的课程不能超过 24 学分，20 个学分的课程必须是中级或高级水平等等。在威尔斯利女子学院，其个人专业要求必须是围绕着一个特殊的中心领域构建，完成个人专业的学习必须能够利于学生在其兴趣领域内知识、技能的积累性发展，其课程必须包括高级水平的理论课和方法课等。①

二、从"个人专业"看大学生的学科专业设置权

美国高校的"个人专业"是与美国高等教育整个体制相适应的，当然不能完全照搬地引入我国，但是它对我国今天的学科专业设置管理改革具有重要的启示：学科专业设置是相关利益主体协调、权力共享的产物。

学科专业设置不可避免地要涉及三个利益主体：学生、高校和政府。首先，学生与学科专业联系最为紧密。任何学科专业都是学生的学科专业，都是提供给、服务于学生的。任何学生都是特定学科专业的学生，学生是根据学科专业、在学科专业中学习的。专业人才培养是否合理首先就是要看学科专业是否贴近学生的需要和促进学生的发展。因此，在学科专业的确定中，学生应该具有重要的地位。其次，学科专业也是高校的学科专业。专业人才的培养质量关系到高校的办学声誉。学科专业作为高深知识和专业能力的有机组合，其设置确定是一项复杂的学术工作，必须要求高校和教师发挥其智力优势和学术水平才能得以保证其合理。最后，专业人才的培养是为了满足社会人才需求，专业人才的培养与社会发展、国家富强和民族兴旺息息相关，特别是在今天国际竞争日益激烈的时代，国家之间的竞争已经日益体现在教育和人才培养的竞争上，专业人才培养已经承担了更多的与社会、国家、民族和未来紧密相关的责任。同时今天的专业人才培养也需要国家和社会进行大量资源投入，因此，政府在学科专业的设置中也应具有重要的话语权。由

① Guidelines for Designing an Individual Major http：//www. wellesley. edu/ClassDeans/Forms/individualmajor. htm，2014 - 1 - 9.

此可见，学科专业的设置确定需要学生、高校和政府三个主体的协调，学科专业设置管理的权力也必然要求三个主体的共享。

但是我国在长期的计划经济体制下，在社会本位的人才培养理念的指导下，学科专业设置的权力集中于政府，而且是中央政府。不但政府制定学科专业目录，而且各个高校在这一目录框架范围内自由设置本校学科专业的空间都非常小。在这一过程中，不但作为学科专业设置直接服务的对象——学生被排除在外，而且学科专业设置的学术主体、专业教学和人才培养的机构——高校和教师也被排除在外。政府几乎垄断了学科专业事务的全部权力，以统一性代替多样性、以计划取代市场、以行政逻辑取代学术理性、以社会利益替代个人利益，传统的学科专业制度到今天暴露太多的问题，如学科专业设置死板、高校人才培养缺乏特色、人才培养缺乏创新能力、科技发展乏力、与市场需求相脱节、就业困难等等。

在美国，高等教育专业设置与调控的权力是由多个主体共同协调行使，[①] 其个人专业则又特别典型地反映了在专业确定问题上政府、高校和学生之间的协调和权力共享。专业由学生根据兴趣、发展需要和目标来发起和申请，由代表学术权威的教师和委员会来提供建议和进行审核，保证了专业的科学性。在这个过程中，政府的作用虽然表面上难以看出，但是通过行业性的专业认证评估、院校评估以及法律、财政等杠杆调控可以得到体现。个人专业告诉我们，我国自20世纪50年代建立起来的学科专业制度到今天需要变革，我们需要赋予学生和高校更多的专业和课程权力，政府要从专业事务垄断者的角色中退出来，其作用不再表现为提供权威的专业目录清单了，而是要制定严格的专业设置和评估的标准，督促高校和学生合理、科学设置、确定专业。

四　市场经济体制改革对学科专业组织制度产生重要影响

建立社会主义市场经济体制，对高校内部学术组织的管理与设计也产生了重要的影响。在市场经济体制下，拥有独立法人地位的高校在高

---

① 　阳荣威：《高等学校专业设置与调控研究》，博士学位论文，华东师范大学，2006 年。

等教育的市场竞争中自我约束、自我发展，虽然高等教育发展和高校竞争的目标不是经济利润，但是高校也像"自主经营、自负盈亏"企业一样，它们也需要树立起"经营"的意识，追求资源利用的效率和经济效益。在这种情况下，高校为了在资源有限的情况下，实现更多更好的高等教育产出，它们需要在两个方面对内部学科专业组织的设置和管理上进行调整：一方面，高校资源紧张、成本意识的增加要求教学管理的集约化，这就要求高校重构内部学术组织，打破学术组织之间壁垒，促进资源的共享。另一方面，适应市场竞争的需要，高校内部的各个学科、学院需要敏锐地接受市场"信号"，及时地应对市场变化。这就要求高校、特别是规模巨大的高校不断地下放管理权力，下移管理重心，积极扩大基层学术组织的办学自主权。

因为在很多情况下，市场经济体制和高等教育大众化对高等教育的影响是紧密联系的。同时，在我国，这两种影响也几乎是叠加同时进行。所以本章在此不做深入探讨，读者可以参考第七章第四节。

第六章

从科学转型看就业导向的学科专业制度改革

有什么样的科学，就有什么样的学科和专业。建立在学科分类基础上的学科专业制度从某种意义上来说是科学制度的组成部分，在根本上也是与科学形态紧密联系在一起的。科学转型对学科专业制度产生重大的影响，要求学科专业制度进行相应的变革。

当前，促进高校人才培养分化、解决大学生就业难问题需要改革学科专业制度。构建就业导向的学科专业制度，需要我们充分考察科学转型后的科学形态，从科学的"新常态"中寻求改革的方向。

第一节　现代科学的转型

从文艺复兴伊始的三四百年时间里，现代科学在取得突飞猛进发展的同时，在科学哲学层面上日益成熟并形成了一致稳定的本质特征，即本体论上的机械主义、在认识论上的理性主义和在方法论上的实证主义，这就是本书所指的现代科学型。

但是近一百多年来，从物理学、生物学、化学等自然科学涌现出来的新发现不断蚕食着现代科学型的根基，使得这座貌似稳固坚实的"大厦"摇摇欲坠。这些新的理论、新的发现不断揭示了世界非线性的（而不是线性的）、整体的（而不是机械组分的）、关系的（而不是实体的）、过程（而不是静态、确定的）的本真面，这与现代科学型的思想产生了不可调和的矛盾。"对人类而言，引导人类认知图像的观点发生变化和革新不是什么新鲜事：历史见证了过去几千年里发生的多次改变。今天，另一次转变成了必要，正在诞生一种超越20世纪的主导图像的新认知图像"。① 很显然，就像人类历史上多次出现的认识转型一样，现代科学正在进行着或已经进行了一次新的转型，科学转型带来了现代科学本体论、认识论和方法论的重大转变。② 下面，本书从本体论、认识论和方法论等三个层面来简单分析新的科学型。

一　有机整体、复杂、进化的本体论

近一百多年来，现代科学型坚持的机械主义本体论在各种新思想、理论的冲击下已经破产，一种新的世界观正在取代它的地位。这些冲击主要包括渊源于物理学、生物学、化学等自然学科的一般系统论、复杂性科学、进化论等。新的世界观是有机整体的（不是类似机械装置的）、复杂的（不是简单的、分割的、还原的）、进化的（不是决定论的）。

一般系统论产生于 20 世纪 20 年代，③ 其主要思想包括整体性、有机性（系统的要素之间以及系统与环境之间保持着有机联系）、动态性（系统的有机联系不是静态的，而是动态的）、有序性（静态上系统是按照等级组织起来的有机整体，动态上系统表现出渐进分层的方向性），④ 其提出的"整体"、"组织"、"有机联系"等概念与过去的分割、还原是针锋相对的，对于批判机械主义本体论思想具有重要的理论意义。

复杂性科学主要是指以 20 世纪 60、70 年代在自然科学一系列新成就基础上形成的自组织理论，其中包括耗散结构论、协同论、突变论、

---

① ［美］欧文·拉兹洛：《第三个一千年：挑战和前景》，王宏昌等译，社会科学文献出版社 2001 年版，第 109 页。

② 对于新的"型"的表述不一致。如果采用"范式"来称呼，则主要有三种："系统范式"、"复杂范式"或"进化范式"。这三种表达方式其实质内容都差不多，只是其侧重点不同而已。参见［法］埃得加·莫兰《复杂思想：自觉的科学》，陈一壮译，北京大学出版社 2001 年版；［法］埃得加·莫兰《方法：思想观念》，秦海鹰译，北京大学出版社 2002 年版；［法］埃得加·莫兰《方法：天然之天性》，吴泓缈等译，北京大学出版社 2002 年版；［美］E. 拉兹洛《进化》，闵家胤译，社会科学文献出版社 1988 年版；［美］E. 拉兹洛《第三个一千年：挑战和前景》，王宏昌等译，社会科学文献出版社 2001 年版。

③ 关于一般系统论的产生时间和奠基人过去一般认为是贝塔朗菲于 20 世纪 40 年代的"一般系统论"，但是现代国际上倾向于俄罗斯学者波格丹诺夫 20 世纪 20 年代"组织形态学"。参见颜泽贤等《系统科学导论》，人民出版社 2006 年版，第 34—35 页。

④ 颜泽贤：《系统科学导论》，人民出版社 2006 年版，第 36 页。

超循环论和分形学等理论。它将系统与非线性、自组织问题联系起来，使系统科学的图景更加精细、深刻、真实，使得人们的思维方式开始从线性思维转向非线性思维、从还原思维转向整体思维、从实体思维转向关系思维、从静态思维转向过程思维等——概言之，从简单性思维转向复杂性思维。① 如果说一般系统论主要是从静态上说明世界的有机统一性，那么复杂性科学则主要是从动态的自组织上说明世界的整体性、复杂性等特征，它在一般系统论的基础上进一步揭示了世界在本体上的整体性、非线性、关系性和过程性，可以说复杂性科学其实是系统科学发展的一个新的阶段。

　　起源于生物学的进化论是对现代科学机械决定论的一种反动。达尔文在对生物圈的变化的研究中对这一决定论思想进行了致命的一击。他通过大量的事实材料证明了地球上复杂的生物圈是通过生物的进化逐渐发展形成的，而进化是生物在与其环境的随机相互作用中，其遗传系统通过代传（遗传）过程发生的一系列不可逆的随机变异。达尔文否认了"万物皆由神创、变化都是上帝的旨意"的神创论思想，同时也否认了"只要给定起点、便可预测结果未来"的机械主义决定论思想，它提出了进化、环境、选择、适应、不可逆、偶然性等具有革命性的新思维，颠覆了传统的世界观。生物进化的思想引发了人们关于宇宙、人类、社会"如何而来、走向何方"的思考，人们相信进化并不局限于生物物种：宇宙中的其他事物，即使不像生物物种那样产生出来，但只要它们是在时间过程中形成的，那它们就必然也经历了一个进化的过程，这就是一般进化论。一般进化论将进化的思想从自然界推进人类社会，展现了进化的连续图景。

　　实际上，无论是进化论思想，还是一般系统论，抑或是复杂性科学，这三者都可以看作是系统科学的发展。系统科学的发展改变现代科学的世界观和本体论，带来了科学思维方式的变革：从孤立地研究对象转向在相互联系中研究；从用静止的观点观察事物（存在的科学）转向用动态的观点观察事物（演化的科学）；从强调用分析的、还原的方法处理问题转向强调整体地处理问题；从研究外力作用下的运动转向研

① 彭新武：《复杂性思维与社会发展》，人民大学出版社 2003 年版，第 16 页。

究事物由于内在非线性作用导致的自组织运动；从实体中心论转向关系中心论；从排除目的性、秩序性、组织性、能动性等概念转向重新接纳这些概念；从偏爱平衡态、可逆过程和线性特性转向重点研究非平衡态、不可逆过程和非线性特性，等等。① 总之，伴随着系统科学的发展，现代科学的机械主义的本体论世界观日益走向死亡，一个新的系统的、复杂性的、进化的世界逐渐得到确立！

二　有限理性认识论

现代科学型的理性主义认识论其实可以解释为两个方面：全面理性和理性至上。前者是指理性对于认识客观世界而言是无所不能的（万能的）、无所不包的（全面的），人凭借理性最终能全面认识这个世界。正是因为理性的全面和万能，所以科学就要依靠理性来努力获得理性知识，在科学研究中就要排除理性以外的其他一切人为因素（如非理性）的参与，科学知识就是依靠人的理性对客观世界进行认识的结果，必然是客观的、普遍的和价值中立的。这就是理性至上的含义。很显然，全面理性和理性至上是与传统简单的世界观紧密相连的。

但是近一百年来，随着机械主义世界观的逐渐破产和对认识、知识等问题研究的逐渐深入，理性主义认识论从很多方面受到了攻击，一种新的认识论——有限理性认识论，逐渐成为新的科学认识论。与理性主义认识论相对应，有限理性认识论也同样具有两个含义：一是理性不是全面万能的，而是有限；二是知识不完全是理性的，现代科学的理性是不"纯洁"的。

（一）理性不是全面万能的，而是有限的

其理由建立在两个方面之上：一是人的理性的局限性，二是世界的复杂性。

关于人的理性的有限性，经济学家阿罗、诺思和管理学家西蒙的研究是最具有"火力"的。阿罗提出了"有限理性"的概念，他认为有限理性就是人的行为是有意识地理性的，但这种理性又是有限的。诺思认为人的有限理性表现在两个方面，一是环境是复杂的，在非个人交换

---

① 苗东升：《系统科学精要》，中国人民大学出版社1998年版，第20—21页。

形式中，人们面临的是一个复杂的、不确定的世界，而且交易越多，不确定性就越大，信息也就越不完全；二是人对环境的计算能力和认识能力是有限的，人不可能无所不知。[①] 西蒙在关于决策的研究中确认人的有限理性，其理由建立在"环境的复杂性、不确定性"、"信息的不完全性"和"主体的计算能力的有限和偏好的不稳定"三个因素之上，这三个因素与完全理性的经济人假设是完全相悖的。[②] 因此，完全理性的假设没有考虑人的心理过程和外界限制性因素，在实际上是行不通的。他认为人类行为的理性是在"给定"环境限度内的理性，有限理性是人的心理机制和外界限制因素决定的。西蒙对完全理性的批评使传统经济学理论和管理学理论失去了存在的基础。

在另一方面，世界观、科学本体论的转变揭示了世界的复杂性、不确定性。因为世界的整体性、复杂性和进化，使得过去那种建立在绝对规律基础上的精确控制和预测变得困难，特别是在人和社会的领域，因为复杂性、不确定性的程度更高，这种控制预测似乎变得不可能了。显然，在这种世界面前，再要坚持人的完全、万能的理性似乎是荒唐的，因为这种世界已经在很大程度上超出了人的理性推理、计算能力。

（二）知识不完全是理性的，现代科学的理性是不"纯洁"的

知识社会学就是研究知识与社会之间相互影响的关系，其中着重于社会因素对知识内容和性质的影响。很显然，研究知识的社会性质就是承认了知识的社会性、价值相关性，否认了知识所谓的纯"客观性"。但是知识社会学对现代理性认识论的批判并不是彻底的。它在自然知识和文化知识之间作出了划分，认为自然世界的知识还必须是依靠超然观察、经验事实和精确测量来获得，也就是说自然科学仍然必须依靠建立在价值中立的绝对理性之上。从而把自然科学知识排除在对知识的社会分析之外。真正促进"认识论的社会学转向"还是以爱丁堡学派为旗帜的科学知识社会学的兴起。这一学科"拒斥了传统哲学的合理性、客观性、真理性以及其他诸如此类的概念，以解构在知识和科学社会中的'标准'科学知识观"，将对知识的社会分析推进到包括科学知识在内

---

① 卢现祥：《西方新制度经济学》，中国发展出版社 1996 年版，第 10—11 页。

② ［美］赫伯特·西蒙：《现代决策理论的基石》，杨砾译，北京经济学院出版社 1989 年版，第 35—156 页。

的所有知识范围之内，在认识论的高度上对过去的理性主义认识论进行了修正。

知识社会学、科学知识社会学等并不是陡然出现的，而是在长时间对传统理性哲学、科学哲学的反思过程中逐渐形成，它们的出现与后实证主义科学哲学、与精神科学和解释学认识论、与库恩的范式哲学等紧密地联系在一起。这里，以库恩为代表的历史主义科学哲学认为，科学进步的实现不是通过驳斥"错误"理论和积累"真实"事实，而是通过范式替代科学革命。这个"真实"的进步过程，在库恩看来，肯定不是一个纯粹理性和合乎逻辑的过程，反而更像是宗教中的皈依或改宗，或心理现象中的"格式塔转换"。[1]

实际上，近一百多年来，在科学哲学关于理性和知识问题的认识上，有一个很明显的从理性到非理性、从绝对主义到相对主义的发展线索。根据现代科学型认识论思想，科学被认为是纯粹理性的工作，科学知识是对客观现实的逻辑归纳，科学的方法是客观的观察和实验。但是自波普尔开始，这一过去看作是稳如磐石的基点开始受到了攻击。波普尔认为科学理论的发现是非理性的，是非理性的灵感和直觉。库恩在此基础上进一步发展了科学的非理性因素，他不但认为科学理论的发展是非理性的，而且还认为科学理论的检验和竞争也是非理性的，因为科学理论不是认识，而只是一种信念。费耶阿本德甚至更进一步提出科学事业是一种非理性的事业，它没有普遍的规范性方法和规则，世界是一个巨大的未知实体，我们必须对各种选择保持开放，不能预先对自己做出任何限制，从而束缚了自己的手脚。[2]

很显然，知识社会学（特别科学知识社会学）和历史主义科学哲学等的兴起代表着的是一种激进的反传统的认识论倾向，我们必须承认其中的很多观点存在偏颇。但是我们不能否认的是现代科学型的理性主义认识论所坚持的"客观、普遍、价值中立"知识观是存在严重问题的，继续坚持完全理性及建诸其上的认识论缺乏足够的"理性"支持了。正如德国社会理论家沃尔夫·莱比尼斯说，今天的"科学必须不再给人

---

① 赵万里：《科学的社会建构》，天津人民出版社 2002 年版，第 92 页。

② 王荣江：《未来科学知识论》，社会科学文献出版社 2005 年版，第 235 页。

以只有它才代表对实在的忠实反映的印象。毋宁说，科学也是一个文化的系统，它展示给我们的是一副系于特定时空并被特定利益所决定的关于实在的疏远图景"。①

三 互补方法论

现代科学型坚持实证主义的一元方法论，认为只有实证主义方法才是认识世界（包括自然世界和社会、人的世界）的正确方法，只有采用实证主义方法获得的知识才是真正的科学知识。实证主义方法论具有两个鲜明的特点：一是强调唯一、独大的方法论；二是强调经验、证实和数量。很显然，这种方法论与机械主义的本体论和理性主义的认识论是紧密联系的。但是近一百多年来，一元主义实证主义方法论的本体论和认识论基础在多方面受到了"蚕食"，已经在理论和实践上走向了衰败，一种新的互补方法论正在日益成为科学的新方法论。

首先机械主义本体论的转变推动了方法论的转型。一方面，人、社会与自然世界的区分打破了实证主义方法论"一统天下"的局面。"实证主义坚持统一的科学观，认为社会是在自然之中的，社会现象与自然现象之间并没有本质的区别，它们都是一种'物'，故而遵从同样的科学法则。因此也可以仿效自然科学将社会学建成一门类自然科学的实证科学，即用自然科学方法论来研究社会现象"。② 但是 19 世纪下半叶以来，这种统一的世界观开始断裂，对社会和人的认识的深入使人们逐渐认识到两者之间在本质上的区别。来自德国的历史主义和人文主义思潮对实证主义进行了猛烈的批判，提出了"自然需要说明，人则必须理解"的著名论断。这样，世界的二分打破了实证主义方法论一元独大地位，使得科学的一元方法论遭到了沉重的打击。

另一方面，打击更大的还是来自于现代系统科学对传统机械、简单世界观的批判。现代系统科学揭示了世界的整体性、复杂性和进化性。这一世界相对于传统的机械世界而言具有无可比拟的复杂性。系统科学

---

① 转引自［英］C. P. 斯诺《两种文化》，陈克艰等译，上海科学技术出版社 2003 年版，导言第 43 页。

② 文军：《西方社会学理论：经典传统与当代转向》，上海人民出版社 2006 年版，第 61 页。

的世界观并不是全面排斥机械的世界观从而走向对立面，而是包容了后者，两者是相辅相成的。因此，在认识这个复杂的世界时，很显然我们既不能仅依靠还原论或整体论，又不能排斥还原论或整体。我们需要把两者结合起来，才能形成适合于这个世界的方法论。因为"不还原到元素层次，不了解局部的精细结构，我们对复杂系统整体的认识只能是直观的猜测性的笼统的，缺乏科学性。没有整体观点，我们对事物的认识只能是零碎的，只见树木，不见森林，不能从整体上把握事物解决问题。科学的态度是把还原论方法和整体论方法结合起来，形成一种适合复杂科学研究的新的方法论：融合论"。① 这一方法论要求还原方法与整体方法、微观分析与宏观综合、定性判断与定量描述相结合、认识理解与实践行动相结合以及科学推理与哲学思辨相结合等五条原则。

其次，理性主义认识论的转变也促进了一元主义方法论的"垮台"。从全面万能理性走向有限的理性，有限理性的认识论承认了理性的不足，承认了非理性在科学中的存在和价值。特别当现代科学的理性与经验主义结合后，人类理性的多面性最后就窄化为经验理性，这样理性的有限性就更加暴露出来了。经验理性把所有的认识都建立在经验、实证的基础上，排除了其他途径的理性认识的可能，如作为一种人类认识的理性，思辨理性在现代科学兴起之前一直有着重要地位。有限理性的认识论就是要不但认识到理性的有限，更要认识到经验理性的有限，鼓励多种理性共同参与科学的认识过程。很显然，理性的不同就带来了不同的方法论。如在非理性方面，不但非理性因素不可避免地存在于科学的过程和科学知识之中，而且以非理性作为认识方法的非理性方法论还在认识的过程中具有重要的作用，如在对人和社会事物的认识中，研究者不但不去努力摆脱情感、价值等非理性因素，而且有时还需要利用自己的情感和价值等非理性因素去"移情共感"，以达到对对象的认识之目的。在思辨理性方面，很多我们不能通过经验感受到、不同量化、不能证实的对象需要我们通过哲学的思辨、严密理性逻辑的推理去认识。特别是世界观转型后，面对复杂的世界，这种情况似乎普遍存在，思辨的方法论在这个时候往往具有重要的作用。对非理性和思辨理性等

---

① 黄欣荣：《复杂性科学的方法论研究》，重庆大学出版社 2006 年版，第 113 页。

其他理性形式的确认，要求我们在科学的方法论上必须打破实证主义的一元论，承认理性与非理性的互补，经验理性与思辨理性等其他理性形式的互补，树立一种互补的科学方法论观。

显然，正是因为世界的复杂性和人的理性的有限性，科学的方法论必须从一元独大走向多元互补。正因为此，费耶阿本德就极力抨击了科学理论和方法论上的一元主义。在方法论上，他反对一切具有统括性、普遍性、在任何时间适应于一切认识对象的方法论标准、规则，提出了"反对方法"、"什么都行"的无政府主义方法论思想。在这里，我们必须认识到费耶阿本德所反对的并不是每一个具体的方法论规则本身，而是隐藏在这些方法论规则背后的那种"帝国主义"的一元主义思想。相反，费氏不但没有反对任何具体方法，而是以一种"海纳百川"的宽容心态接纳了一切方法。他认为任何一个方法都有其局限和适用的范围，离开了一定的范围，任何方法都有可能失效，每种方法都是局限的，每种方法都有其应用的天地。因此在方法论上，"只有一条原理可以在一切境况和人类发展的一切阶段上加以维护。这条原理就是：怎么都行"。①

第二节　科学转型背景下学科框架的转变

一　学科框架与科学型

学科框架不是指一门具体学科的理论体系框架，而是所有学科共同享有、共同遵循的学科"原型"，不同学科都可以看作是这个原型框架在不同知识领域中的体现。它与具体学科的关系是形式与内容、一般与具体的关系。很显然，学科框架关系到科学的分类、学科的分化，它决定了学科的成立以及学科之间的关系，决定了各门学科内在建制建设的方向、目标，决定了判断学科成立或成熟与否的标准。因为学科的内涵很丰富，所以学科框架同样也包含多个方面的内容，在本书中，我们重点探讨学科框架中的三个基本问题：研究对象、研究

---

① ［美］保罗·费耶阿本德：《反对方法》，周昌忠译，上海译文出版社1992年版，第6页。

方法和知识体系。也就是说作为一门学科，它要求什么样的研究方法，什么样的研究对象和什么样的知识体系；或者说只有当其研究对象、研究方法和知识体系达到了一个什么样的标准，一门学问才能符合学科的标准。

学科是科学的分门别类，学科框架很显然是和科学紧密联系在一起的。学科框架所反映的研究对象观、研究方法观和知识体系观都是和科学的对象、方法和知识体系是一脉相承的。很显然，在这个问题上，有什么样形态的科学，就有什么样的学科框架。科学的本体论直接影响着学科的对象观，科学的方法论和学科的方法观紧密相连，科学的认识论又直接指导着学科的知识体系观。

二　科学转型背景下的学科框架的转变

科学转型带来学科框架的转变，具体简单阐述如下：

（一）学科研究对象：从"客观""独特"走向相对开放

科学转型带来学科框架的变革，一个最明显的转变就是学科研究对象从传统的"客观""独特"走向"相对""系统"。这里有两层意思，因为世界的整体性和系统性：一是学科研究对象的划分不是绝对的，而是相对的。学科研究对象不再是封闭的、独特的。二是学科研究对象作为系统处于内外各种关系之中，这样学科因为对象的关系而处于与其他学科相互开放的联系之中。

1. 学科研究对象的区分是相对的。科学的本体论从机械论走向有机整体论，揭示了世界是一个处于关系之中存在的整体、系统，而不是一个可以随意组合而不丧失其本质的机械。物质的、生物的、人的、社会的、精神的、文化的、历史的等构成了世界这一复杂的系统。全息理论告诉我们，不但这个系统的部分存在于系统的整体之中，而且它的整体也存在于部分之中。作为整体的系统具有组成部分，但是它们若被分离便不再有意义了。世界的这一系统性、整体性决定了关于世界的认识也应该同样是整体的、系统的。

世界因为紧密联系所以不能切割，那么学科也就不能基于对世界进行切割而拥有独特的研究对象了。学科之所以能够进行分设，不是因为世界本身可以分割，而是因为知识劳动需要分工、认识效率需要提高等社会原因。所以，学科的分设并不代表学科对象之间的封闭、独特。

2. 学科研究对象是处于内外关系中的系统。科学转型极大地改变了人类的世界观。今天，世界不仅被看成是紧密联系的整体，而且这个整体还是处在各种复杂关系和进化过程之中的系统。在这里，不但机械切割不可能，而且任何决定论、还原论都不能有效地对其进行认识。科学和认识的一个重要转变就是从实体思维到关系思维的转变。过去的学科研究遵循实体思维，"就事论事"，斩断了对象与其他学科对象、与环境和主体的关系，在一个封闭的范围进行实体的解剖、还原，从最小的基本单位入手，经过线性相加累积最后认识总体。但是今天，新的世界观的关系思维要求把学科的研究对象看作是关系的存在，事物不仅生存于各种关系之中，没有完全自我封闭的对象，不能切断对象与其他事物的关系，而且对象本身也是一种由内部各部分之间关系所维系的整体，对象不能进行任意的机械分割、还原。按照关系思维进行学科认识，就是把对象放在环境中、整体中来认识，尊重事物之间的复杂关系。认识一个事物不仅是从此事物去认识此事物，而且还是从与此事物相关的他事物、环境或整体去认识此事物。这样，学科不但不能阻截与其他学科的联系，而且还要加强这种联系。

因此，科学转型决定了一门学科的研究对象不可能是完全独特的，不可能与其他学科的研究对象绝对封闭独立、界限分明。同时，一门学科不可能将其研究对象局限于世界之一特定部分，封闭地进行学科研究。因为部分处于整体内部的关系之中，必须以关系的思维将对象置于客观的联系之中来认识。在此基础上进一步说，一门学科不可能独占一个世界之部分（客观对象）的研究，同时，一个世界之部分（客观对象）也不可能在一门学科之中得到完全研究。这样带来了两个方面的后果：一是某一门学科既然不能完全透彻地研究客观世界中的某一个部分，那么它也就无权阻拦其他学科涉足该领域的研究；二是既然多个学科都涉入到同一个领域的研究，那么这些学科在面对同一领域的研究时就可以互相地开放借鉴、进行"贸易"。在这里，很显然传统学科框架中的那种学科与世界之部分一一对应的情况被打破，学科"客观""独特"的研究对象观被彻底颠覆了。

（二）学科研究方法：从"唯一""独特"走向多元交叉

学科的研究方法与研究对象有密切的联系。在现代科学型下，当我们坚持学科对象的客观性和独特性时，学科的研究方法就自然是唯一独特的了。但是，在科学转型的今天，机械主义的本体论受到了严重的挑战并促进学科研究对象相互开放。由于事物处于一种关系的存在，对象作为一个复杂的系统远不是一个平面化的、简单的事物，而是一个立体的、多面的、复杂的、丰满的系统。面对这样复杂的有机系统，显然我们不能仅依靠一种方法、采取一个角度就能毕其功，而应该应用多种方法、采取多个角度，进行全方位的认识。任何单一的方法都难以提供舍我无他、一劳永逸的有效的认识途径，只有加强不同方法之间的合作才能实现对对象的有效认识。

可见，学科研究对象观的转变带来了学科研究方法观的根本转变：因为学科研究对象不再是独特的，不同学科对象之间是相互联系的，所以对于同一个客观对象可以穿越多个学科、使用多种方法来认识。这样带来的后果就是同一个对象可以因不同的方法而组建不同的学科，同一种方法可以因研究对象的不同而组建不同的学科。学科、对象与方法三者之间的线性对应关系被打破。与此同时，对传统的科学理性主义的批判，让我们认识到科学研究中理性的局限和残缺，认识到非理性、有限理性在知识中的到处存在。对实证主义方法论的批判，特别是对关于人和社会研究的实证主义方法的批评让我们认识到量化、实验、证实的弊端，认识到人、社会的量和质的双面性。这为学科的多元方法论提供了理论基础。

（三）学科知识体系：从"线形""单向度"走向"球形""多向度"

在新的学科框架下，我们不能再追求"客观"、"独特"的研究对象和"唯一""独特"的研究方法，我们承认学科对象之间的分工，但不承认对象之间绝对的鸿沟；我们承认不同对象有不同的特点，但主张多元方法并存的方法论。在这种情况下，学科知识再也难以维持过去那种线形逻辑、单向度发展、清晰简单的体系，因为对象间的联系和多元的方法论意味着对一个问题的认识要用多向度来代替单向度。在这种情况下，学科知识体系可能是呈球形发展。

首先，球形知识体系首先意味着理论的发展不是直线，不是走单向度发展的方向，而是从各个角度全方位地展开。把对象作为整体系统进行研究，不是完全忽略部分、片段的研究，也不是仅从其中建构单一一种"学科现象"、从某一个单一传统学科出发来研究，而是要坚持系统意识和思维，对对象所展示的意义从不同向度上以不同方法呈辐射性地展开，知识由此围绕中心呈球形展开。

其次，球形知识体系意味着知识的发展不是片段、断续式的，而是连成一体，融为一块，没有学科之间的隔阂与阻碍。要打通学科之间的壁垒，将相互作用和反馈纳入到整体之中，这要依靠多学科、跨学科研究，而跨学科研究不仅仅是两个学科的跨越，而且可能还是多个学科、多个维度的跨越，知识在政治、经济、文化、心理、情感、生物、化学、物理等领域内连续地穿行，在自然、生物、社会、时代、国家等不同时空中连续贯通。跨学科研究填补知识体系中"马赛克"。

最后，球形知识体系意味着知识的发展围绕着一个核心展开，各向度的知识因为集约于一个中心而不至于缺乏组织、杂乱无序，逃逸于四面八方，正是这个中心的牵制和约束保证了知识之间的互相促进和解释，从而形成了完整的知识体系、基本规范和学科立场。同时，球形知识体系意味着知识不是在一个平面中展开，而是呈立体的形状。知识的发展不仅存在理性的科学的层面，它还可以在非理性的其他层面展开，这种知识体系不仅把实证、检验的知识包括在内，还把个人体验的、价值关涉等方面的知识也囊括于其中。

球形知识体系与过去的线形知识体系相比更具有包容性。由于研究对象的相对性和系统性，由于研究方法的多元合作，多种范式、多种流派、多种方法的并存不仅不是学科不成熟的表现，而且恰恰是学科发展成熟、认识丰富全面的标志。球形的知识体系相对于线形知识体系而言更具有开放性，有利于知识的创新。因为线形知识体系坚持范式、方法的唯一，从而在很大程度自我限制了认识的范围和广角，排除了从其他角度、用其他方法认识的一切可能性。正如克兰所说："接受一个范式有使科学家的研究视野变窄的作用，使他把注意力只是集中在范式所提出的问题上，如果真是这样，这就意味着，研究领域一旦产生了它的第一个范式，进一步的变化就完全发生在这个框架之内。只有那些以同样的方式考察一个课题的人，才能交流有关这个课题的思想。"① 球型知识体系容许多种范式、方法的并存，更有利于知识的增长和生产。

第三节　从科学转型看就业导向的学科专业制度改革

一　从学科的"退化"反思学科专业制度

科学的转型带来学科框架的转变，造成了诸多学科的"退化"。学科的"退化"对学科专业制度改革提出了新的要求。

（一）学科的"退化"

1. 传统的学科评判标准

如前所述，学科是观念组织和社会组织的结合体，是内在建制和外在建制的统一体。其中，内在的观念建制指的是学科的认识规范（如对象、方法等方面的规定）和知识体系，外在的社会建制指的是一门学科必须拥有专门独立的社会组织（如学院、学系、研究所等）和更广泛意义上的社会分工、管理、内部交流机制（如进入学科目录和基金目录、学会、期刊、图书分类号等）。过去，评判一门学问是否是"学科"的标准是建立在学科的内涵之上的。学科的两重建制决定了学科的两重评判标准。

（1）内在标准。研究对象、研究方法和知识体系是学科内在观念建制的核心要素。现代科学兴起以来，一般认为，一门学问只有形成了独特的研究对象、独特的研究方法和完整的知识体系才能称为一门学科。② 这一评判学科的内在标准是近几百年来现代科学分化发展过程中逐渐形成的，这些标准不但在传统经典学科分化过程中很好地得到遵守和印证，而且后来还成为指导各门学科进行建设的纲领和指针，也成为评判新创学科成立与否的标准。

（2）外在标准。评判学科的外在标准属于科学社会学的范畴。一门学科外在社会建制的形成过程，是一门学科逐渐成立并得到社会承认

---

① ［美］黛安娜·克兰：《无形学院——知识在科学共同体的扩散》，刘珺珺译，华夏出版社1988年版，第92页。

② 潘懋元：《高等教育研究的比较、困惑与前景》，《高等教育研究》1991年第4期。

的过程。一般来说，学科外在社会建制上的评判标准主要包括如下内容：有专门的学会、独立的研究院所、单设的大学的学院、学系、专门的刊物和出版机构、图书馆中的专设图书序号等。① 在我国，外在标准还要包括进入国家的学科目录。在大科学时代，这一标准还包括进入科研基金申报目录等。这其中，大学教学的发展（专业、系、所、学院的设置）最为重要。②

2. 学科的"退化"

在学科学意义上说，"学科"和"领域"似乎是一对反义词。一门学问如果符合上述学科评判标准，便可以称之为学科，反之则只能作为一个研究领域。评判学科的两重标准非常清晰，照此，学科和领域的边界应当非常清晰，不应有模棱两可的争论了。但是今天，在科学转型和学科框架发生转变的情况下，关于学科和领域的争论却比比皆是，似是而非、模棱两可的矛盾和反例到处存在，不仅新生学科如此，而且经典老学科也同样如此。这里，我们可以从两个相反的现象，看到今天的学科与传统的评判标准相去日远：一方面，被称为学科的越来越像领域，另一方面，被称为领域的又越来越像学科。学科和领域似乎在不断靠拢，学科的"退化"现象似乎越来越严重、普遍，这对于建立在传统学科标准之上、严格按照学科来设置专业的当前学科专业制度产生了重要影响。

（1）学科领域化。

学科领域化是指已经得到公认的成熟学科在不断地"退化"，在某些特点上越来越向领域靠拢。这种"退化"当然不是指学科外在社会建制的消失、崩溃或倒塌，而是指学科在内在观念建制上不断违反关于学科研究对象、方法和知识体系的评判标准，那就是在科学转型的背景下，今天的学科研究对象越来越交叉，学科边界越来越模糊；学科研究方法越来越共享，越来越多样；知识体系越来越庞杂，理论范式越来越多元。

（2）领域学科化。

领域学科化是指按传统标准评判目前还仅仅停留于"领域"水平的

---

① 费孝通：《关于社会学的学科、教材建设问题》，《西北民族研究》2001 年第 2 期。
② 陈振明：《当代西方社会科学发展的整体化趋势：成就、问题与启示》，《学术月刊》1999 年第 11 期。

学问在不断地"进步"，在某些特点上越来越向学科靠拢。这种"进步"当然并不是指其内在观念建制都已经符合学科评判的内在标准，而是指它们在外在建制上不断成熟，逐渐符合学科评判的外在标准。

领域学科化的趋势主要是随着大科学时代的到来而出现的。根据普赖斯的判断，二战以前的科学都属于小科学，从二战时期起，人类就进入大科学时代。相对于小科学而言，大科学的研究特点表现为投资强度大、多学科交叉、需要昂贵且复杂的实验设备、研究目标宏大等。大学科出现的原因很复杂，但大致可以分为两类：一类是科学内部的原因，即二战后科学的高度分化和高度综合使得过去不相关联的学科相互交叉，跨学科、多学科研究逐渐成为很多学科研究的常态，大型研究所需要的知识和视角远非单门学科、单个人员的努力能够完成，而是需要多门学科和大量人员的共同努力，这样就产生了难以归入到现有学科中去的许多"领域"；二是科学外部的原因即社会的需要。二战后，由于社会发展和政治军事的需要，也由于人类对自然的开发产生了一系列重大复杂问题，一些重大复杂问题的研究越来越受到政府和社会的重视，如气候研究、环境研究、地区研究，等等。这些问题的研究需要大量的资金、设备，远非依靠个人或团体的闲情逸致或自筹经费能够解决，而是需要政府和社会的大力资助。基于这两个原因，这些新兴领域和问题的研究为了获得稳定的场所、人员、设备、经费、图书等社会资源，逐渐在高校中建立了专门的研究机构，拥有了专职的科研人员，并且在研究的同时还专门培养从事特定领域研究工作的专门人才。与此同时，为了学术交流的需要，这些领域和问题研究也开始建立专门的社会交流机制，创办专门刊物，组建专门学会，政府和基金会的课题申报目录里也出现了越来越多的交叉学科和"领域"。总之，从二战至今，我们看到了"领域"在不断制度化并且其社会建制越来越成熟的趋势——"领域"越来越类似于"学科"了。甚至更有学者断言："所谓领域，本身就是现代学科的表现形式。"①

学科领域化和领域学科化的现实告诉了我们一个事实：今天的学科

---

① 张应强：《关于高等教育学学科建设基本问题的思考》，http：//www2. hust. edu. cn/jky/pages/xwgg－detail. asp？NewsID＝1327 2012－4－22.

不可能再去固守学科评判的传统标准。成熟的学科可以没有独特对象、独特方法和单向度、线形知识体系，这丝毫也不会削弱其学科地位。同理，没有独特对象、独特方法和单向度、线形知识体系的知识领域也可以按照学科的模式进行社会建制的建设，这也丝毫不会影响其对社会资源的获得。学科的"退化"并不是科学和学科的倒退，而是科学革命和发展的表现，是科学转型后学科的新"常态"。

（二）从"学科退化"反思学科专业制度

1. 重新认识学科

科学转型带来了学科形态的变化，学科的界限越来越模糊，对象互相渗透，方法互相借用，不同学科之间日益融合，科学认识似乎出现了一种反学科、甚至是超学科的趋向。今天，学科与领域的不断靠拢是否说明学科作为人类认识工具的价值正在消失？多学科、跨学科的研究是否说明学科制度越来越没有存在的必要了呢？我们是否可以取消学科、以适应这种知识开放、融合的需要呢？在这个问题上，本书的回答是否定的。我们认为学科作为一种认识工具来说，它仍然具有重要的价值。我们不能废除学科制度、而通过一门总体的科学将世界作为一个整体来进行认识，这样等于又是回到了人类认识起步时懵懂、混沌、模糊的"哲学时代"。实际上，学科制度促进了科学的进步。正是通过学科的分设，实现了认识劳动的社会分工，从而解决了个人认识有限和世界无限的矛盾，大大提高了认识劳动的效率。"为专业化的进程而悲哀是毫无益处的，因为它乃是知识进步的前提条件，而且经常是代表着概念和技巧的深度精致化"。① 以学科为工具的认识是人类认识世界从模糊整体走向综合精细必经的一个漫长阶段。为了认识的深入，我们需要不断地对世界划块分段进行劳动分工，不同分工者进入到自己专门领域获得更加精细具体的认识。只有经过这个阶段，我们才有可能将不同精细的具体片段知识连接起来，最后获得对世界的全面整体精确认识。今天，学科作为认识的工具仍然具有重要的意义。

传统学科评判标准的过时失效不能说明学科作为认识工具的价值已

---

① ［英］C. P. 斯诺:《两种文化》，陈克艰等译，上海科学技术出版社 2003 年版，第49 页。

经丧失。矛盾的根源在于我们对学科的认识和理解，在于我们在科学转型后仍然"刻舟求剑"般地坚守科学转型前的传统学科评判标准。这里，我们既不能放弃作为认识工具的学科，又不能坚持传统的学科评判标准。显然，我们需要在坚持学科作为认识工具的基础上对学科观进行变革、改造，在新的科学环境下重新认识学科。我们认为，今天的学科不再代表着一个封闭的客观领域，一个标志性的独特方法和一个逻辑统一、结构严谨的知识体系。处在大科学时代，学科之为学科，可能是基于其内在相对成形的知识体系和相对统一的认识规范，也可能更是因为出于劳动分工、同行交流、获取支持和社会管理的需要。或许，从某种意义来说，今天的学科不只是认识的工具，更是社会进行知识管理和促进知识发展的工具。一门学问成为学科，不仅是其知识发展的内在要求，更是社会需要其发展的外在要求。也就是说，今天的学科之为学科不再唯一地是建立在理智的基础上，而可能更多的是出于社会的原因——学科更多地反映的是科学的社会性。

2. 从学科的"退化"看学科专业制度

今天的学科专业目录完全是以"学科"作为分类框架的，根据学科评判标准来确定成熟的学科是学科专业目录制定的重要前提。所以说，学科专业目录是建立在学科评判标准之上的。显然，反思学科、重新认识学科对于今天的学科专业目录提供诸多有益的启示：并不是所有的知识领域都应等到成为成熟的学科才能进入学科专业目录，才能在高校中得到教学和研究并获得相应发展资源。有些领域即使目前还不成熟，但是因为其研究的意义重大和社会需要的迫切，我们应该有意识地通过建立起像成熟学科一样的社会建制来有意识地促进它的成长，从而加速这些"潜学科"的发展成熟，服务社会的需要。显然，如果我们仍然固守传统的学科标准，将这些领域排除在学科专业目录之外，不给它们在高校中培养人才、开展研究等方面的机会，那我们无疑就是在扼杀处在"襁褓"中的学科，无疑是在放弃利用科学服务人类社会的机会。与此同时，我们还可以得出一个结论：并不是所有的知识领域都能被划入一个特定的学科，也并不是只有纯学科才能建立起相应的社会建制，交叉学科或跨学科的知识领域不应该被强行肢解或完全放弃或"塞入"某一特定学科之下，它们同样应该在学科专业目录中拥有一席之地，同样应该像学科一样在高校中得到设置。

二　科学转型对传统学科专业分类设置制度的质疑

设置学科专业从某种程度来说就是对科学领域和人才培养进行分类。根据什么来设置学科专业，这里显然需要有一定的逻辑依据。

在新中国成立以来的几十年里，我国高等教育学科专业设置分类的逻辑先后有两个：第一个就是以行业为分类依据，根据不同行业来设置不同的专业。1954 年的专业目录，就是以行业部门为分类框架，在 11 个国家建设部门下设置了 257 个专业；第二个就是以学科来作为分类框架，在不同学科门类下设置学科和专业。如 1998 年的本科专业目录就下设 11 个学科门类，其下又设置了 71 个一级学科和 249 个专业。行业和学科作为学科专业分类设置的两条逻辑，它们又是紧密联系的。因为一般来说，一个行业主要对应于某一个或几个学科，而一个学科又主要对应体现在一个或几个行业之中，所以以行业为分类依据和以学科为分类依据在很大程度上是内在契合的，甚至这两个依据曾一度共存于一个学科专业目录之中。如在 20 世纪 80 年代修订的本科专业目录中，我国逐渐实行以"部门 + 学科"为分类框架，当时共划分了工、农、医药、师范、财经、政法等 11 个大类，并在其下设置了数目庞大的专业。直到 1993 年的学科专业目录修订时，才完全过渡到以学科分类作为专业设置的基本框架。

但是，我国历次的学科专业目录，无论是以行业为分类设置逻辑，还是学科为分类设置逻辑，抑或是两者共存的混合逻辑，均有一个共同的突出特征，即严格分类下的垂直线性设置。如以行业为分类设置逻辑的 1954 年专业目录的三级目录分别为行业部门、专业类和专业，在单一行业部门下设置专业类，在单一专业类下设置具体专业。这样，专业类是对行业的细分，专业又是对专业类的细分。在以学科为分类设置逻辑的 2012 年本科专业目录中，其三级目录分别为学科门类、专业类和专业，在单一学科门类下设置专业类，在单一专业类下设置专业。在这种专业分类设置中，专业是学科的细分，专业就是亚学科。任何一个专业都是某一个特定专业类的专业，任何专业类都是某一学科门类下的专业类。一个学科门类对应特定的专业类，一个专业类对应特定的专业，不存在跨专业类的专业，也不存在跨学科门类的专业类。

新中国这种严格分类下垂直线性设置专业的方法是作为先进经验从苏联引进而来的。显然，它是与20世纪上半叶以前的科学形态一脉相承。严格分类下垂直线性设置专业其实就是基于学科封闭独立、边界清晰的基础之上的。显然，这在根本上是由现代科学型机械主义的本体论、理性主义的认识论和实证主义的方法论决定的。因为在现代科学型下，学科拥有"客观"、"独特"的研究对象、"唯一"、"独特"的研究方法和"线形"、"单向度"的知识体系，各个学科有自己明确的独有的认识领域，互相之间各自独立，互不交叉，"井水不犯河水"。在这种情况下，对人类的认识进行条分缕析的分类是非常容易的，按照学科的界限来设置学科专业是理所当然。

但是今天的科学转型对过去以知识严格分类为基础的学科专业设置方法提出了挑战。因为科学的转型，我们所生活的世界已经从机械精准的"钟表"走向一个复杂的、进化的系统，认识世界是理性和非理性共同合作的结果，认识方法从一元独大走向多元互补。在这种情况下，学科的研究对象再也不可能是"客观"、"独特"的，而是一个相对、系统的，研究方法不再是"唯一"、"独特"的，而可能是多元的，学科的知识体系不再是"线形"、"单向度"的，而可能是"球形"、"多向度"的。在科学转型后的今天，纵观各门学科的发展情况，我们可以看到，一方面，由于可接受的研究对象有了范围上的扩大，每一门学科的对象变得越来越不纯粹、独特了；另一方面，要想根据客观的研究对象来为学科找到明确的分界线越来越困难了。学科的界限不再是泾渭分明，而是相互开放的，学科的对象只是相对的区分，没有绝对、彻底干净的分割，学科的分化不是因为世界本身可以分化，而更主要是因为人的能力局限与劳动分工之必要。学科的研究对象与世界其他部分而言，只是一种"中心"与"边缘"的关系，而这主要是就研究者的位置而言来区分的。所以今天，我们必须以一种相对的、开放的态度来看待学科的界限。学科的研究对象不应该是那种纯粹、绝对的独特对象，学科之间在对象上并不存在完全、彻底分割相隔的鸿沟，它们之间的区别要么是关注的兴趣领域的相对区分，要么是对同一对象的不同视角或方法的区分。学科研究对象之间复杂的联系，决定了对象之间的区分不可能是绝对的，正如华勒斯坦所说：

> 　　对历史的关注并不是那群被称为历史学家的人的专利，而是所
> 有社会科学家的义务。对社会学方法的运用也不是那群被称为社会
> 学家的人的专利，而是所有社会科学家的义务。同样，经济学问题
> 也不是只是经济学家才有权研究，事实上，经济问题对于一切社会
> 科学分析来说都是极其重要的。我们也没有绝对的把握说，专业历
> 史学家对历史解释、社会学家对社会问题、经济学家对经济波动就
> 一定比其他社会科学家知道得多。总之，我们不相信有什么智慧能
> 够被垄断，也不相信有什么知识领域是专门保留给拥有特定学位的
> 研究者的。①

　　在这种情况下，对人类的认识领域和社会的生产领域进行绝对的学
科或部门的划分，并在单一学科或部门下进行更细致的学科专业设置，
显然有悖于当前科学的发展趋势。这种绝对的分类方法其实就是在学科
专业之间设置了一道道无法跨越的鸿沟，将一个个学科专业变成了知识
的孤岛，"野蛮"地斩断了学科之间的血肉联系，阻碍了专业之间知识
的流通共享。按照这种学科专业制度培养的人才视野狭窄，缺乏跨学科
的意识、知识和能力，按照这种学科专业制度进行的科学研究和学科建
设，缺乏创新的空间和发展的机会。而对于新兴的跨学科、交叉学科来
说，绝对的学科分类使得它们在学科专业目录中缺少"户口"，难以纳
入到高等教育人才培养体系和科学研究体系中去。它们要么被忽略、取
消，要么就被强制性归置于某其他单一学科之中，"寄人篱下"。但是
不管是哪种情况，都严重地阻碍了这些学科的发展。

　　显然，科学转型要求放弃传统学科专业制度所坚持的严格分类下垂
直线性设置专业的做法，重新反思学科与学科、专业与专业、学科与专
业之间的关系，为学科交叉、专业共享、学科专业"通融"创造条件。

三　科学转型对高校基层学术组织的挑战

　　彼得·德鲁克认为，一个组织是由人组成的团体，由为了一项共同

---

① ［美］华勒斯坦：《开放社会科学》，刘锋译，三联书店1997年版，第160页。

任务而在一起工作的专家组成。组织与社会、小区、家庭的区别在于，它是有目的的设计，而不是根据人的心理本性和生物需要。① 学科专业组织是一种学术组织，是根据高深知识的特点、为了进行高深知识的传授、研究和应用而创立的专门组织。"系科和相应的单位是学科和专业的化身"。② 学科专业组织与高深知识密切相关，不但为高深知识提供庇护所，而且其组织形态和管理也从根本上是由高深知识的特点和发展规律决定。就像人和衣服一样，衣服要根据人的身体特点来设计，所谓"量体裁衣"就是如此。学科专业组织也要根据高深知识的特点来设计，随着高深知识的发展而改变。显然，科学转型是科学形态的根本性变化，科学转型带来高深知识的变化，对学科专业组织变革也提出了强烈的要求，因而对学科专业组织的形态和管理产生根本性的影响。

从历史上来考察，学术组织伴随着科学的发展而产生和不断演变，现代科学的发展总是伴随着科学组织的发展更新，两者相互作用，相互促进。科学的每一个大的跨越总是伴随着科学组织的一个大的变革，科学组织的每一个大的变革必定带来科学一个大的跨越。如文艺复兴以来现代科学的萌芽发展推动了17、18世纪现代科学新建制、新组织的出现，而这些新建制、新组织的出现又反过来推动科学的繁荣。这里最重要的是科学学会的形成，它标志着科学建制史和知识划分史上的突破。如英国的皇家学会和法国的科学院没有执着于个别的经院课程知识划分，而是潜心研究整个自然，不单只是旧范畴上的物理（或称自然哲学），更包括了数学。同时，伴随新领域研究而来的也是新方法：不再是经院论争而是"实验哲学"。新的科学虽然继续称为"自然哲学"，可是分清了自然知识跟其他知识的界限，也就确立了日后专门化的可能性。但是学会的成立至多算是科学的正式建制化，还不能算是科学的专业化，但它们起到了科学把门人的作用，排斥非科学的笛卡尔主义者、耶稣会士于科学之外。

18、19世纪科学的深入精细发展进一步推动了19世纪科学社会建制的"第二次革命"。这一时期科学建制和组织的变化在于两个方面：

---

① 转引自汪铎《大学知识管理研究》，博士学位论文，华东师范大学，2004年。
② ［美］伯顿·克拉克：《高等教育系统》，王承绪等译，杭州大学出版社1994年版，第261页。

一是一般性博学学会的式微、更专门建制的兴起和各个科学学科专业标准的建立；二是以柏林大学为首的"研究型"大学的成立。研究型大学中各种学科的专业划分，鼓励科学家以自己的专业而不是以整个科学家群体来互相认同，同时，大学也使学科内从事研究的成员取得在他们的学术世界里的认知排他性。此等学术执业者靠的不是发牌而是学历认可；他们控制了培训将来的学术执业者以及接纳他们入行的机制。①

现代科学发展与科学的新社会建制、新科学组织的出现密不可分，19世纪现代各门自然学科的确立是与现代大学中学科专业研究组织和教学组织的架构休戚相关。回顾科学史，我们可以看到科学发展和大学组织形态同步"进化"、互相促进的密切联系：一方面，作为科学社会建制的主要形式的大学，其组织设计和管理伴随科学发展不断变革；另一方面，也正是在大学组织形态不断变革的过程中，现代科学不断得到发展。可以说，现代大学内部学术组织的发展史其实也是科学的发展史。

（一）现代科学的发展与讲座制的建立

1809年柏林大学的成立，不仅标志着大学的科学研究职能的确立，更标志着大学形态的一次根本转型和一种新的大学形态的产生。柏林大学根据科学发展的趋势确立了教学和研究相结合的原则，建立了有利于高深知识传授和研究的讲座制。"讲座制是在大学里定出教学研究的专攻领域为其教学研究方向，并配备一定数量的教师进行授课与科研的制度。一个讲座往往代表高等教育中的一个学科方向，是大学的教学、科研、财务、人事、行政的基层单位。一名教授、一名副教授、两名有学位的助教就是一个'讲座'的基本成员。此外还可以配备一至四名行政助理、教学辅助人员或技术实验员，由教授领导"。② 讲座制影响了19世纪和20世纪上半叶的许多国家，如法国、日本、西班牙、葡萄牙、瑞典和意大利。而且由于亚洲和非洲殖民地政府和民间移植了欧洲宗主国的学术组织模式，使得讲座制遍及全世界。③ 可以说，讲座制本

---

① ［美］华勒斯坦：《学科·知识·权力》，刘健芝等译，三联书店2002年版，第15—20页。

② 符娟明：《比较高等教育》，北京师范大学出版社1987年版，第571页。

③ ［美］伯顿·克拉克等：《高等教育系统》，王承绪等译，杭州大学出版社1994年版，第224页。

身就是科学发展催生的产物，作为一种新的大学基层学术组织形态，它适应了18、19世纪现代科学分化日益加剧、科学研究要求日益强烈的趋势和需要。

首先，按照学科方向来设置讲座，将科学的不同领域分配给不同的人来承担，就是通过组织和岗位的专门化来促进科学和知识的专业化，这与早期人类社会劳动分工所带来的社会进步是一样的。正如乔治·斯蒂格勒所说："在学术领域里专业化是通向效率的最佳途径，受到广泛培训的人，在任何领域里肯定比不上具有相同能力和精力、但专门致力于该领域研究的人。其实科学发展到今天，一个人如果打算全面探究整个科学或学科，他就被看成一个普及者，或者甚至是一个假充内行的人，但肯定不会被看成是一位具有创造性的学者。"① 也如控制论创始人维纳所说：

> 从莱布尼茨以后，也许没有一个人曾完全把握他所处时代的全部知识活动。从那时起，科学越来越成为专家的事情，这些专家的工作领域有愈益变窄的趋势。他认为，在十九世纪，虽说没有产生一个莱布尼茨式的人物，但至少还是出现了像高斯、法拉第、达尔文这样的人，他们的知识和工作能够覆盖科学中整个一个巨大分支。然而，在今天，没有几个学者能够不加修饰地称自己为数学家、或声学家，或昆虫学家。他们可以精通自己领域中的术语和全部文献，但是，更经常地，他会把下一步的课题看作是隔壁第三个门中他的同行的事情。②

其次，更为重要的是，作为基层学科专业组织的讲座还是以有利于科学研究和学术自由的方式来进行组织管理和权力分配。这种方式是与当时的科学形态密切相关。一方面，这种组织管理方式通过充分尊重学术权力满足了科学自由探索的需要，讲座拥有许多独立的权力，保证了

① ［美］乔治·斯蒂格勒：《知识分子与市场》，何宝玉译，首都经济贸易大学出版社2001年版。转引自朴雪涛《知识制度视野中的大学发展》，人民出版社2007年版，第161—162页。

② ［美］巴伯：《科学与社会秩序》，顾昕译，三联书店1991年版，第137页。

它不受到大学行政和外部力量的干涉。"各讲座教授集体控制着院校内部的管理和财政预算，以及使用拨款。除了维修校舍之外，国家下放给大学的独立权力很少。因此，没有各讲座教授的同意，大学不能控制经费的分配或再分配"。① 另一方面，讲座制在内部又赋予了讲座持有者至高无上的绝对支配权力。尽管一个讲座是一个团队，但是从本质上来说，讲座制仍然是个人主义的。"大学中教授是他的研究领域中的唯一一名讲座持有者，同时也是研究所的唯一的负责人。在他的领域中，研究和教学由他负责"。② 教授几乎统揽了从学生的录取、课程的设置到人员的招聘和经费的管理等一切权力。所以说，讲座的运行体现的不是团队的意志，而是教授个人的意志。

（二）现代科学深入发展与学系制的建立

讲座制作为大学的基层学术组织，是大学的二级管理单位。在19世纪的德国大学管理中，为了保障教授们有充分的学术权力和学术自由，由教授控制的讲座享有足够的人财物的支配权力，俨然是一个独立的实体"王国"。讲座教授控制资源的能力甚至超越了大学的管理层。一个教授对应一个学科，一个学科对应一个讲座，一个讲座对应着相应的人财物的资源，这样，讲座之间的界限非常分明。讲座对应着一批人的利益，其一旦设立，其调整和改变将会变得非常地艰难，会遭到既得利益者的顽强抵制。显然，在科学发展相对缓慢、学科界限明确、学科格局相对稳定的时期，这种学科组织形式具有较强的适应性。但是进入20世纪以来，随着科学发展的加快，特别是学科日益交叉融合、学科界限日益模糊的时候，这种"井水不犯河水"的讲座制度显然缺乏足够的弹性和张力，越来越不能适应新兴学科、交叉边缘学科的发展。范德格拉夫（John H. Van de Graaff）认为，从德国讲座制的原初状态来看，与之相结合的研究所，基本上是一个自足的单位，也可称之为一所大学的微型复制，它们拥有各自的图书馆，教室和实验室等。一个世纪前它可以将如此诸多资源集合在一起，由一名讲座教授领导运营。但

---

① ［美］伯顿·克拉克：《高等教育系统》，王承绪等译，杭州大学出版社1994年版，第225页。

② ［加］约翰·范德格拉夫：《学术权力》，王承绪等译，浙江教育出版社2001年版，第23页。

是，在学科纵向专业化和横向联合化的趋势下，研究所这种相互分裂的组织建构，越来越不堪重负。① 换言之，讲座制与研究所的结合，如果说在前期促进了学术研究的话，那么到了后期就转变成学科发展的障碍。这样，学系制作为讲座制的替代，就开始盛行了。

美国可以说是学系制的代表。美国大学吸收了英国和德国大学的理念，在德国大学组织模式的基础上将德国大学研究所（讲座）所肩负的教学和研究职能分开，在基层组织中分设了学系和科研单位。在学系中将德国大学教学的研究性特点和英国大学教学民主的理念结合起来，将过去集中于领衔教授手中的权力交给所有教师共享。与一个讲座由一个教授控制相反，学系有多名教授。"系的权力比较分散：首先是在正教授中分配，其次在副教授和助理教授中分配……系首先是一个社团式机构，即围绕某一学科的共同利益而组织起来的相对统一的结构，在垂直结构上就有不太严格的等级性"。② 学系组织管理模式中有非常民主、平等的运行机制。如系主任一般来说不是终身制，而是在教授之间轮流换任。如讲座一样，学系也拥有学术权力，但是其学术权力不是由讲座教授一个人独揽，而是由教授所组成的教授会来民主行使，实行少数服从多数的决策原则，系主任相比于讲座教授而言要弱势得多，"他与研究工作有关的任务是从大学领导中心或从校外的赞助者中获得资金，而不是在智力方面指导研究"。③

进入 20 世纪，伴随着科学中心的转移和美国高等教育的崛起，美国大学的组织模式开始为世界各国所效仿，学系制作为一种新的基层学术组织模式开始风靡全球。欧洲大陆国家于 20 世纪 60 年代和 70 年代开始从讲座制向系科制演变。④ 法国在经历了 1968 年的危机以后，将系科代替了讲座，把教师和研究人员不分资历深浅一律安排在新的教学科

---

① John H. Van de Graaff, Can Department Structures Replace a Chair System: Comparative Perspectives, Yale Higher Education Research Group Working Paper, 1980: 20 - 21, 12 - 15. 转引自胡钦晓《大学讲座制的历史演变及借鉴》，《现代大学教育》2010 年第 6 期。

② ［加］约翰·范德格拉夫：《学术权力》，王承绪译，浙江教育出版社 2001 年版，第114 页。

③ ［美］约瑟夫·本 - 戴维：《科学家在社会中的角色》，赵佳苓译，四川人民出版社1988 年版，第 29 页。

④ ［美］伯顿·克拉克：《高等教育系统》，王承绪等译，杭州大学出版社 1994 年版，第210 页。

研单位里。新的教学科研单位可以是一个系，也可由几个系组成。瑞典则较为折中地在保留讲座制的同时，加强了系科建设。① 德意志民主共和国的高等教育体制在 20 世纪 60 年代经历了自上而下的全面改革，在大学里，为数较多的讲座和研究所被为数较少的系科取而代之。②

学系制取代讲座制除了是高等教育大众化的要求之外，更根本地还是因为科学的发展和科学形态的变革。进入 20 世纪以来，特别是 20 世纪下半叶以来，人类科学发展进入了"大科学"时代，这一时代的科学发展就有两个鲜明的特征，一是科学"爆炸"，知识剧增，更新加快；二是科学高度分化，高度综合。学系制较好地解决了科学发展无限与个人力量有限的矛盾，在很多方面契合了现代科学发展的要求。

首先，学系制反映了学科知识"爆炸"、剧增的需要。讲座制赋予教授独揽一切的权力，这是建立在讲座教授对一门学科全面充分了解的基础之上。只有讲座教授全面深入了解他的学科、熟悉学科发展方向，他才能带领他的团队准确地寻找研究项目、合理地分配研究经费。在学科刚刚分化、尚不发达的情况下，这是可能的。但是进入 20 世纪以后，随着学科不断分化、又不断综合，再优秀的学者不但不能完全地了解他的学科，甚至连他所在的研究方向他也只能是"略知一二"。在这种情况下继续实行讲座制，将一个学科的教学和研究完全交由一个人来"主宰"，显然是不合理的，这不但严重影响人才培养的质量，而且讲座教授为了保住自身的位置和利益还会"拼命"地压抑其内部学科的分化和新学科的成长。而学系制不但允许一个教学科研单位有多名教授的存在，与此同时还建立了教授平等分配学术权力的机制，这在很大程度上解决了教授个人视野、能力有限和学科领域广阔无限的矛盾，不但扩大了人才培养和科学研究的范围，而且还在机制上为学科的分化和新学科成长提供了空间。

其次，学系制还解决了讲座制无法解决的学科数量增加和管理幅度

---

① ［加］约翰·范德格拉夫等：《学术权力》，王承绪译，浙江教育出版社 2001 年版，第 74 页。

② ［美］伯顿·克拉克：《高等教育系统》，王承绪等译，杭州大学出版社 1994 年版，第 211 页。

有限的矛盾。在实行讲座制的高校里，一个学科设置一个讲座（研究所），讲座是学校的二级单位，具有独立的人财物系统。讲座教授作为这门学科的尖端学者，把持着一门学科的研究和教学。但是学科的分化带来了学科数量的增加，这就不可避免地导致了讲座数量的剧增。当讲座作为实体性的基层学术组织和大学内的二级管理单位时，讲座数的增加会导致管理幅度的扩大和学校管理的困难。实行学系制，可以将相近的讲座或学科合并起来，建立数目更少的学系，从而更好地提高管理效率。如德意志民主共和国在 20 世纪 60 年代对讲座制度进行了大幅度改革，合并数目庞大、组织分散的讲座，"重新调整后的单位比较容易管理，它们被称作'科'（Sektionen），相当于英美大学的系。全国整个高教系统大约有 190 个系代替了原来的 960 个研究所。以柏林的洪堡大学为例，它现在由 26 个系组成，代替了先前那种由 169 个研究所和 7 个学部组成的格局"。①

最后，学系制还反映了学科交叉融合的需要。"系首先是一个社团式机构，即围绕某一学科的共同利益而组织起来的相对统一的结构，在垂直结构上就有不太严格的等级性"。② 显然，在适应学科交叉融合这个方面，学系制较讲座制度具有诸多优势：学系扁平的结构允许不同教师在各自感兴趣的方向上自由地、发散性地探究知识；学系宽容的制度允许在学科非传统、非主流领域从事研究的人员同样可以在其中谋取一席之地；学系民主的氛围为学科边缘的"异端邪说"提供了"立锥之地"；学系具有较大弹性的组织也为学系之间、人员之间、资源之间建立更深入、互惠的联系提供了可能。

（三）科学转型、学科框架转变对当前高校基层学术组织的挑战

学系民主和弹性的特点虽然适应了科学发展的趋势，但是在已完成或正在进行科学转型的今天，由于科学更加细致地分化，学科更加密切地交融，使得建立在新的学科框架（相对系统的研究对象、多元交叉的研究方法和球形多向度的知识体系）之上的任一学科的内涵更加丰富，

---

① ［美］伯顿·克拉克：《高等教育系统——学术组织的跨国研究》，王承绪译，杭州大学出版社 1994 年版，第 211 页。

② ［加］约翰·范德格拉夫：《学术权力》，王承绪译，浙江教育出版社 2001 年版，第 114 页。

使得建立在单一具体学科之上的学系仍然不能满足科学交叉融合的需要，在更高层面、更大范围上推进学科交叉、满足知识融合需要成为今天高校基层学术组织改革创新的方向。

显然，适应科学转型、学科框架转变的需要，高校基层学术组织的学科覆盖面需要不断扩大，而20世纪90年代以来我国高校中学院的出现和流行就是满足这一要求的具体表现。很多高校在学系之上建立学院，将同类的学系统辖于学院之下，将原来学系的权力配置给学院，学系逐渐被虚化，学院取代学系成为高校的二级管理单位。"学院制大大扩大了学科的范围，能够使人从一个更宽大的背景上看问题，从而对开阔人才的视野和提高人才未来的适应力都有好处。学院只是一种大的学科体系的构建，它使学科组织更具有复合性、交叉性、综合性等特点，能够使学科在更大的范围内实现融合和互补，从而能够拓宽学术活动视野，能够为学术的生长提供一个更具有刺激性的条件。学院制不仅有利于人才的培养，而且也有利于学科的成长与发展，更主要的是这样的管理更有效率，能够对高等教育的学术资源和其他方面的资源进行更有效的配置"。①

学院一般建立在一级学科之上，较之于学系，其容纳的二级学科更多。但是今天科学发展中的学科交叉并不仅仅限于二级学科之间，知识也不只是在相邻学科之间共享，很多过去看来不相关的学科现在却在深层的研究中相遇。显然，建立在一级学科之上的学院并不能一劳永逸地满足科学转型后学科分化和知识融合的需求，不断地拓宽高校基层学术组织、持续地推动高校基层学术组织升级可能将会成为将来高校基层学术组织变革的常态。在这方面，今后可能的趋势有如下几种：一是升级学科型学院，将学院的基础从一级学科提升到学科门类上，建立跨一级学科的学院；二是在学科型学院的基础上建立学科型学部，建立更高层次的跨越机制，出现跨越学科门类的学部；三是打破目前这种按单一学科或学科门类来建立学术组织的思维定式，直接建立以地域、应用或产品为导向的综合性学院；四是直接建立跨越两个或两个以上领域的交叉型学院。

---

① 王洪才：《大众高等教育论》，广东教育出版社2004年版，第279页。

不管是学科型学院、学部，还是交叉型、综合性学院，它们均继承了学系民主和弹性的特点，均是在迎合科学转型后不断升级的知识交叉融合的要求，反映的都是科学发展不断加速、知识越来越丰富、交叉融合越来越深入的特点。

第七章

从高等教育大众化看就业
导向的学科专业制度改革

如前所述，从根本上促进高校人才培养充分分化、解决大学生就业难问题，需要在深层次上推动学科专业制度改革。

高等教育发展阶段与学科专业制度息息相关，不同的发展阶段需要构建不同的学科专业制度，构建就业导向的学科专业制度需要充分考察高等教育发展阶段。

高等教育的发展既表现在规模上，也表现在思想、理念和组织管理模式上。本章在这里主要是根据从规模的角度划分的高等教育不同发展阶段，来分析高等教育规模变化对学科专业制度产生的影响，重点是从高等教育大众化来探讨就业导向的学科专业制度改革。

第一节　高等教育大众化

高等教育大众化是一个世界性的现象。正如阿特巴赫所说："到 20 世纪末，大众高等教育已成为一种国际普遍现象……大众高等教育是世界各地高等教育一个基本的现实……大众高等教育的逻辑将影响所有国家和所有高等教育系统。"[1] 高等教育大众化是何时提出来的？它的内涵是什么？当今高等教育大众化取得了哪些进展？本节在这里先做一个简单介绍。

---

[1]　［美］菲利普·G. 阿特巴赫：《高等教育变革的国际趋势》，蒋凯译，北京大学出版社 2009 年版，第 3 页。

一　高等教育大众化的内涵

(一)"大众高等教育"概念的提出

"自有人生，就有教育。"但是在奴隶社会和封建社会，接受学校教育只是少数人的特权，只有上层社会家庭的子弟才有受教育权，一般劳动群众的后代基本上不能进学校受教育。17世纪至19世纪，欧美和亚洲一些国家先后在政治领域、经济领域进行了资产阶级革命，资本主义政治、经济制度得以确立与巩固，这在很大程度上促进了初等教育迅速而广泛的发展。1660年苏格兰颁布《教区学校法》（Parish School Act），提出要对儿童实行"大众教育"（mass education）。① 这时的大众教育意指大众初等教育，指的是人人有接受初等教育的权利和义务。后来随着社会民主的深入发展，更重要的是由于科学的发展和劳动技术的升级，资本主义生产需要更多的具有更高知识水平劳动力的加入，大众教育逐渐延伸至中等教育阶段。到20世纪初，又出现了上移至高等教育阶段的趋势。

南北战争结束后到20世纪中叶，美国在政治、经济和社会等各方面的发展上都取得了巨大的进步，这在客观上对高等教育提出了许多新的要求，大众高等教育就是在这种背景下逐渐发展起来的。1862年《莫里尔法案》、1944年《军人权利法案》的颁布，极大地促进了美国高等教育民主化的进程，使美国高等教育入学率先于20世纪40年代完成了后来如马丁·特罗所说的"从精英向大众高等教育的转变"。此后，在1958年《国防教育法》的影响下，美国高等教育的规模进一步扩大，毛入学率继续提高，于20世纪70年代初进入了马丁·特罗所说的"普及高等教育"阶段。面对高等教育发展中出现的这一系列新变化、新情况，美国著名的教育社会学家、加州大学伯克利分校的马丁·特罗教授于1962年撰写了《美国高等教育民主化》（The Democratization of Higher Education in America）一文，提出了"大众高等教育"（mass higher education）这一概念，并探讨了美国大众高等教育的特点

---

① Asa S. Knowles. The International Encyclopaedia of Higher Education, Vol. 6. San Francisco: Jossey-Bass Publishers, 1978, 2763.

和有关社会因素。

（二）"大众高等教育"与"高等教育大众化"

马丁·特罗于1962年提出"大众高等教育"这一概念时，它表示的其实是高等教育发展的一个阶段。在这个发展阶段里，"大众高等教育"与"精英高等教育"两个体系并存。为了便于理解"阶段"和"体系"之别，大众高等教育如今已逐渐狭义化为一个与精英高等教育相对应的"高等教育体系"。

在"大众高等教育"语意日趋狭窄的同时，"高等教育大众化"一词的语意却渐趋宽泛。"化"意即"变化"，所以，从动态上理解，高等教育大众化指的是高等教育从精英教育阶段向大众教育阶段演进的"变化"过程。20世纪下半叶，随着高等教育由大众阶段向普及阶段转变，"高等教育大众化"一词又进一步表示高等教育从精英教育阶段向大众教育阶段和普及教育阶段的转变。如阿特巴赫所言："我们所指的'大众化'（Massification）是一个高等教育系统招收大量学生、适龄青年入学率达到一个较高比例并且学生就读于多样化的高等院校的过程。"① 同时，从静态上理解，"高等教育大众化"一词指跨入大众高等教育阶段的某个国家高等教育的质和量的总和，即既包括大众高等教育的质和量，也包括精英高等教育的质和量。所以说，"高等教育大众化"和"大众高等教育"两个概念是密切联系而又有区别的。前者反映了高等教育从精英教育阶段向大众教育阶段和普及教育阶段转变的整个过程和全部特征，它涵盖了后者；后者虽然是前者下属的一个概念，不能反映前者的全部特征，但它反映了高等教育大众化过程中高等教育由量变到质变的精神实质。②

二　高等教育大众化理论

（一）马丁·特罗的高等教育大众化"阶段论"

1973年，马丁·特罗发表了《从精英向大众高等教育转变中的问

---

① ［美］菲利普·G.阿特巴赫：《高等教育变革的国际趋势》，蒋凯译，北京大学出版社2009年版，第3页。

② 谢作栩：《中国高等教育大众化发展道路的研究》，福建教育出版社2001年版，第13—20页。

题》一文，该文以高等教育毛入学率为标准，将当时世界上的高等教育系统分为三种类型：精英型（毛入学率15%以下）、大众型（毛入学率20%—30%）和普及型（毛入学率30%以上）。① 在此基础上，他将这种共时性的分类演变为历时性的发展阶段，从高等教育毛入学率的角度将高等教育分为精英高等教育、大众高等教育和普及高等教育等三个发展阶段。他认为高等教育的量变必然带来高等教育的质变，传统的高等教育结构只能容纳一定规模的入学人口，当高等教育毛入学率达到一定的水平，高等教育结构必然发生变革。他非常清晰地从教育规模、观念、功能等11个维度来论述三个类型或三个阶段高等教育量与质的变化（见表7—1）。

表7—1　　　　　高等教育发展三个阶段十一个维度上的变化一览

三阶段＼十一个维度	精英阶段	大众阶段	普及阶段
高等教育规模（毛入学率）	15%以内	15%—50%	50%以上
高等教育观	上大学是少数人的权利	上大学是一定资格者的权利	上大学是人的社会义务
功能	塑造人的心智和个性，培养官吏和学术人才	传授技术与培养能力，培养技术与经济专家	培养人的社会适应能力，造就现代社会公民
课程	侧重学术与专业，课程高度结构化和专门化	灵活的模块化课程	课程之间、学习与生活之间的界限被打破，课程结构泛化
教学形式与师生关系	学年制、必修制，重视个别指导法师徒关系	学分制讲授为主，辅以讨论师生关系	教学形式多样化，应用现代化手段，师生关系淡化
学生的学习经历	住校、学习不间断	走读、多数学生的学习不间断	延迟入学、时学时辍现象增多
学校类型与规模	类型单一，每校数千人，学校与社会间的界限清晰	类型多样化，三四万人的大学城，学校与社会间的界限模糊	类型多样，没有共同标准，学生数无限制，学校与社会间的界限逐渐消失
领导与决策	少数精英群体	受政治、"关注者"影响	公众介入
学术标准（质量标准）	共同的高标准	多样化	"价值增值"标准

---

① 马丁·特罗在后来的研究中将区分三种类型高等教育的毛入学率区间修正为15%以下（精英高等教育）、15%—50%（大众高等教育）和50%以上（普及高等教育）。

续表

十一个维度＼三阶段	精英阶段	大众阶段	普及阶段
入学与选拔	考试成绩、英才成就	引进非学术标准	个人意愿
学校行政领导和内部管理	学术人员兼任，高级教授控制	专业管理者，初级工作人员和学生参与	管理专家，民主参与，校外人士参与

资料来源：转引自谢作栩《中国高等教育大众化发展道路的研究》，福建教育出版社2001年版，第28页。

马丁·特罗关于高等教育发展三个阶段的描述[①]

1. 高等教育规模

一些国家的精英高等教育，在其规模扩大到能为15%左右的适龄青年提供学习机会之前，它的性质基本上不会改变。当达到15%时，高等教育系统的性质开始改变，转向大众型。如果这个过渡成功，大众型高等教育可在不改变其性质下，发展规模直至其容量达到适龄人口的50%。当超过50%时，即高等教育开始快速迈向普及时，高等教育必然又会创造出新的模式。

2. 高等教育观

高等教育入学机会的增加与人们（包括学生及其父母、大学教师和管理者）接受高等教育的观念密切相关。当入学人数极为有限时，接受高等教育被普遍认为是出身好或天赋优或两者兼备的人的特权；当入学率达到适龄人口15%左右，人们开始逐渐把接受高等教育看作是那些具有一定资格者的一种权利；当入学率达到或超过总人口的50%时，接受高等教育越来越被看作是一种义务。不仅是美国而且在欧洲国家，对于中上层家庭的子女来说，中学毕业后不接受高等教育逐渐被看成是心理或个性方面的缺陷，为此必须进行解释或提出理由。而且由于更多的人接受高等教育，最好的工作机会和经济就会奖给那些获得大学学位的人，这样大大地促进学生把进入大学当作一种义务。

---

① 此部分内容节选自马丁·特罗《从精英向大众高等教育转变中的问题》，王香丽译，《外国高等教育资料》1999年第1期。

3. 高等教育功能

高等教育发展的不同阶段也同高等教育对学生和社会发挥的不同功能密切相连。精英高等教育主要是塑造统治阶层的心智和个性，为学生在政府和学术专业中充当精英角色做好准备。在大众高等教育阶段，高等教育仍然是培养精英，但这是一种范围更为广泛的精英，包括社会中所有技术和经济组织的领导阶层。重点从塑造个性转向培养更为专门的技术精英。在普及阶段，高等教育机构第一次为发达工业社会大多数人的生活做准备。高等教育不仅培养或广或窄的精英，而且培养所有的人，它的主要目的是提高人们对迅速变化的社会的适应能力。

4. 课程和教学形式

在高等教育发展的不同阶段，课程和教学形式的特征也不一样。精英高等教育课程倾向于高度结构化，反映学位课程的学术概念或专业要求的专业概念。课程主要由期终考试的特点来决定，具有高度专门化，并且由教授们按培养有教养的人或称职专家的素质标准来设计。在大众高等教育阶段，教育更加模块化，其特征是半结构化的课程序列，即逐渐取得学分（在模块课程中可以互换），使课程更加灵活，更加容易接受，并且在主要领域或高校之间更加容易流动。在普及高等教育的初期，仍存留有模块课程，但教学的结构日趋式微，课程之间的界限被打破。由于没有为人们所共识的高等教育概念，并且学习和生活之间的界限日益模糊，学术形式、结构和学术标准的地位发生动摇，并扩展到考试和评价之中，因而难以确定课程的要求。普及阶段高等教育中新出现的高等教育机构只是另外一种经历，是为一个人处理现代生活问题提供资源，性质上同现代社会中的其他经历没有区别。

这三个阶段的教学形式和师生之间的关系也各不相同。在精英高等教育阶段，教学的最大特点是个别指导，教师和学生之间的关系为个人关系，这与塑造个性及培养精英的核心功能相协调。在大众高等教育阶段，重点是强调传授知识和技巧，正常的教学逐渐通过演说进行，以讨论式教学为补充。在普及高等教育阶段，学生和教师之间直接的个人关系附属于学生更广泛地面向新的或更为复杂的前景，这更多地依赖于函授、电视、计算机和其他技术的帮助进行教学。

5. 学生的学习经历

在高等教育发展的不同阶段，学生的学习经历也有差异。在精英高等教育阶段，学生通常是完成中等教育后直接进入高等教育；学生住校并且不间断地（假期除外）学习直到获得学位。他们学习和参与竞争的目的是为了学术荣誉。在大众高等教育阶段，虽然越来越多的学生工作或旅游一段时间后才入学，但大部分学生仍是完成中等教育后直接进入高等教育。入学日益容易，学生的学习水平参差不齐导致较高的"浪费率"。学生是寄宿与走读相结合，同时，职业训练成为高等教育的重要组成部分。在普及高等教育阶段，延迟入学现象较普遍，"时学时辍"现象层出不穷，并且大多数学生具有就业经验。伴随终身教育的兴起，正规教育与其他生活经历之间的界限日渐模糊。而且，随着学生增加特别是越来越多贫困家庭学生的增加，相当比例的学生通过假期和在学期中从事非学术的工作来交学费。

6. 高等教育的多样性、特点和界限

高等教育系统在不同的发展阶段其多样性也不一样。精英高等教育具有高度统一性，各高等院校具有较高的共同标准。大众高等教育虽然在允许学生和教师流动的高等教育系统的几个部门之间有一些联系，但将更加具有综合性，标准更加多样化。而普及型高等教育机构的特点则是更加多样化，它们之间几乎没有共同的标准。

在这三种系统中，典型的学校模式在规模和特点上也存在不同。精英高等教育机构一般是两千至三千寄宿学生的小社会。如果规模超过了三千学生，它们将被分成几个分校（院），这些分校（院）就像牛津和剑桥大学的学院一样，规模相对较小。大众高等教育的标志是综合性学校，它们不是小社会，而是由三四万学生和教师所组成的寄宿和走读相结合的"大学城"。普及型高等教育机构的规模则不受限制，把人们聚集起来只是为了教学，其中大多数学生很少或从来不去主校园，他们几乎没有共同之处，不构成任何意义上的有密切联系的小社会，没有共同的标准、价值观和身份。

从学校与社会的界限而言，精英高等教育机构与外部社会被清晰而严密的界限甚至被坚固的围墙隔离开来。在大众高等教育阶段，高等院校与社会的界限仍然存在，但更加模糊和较容易渗透。在大众型高等学校之内或之间，流动相对较为容易，而且学校"成员"的概念不甚清晰。在普及高等教育阶段中，学校与社会的界限已经很小，并逐渐消失。在某一时刻，任何一位打开电视机收听电视讲座的人都可以被视为那一时刻"电视广播大学"的一位成员，而他当时是否按时交作业或已注册入学则无关紧要。

7. 领导与决策

精英、大众和普及这三种高等教育系统，其最高权威的来源、学术标准的性质、入学与选拔的原则等方面存在明显的区别。在精英高等教育机构中最高的领导与有效的决策，是由相对少数的精英群体——行政机构的领导、政府官员、大学校长所控制，他们是重要的机构、政治、经济和学术方面的领导者。他们相互了解，并拥有共同的价值观和思想观念，往往是通过非正式的直接接触做出决策。大众高等教育机构虽然继续受这些精英集团的影响，但更多地受"民主"政治程序的制约，并受学生、历届毕业的校友，以及各政治党派的影响。

当高等教育转向普及时，高校的影响面更大了，不仅影响那些过去或现在接受高等教育的人，而且波及其亲朋好友。另外，教师和学生进行教学和活动的场所——大学和学院受到普遍关注，它们不仅出现在重要的报纸和杂志上，流行杂志和电视也对它们进行报道，并且还会引起大众的关注。这些人越来越把自己看成对高等教育的运行有合法的兴趣。他们往往通过致函给官员、通过投票左右选举的方式来表达自己的态度。总之，在普及高等教育阶段，越来越多的公众介入了高等教育的领导与决策。

8. 学术标准

在高等教育发展的三个阶段，高等教育机构的学术评价标准或质量标准也产生了质的变化。在精英高等教育阶段，或在精英高等教育机构中，一般有着共同的、相对高的学术标准；在大众高等教育阶段，学术评价标准趋向多样化，在不同的机构系统中其标准的严密性和特点均各不相同；在普及高等教育阶段，虽然也有不同的成就评价标准，但这种评价标准与初等和中等教育的非学术评价形式一样，凭借教育经验的"价值增值"成了普及高等教育的评价依据。显然，这从根本上改变了那种判断个体和学校活动的传统评价标准。价值增值成为教育成功的标准，这使得学校更愿意招收学术水平较低的学生而不是较高的学生，因为要提高那些低起点学生的水平比高起点学生的水平更加容易。这个观点促成了开放招生的原则。

9. 入学和选拔

在高等教育发展的不同阶段，学生选拔的原则也多种多样。在精英高等教育阶段以出身和地位为依据的入学标准后来被以特定的考试成绩和中等学校表现的"英才成就"所代替。在大众高等教育阶段，作为入学限制条件的英才标准仍然为人们所普遍接受，但被教育机会均等观念冲淡了，人们通过补偿性计划引进其他非学术标准，来减少丧失了接受良好教育权利的社会群体和阶层的入学机会的"不平等"。到了普及阶段，高等教育对所有希望入学或有资格入学的人开放，其标准是个人是否愿意进入大学。普及高等教育的目的是使高等教育中社会阶层、种族和民族的分布合理，实现群体成就的平等而不是个体机会的平等。当然，高等教育越接近招收全部适龄人口，就越能紧密地反映人口中亚群体的分布状况。

10. 学术管理形式

典型的精英型大学是由学术人员兼任行政职务，他们实质上是非专职的行政管理人员。在一些国家，他们还可能在国家专职行政人员或注册管理员的帮助下处理日常事务或财政问题。但管理的领导者通常是选举产生或委任的，任期有限。到大众阶段，高等教育机构的规模日益扩大，功能也逐渐多样化，行政管理人员队伍也随之扩大，这时的行政领导成了大学的专业管理者。随着高等教育规模的扩大，逐渐向普及化阶段转变，巨大的成本需要更大的财政责任和更复杂的管理形式。大学聘请越来越多的全日制专家，比如制度分析家、精通计划预算的经济学家。这个阶段大学的理性化管理出现了问题，因为大学自身的功能更加多样化。它的产品更加难以计数，因为管理程序日益依赖大量的数据材料对成本和收益进行评价。系统收集和分析具体活动的大量数据材料并对这些活动的"产出"和"收益"进行测量，这是对大学进行理性管理的基础。它不仅与高等教育规模的扩展和费用的增加相适应，而且还满足了公众要求了解高等教育"效率"的愿望。这种高度依靠数据材料的管理技术成了与精英型高等院校的功能和活动相对立的一股强大力量，因为精英型高等院校的费用与收益难以凭借数量计算来确定。

11. 高等教育的内部管理

不同国家以及学校之间内部管理的形式和过程千差万别，但是，总体上精英高等教育倾向于由高级教授控制，那些不具备此资格的人员在主要的机构决策中仅起很小的作用或不起作用。随着高等教育机构特别是非专业人员的增加，后者逐渐对所谓的教授治校的垄断权利提出了挑战。

在大众高等教育阶段，不同层次的初级工作人员享有校内管理权。而且学生不断拥有影响决策的权利，学生参与的形式和程度成为从精英向大众化转型时期的主要问题。在精英高等教育向大众高等教育转型过程中，师生意识一致性的崩溃使学校内部管理问题大大尖锐化了。在精英高等教育中由于其功能狭窄，师生群体相似，学校的基本特点和价值观能够被老师和学生广泛接受。而在向大众型转变过程中，其功能更加广泛，学生和教师类型更加多样化，他们来自各种背景，对于高等教育是什么和应该是什么持有不同的观点和观念。同时，兴趣和态度同高级教授差异显著的初级工作人员也获得了权利和影响力。来自各种背景并受激进的政治潮流影响的学生，对大学传统的价值观和理念提出了挑战。同事之间以及教师和学生之间的关系不再拥有共同的观点，而是逐渐不确定，变得越来越紧张甚至产生冲突。

在普及高等教育阶段，高等教育也出现了社会政治机构中既常见又容易控制的利益和观念的冲突。对此，我们认为民主参与形式可以被引入高等学校的内部管理中。

（二）马丁·特罗高等教育大众化理论的修正与发展

1. 马丁·特罗本人对高等教育大众化思想的修正与发展

马丁·特罗于 1973 年发表的《从精英向大众高等教育转变中的问题》一文，反映了高等教育大众化发展中的一些规律性问题，奠定了高等教育大众化的理论框架。该理论一经提出，就受到西方社会的普遍重视。

但是，随着高等教育实践的进一步发展，在欧洲发达国家出现了一些与马丁·特罗预测并不完全吻合的情况。1978 年，他发表了《精英与大众高等教育：美国的模式与欧洲的现实》，[①] 重新审视了其在 1973 年提出的高等教育发展阶段论和模式论的思想框架。他认为"当初只是致力于构筑一个简单的概念化图式或模式……存在甚多的局限和不完善……特别是我关于欧洲高等教育体系的发展也将沿袭美国的大众高等教育发展模式的假设性预示，现在被 1973 年以来欧洲高等教育的发展历程所证明是个明显的错误"。马丁·特罗这篇文章在承认自己于 1973 年提出的高等教育大众化发展阶段论和模式论的局限性的基础上，对其理论进行了修正与充实。他补充说："发展阶段论仅是观察现代工业社会高等教育发展变化的一种普遍性的概括，对于每一个国家而言，其高等教育的发展变化则是该国独特的历史、社会、经济、文化和政治特性的反映。"马丁·特罗在该文中修正了早先关于量变和质变的划一的观点，使其"阶段论"具有更强的国际适应性。随着时代的发展，尤其是信息技术对传统教育方式的影响，马丁·特罗不断发展着自己的高等教育大众化理论，提出了多功能大学观。1977 年的《关于美国高等教育中的信息技术发展》一文，他以应用信息技术的先锋——加州大学为例，揭示了一所大学，甚至一个系或一门课程的教学凭借信息技术可提供精英、大众和普及三种不同性质的信息时代的教育特征。多功能大学观的提出，丰富了其高等教育发展阶段论的内涵，使之具有更强的时代性。

20 世纪末，马丁·特罗的高等教育大众化理论又有了新的发展。

---

① Martin Trow. Elite and Mass Higher Education：American Models and European Realitie. Contribution to the Conference on Research into Higher Education：Processes and Structures，June 12 – 16，1978，Dalaro，Sweden. pp. 4 – 5a.. 转引自谢作栩《马丁·特罗高等教育大众化理论述评》，《现代大学教育》2001 年第 5 期。

1998 年 5 月 31 日，他参加了在日本广岛召开的"日本高等教育研究学会学术研讨会"（Japanese society for Higher Education Research）。他在提交的会议论文《从大众高等教育走向普及》① 中，重新分析了高等教育大众化发展过程中出现的新情况、新特征，对自己早先的高等教育发展"阶段论"中的"普及教育"的内涵作了新的解说。他论述道："高等教育大众化今后十年的主要任务是从大众阶段迈向普及阶段……今后的普及高等教育不在于注册人数，而是在于参与和分享，即是与社会大部分人，几乎包括在家里或在工作单位的全体成年人，密切相连的'继续教育'……类似于'学习社会'（learning society）。"这说明，在 20 世纪 90 年代末，马丁·特罗认识到，高等教育发展的最后阶段是走向学习社会，而不局限于传统的青年普及教育。这种观点比 20 世纪 70 年代的发展阶段论视野更为广阔，更符合现代知识经济社会高等教育发展的现实状况。

2. 日本学者对高等教育大众化思想的修正与发展

继欧美西方发达国家之后，日本、韩国等东方国家也相继走上了高等教育大众化之路，其发展模式表现出与欧美国家明显不同的特征。于是，日本的一些学者通过考察本国和他国高等教育大众化的实践，进一步修正了马丁·特罗的高等教育大众化思想，并提出了各自的新思想和见解，从而丰富和发展了高等教育大众化理论。1997 年，日本广岛大学教育研究中心有本章教授认真考察了日本高等教育大众化演变的历程后，面对日本高等教育大众化在管理体制、经费来源、发展道路等方面的新特征，创造性地提出了"后大众"阶段过渡理论。在有本章看来，"后大众"阶段指的是马丁·特罗所说的大众高等教育阶段的"后期"与普及高等教育阶段的"初期"，大众高等教育通过"后大众"这个阶段，有可能转变为"终身学习"阶段，而非传统意义上的大学适龄青年的普及教育阶段，这与马丁·特罗 1998 年对"普及教育"进行的重新解说有异曲同工之处，突破了马丁·特罗 20 世纪 70 年代的高等教育大众化发展阶段论的思维框架，丰富了高等教育大众化的内涵。

---

① Martin Trow, From mass higher education to universal access, Paper of the meeting of the Japanese Society for Higher Education Research, Hiroshima, May 31, 1998, p. 1. 转引自谢作栩《马丁·特罗高等教育大众化理论述评》，《现代大学教育》2001 年第 5 期。

3. 中国学者对高等教育大众化理论的认识与发展

20 世纪 90 年代以来，高等教育大众化理论被逐渐引入到中国，并且受到了政府和学界的普遍欢迎。中国政府自 1999 年始连年实行"扩招"政策，高等教育毛入学率于 2002 年首次超过 15%，到 2005 达到 21%，名符其实地步入了马丁·特罗所指的高等教育大众化阶段。高等教育规模的急剧扩张引起了高等学校人才培养质量滑坡、办学经费不足等诸多矛盾。面对这些新形势、新变化，中国学者对中国高等教育大众化的发展历程进行了深入的分析和研究，提出了许多有价值的理论观点。如潘懋元、谢作栩教授在通过分析"早发内生型"的西方发达国家高等教育大众化与"后发外生型"的发展中国家高等教育大众化的国情差异时，提出了高等教育大众化"过渡阶段论"的观点。他们在考察中国高等教育大众化发展历程时，发现中国高等教育走的是一条不断深化高等教育体制改革以促进规模发展的"质变带动量变"的发展道路。这一"质变促进量变"的显著特征，与马丁·特罗所提出的"几乎在所有情况下，学生数量的增长都先于其他方面的变化"的"量变带动质变"的简单断言迥然不同。这种高等教育的"量"的积累尚未达到西方学者所说的大众教育的"度"（即毛入学率未达到 15%），而"超前"出现种种大众化高等教育新质的变化过程，被称之为从精英教育向大众化教育转变的"过渡阶段"，这一理论就是"过渡阶段论"。①

又如在谈到高等院校的招生与毕业生就业问题的关系时，潘懋元教授在马丁·特罗教授"改造就业论"的基础上提出了大学生"创造就业论"的观点。特罗教授针对传统的毕业生"适应"社会工作的观念，创造性地提出了高等教育大众化阶段的新就业观——大学生"改造工作论"。他认为，随着高等教育功能的转变，高等教育的毕业生不再仅仅是去"适应"传统意义上的社会的"尊贵"工作，他们可以从事更大范围的工作岗位，而且还会"改造"所从事的工作。大学生在从事较低工作时，可通过发挥创新精神，运用知识和创造力去改造这些工作，而当这种职位由较低素质者担任时，他们可能就没有去改造的能力与需

---

① 潘懋元、谢作栩：《试论从精英到大众高等教育的"过渡阶段"》，《高等教育研究》2001 年第 2 期。

求。这正是高等教育促进社会进步的表现。潘懋元教授肯定了马丁·特罗教授关于大学毕业生"改造工作论"的思想，并在此基础上创造性地提出了自己的"创造就业论"的观点。他认为大学毕业生的职业岗位，不是一个常数，而是一个变数：一方面随着经济的发展和社会的进步，需要有高等教育水平的职业岗位必将增加；另一方面，大学毕业生进入社会，推动经济和社会的共同进步，那就不止是占据一个工作岗位，而可能是创造更多的就业机会。[①] 潘懋元教授关于大学毕业生的"创造就业论"是从现代中国新兴的信息技术产业的创业与从业人员多系年轻的大学毕业生这一事实出发，此思想不仅反映了当今信息时代高等教育大众化的发展特征，而且也是对特罗教授的毕业生"改造工作论"的发展。"过渡阶段论"、"创造就业论"等理论观点的提出，弥补了马丁·特罗大众化理论的不足，走出了一条中国特色的高等教育大众化的理论发展之路。

马丁·特罗教授的高等教育大众化理论以及后来的发展，为人们进一步认识高等教育提供了思路，为促进高等教育的进一步发展提供了理论指导，对各国高等教育大众化的发展具有重要的借鉴作用。

三　我国高等教育的大众化进程

虽然教育的大众化是一个长期积累发展的过程，但是在我国，一般认为，高等教育大众化进程开始于20世纪90年代末。教育部在1998年12月24日颁布的《面向21世纪教育振兴行动计划》中指出，到2010年，高等教育毛入学率要接近15%。1999年6月颁布的《中共中央国务院关于深化教育改革　全面推进素质教育的决定》又重申了这一目标："通过各种形式积极发展高等教育，到2010年，我国同龄人口的高等教育入学率从现在的9%提高到15%。"从1999年开始，我国实行了连续十几年的高校"扩招"政策，高等教育毛入学率实现了从1999年的10.5%到2012年的30%的飞跃，并在2002年首次超过15%，步入了国际公认的高等教育大众化阶段。表7-2具体表明了我国普通高

---

① 潘懋元：《高校毕业生应该成为工作岗位的创造者》，《教育发展研究》1999年第9期。

等教育本专科的大众化进程。

表 7 - 2　　　　1999 年以来我国普通本专科高等教育的发展进程

	普通高等学校本专科招生数（万人）及增幅（％）		普通高等学校本专科在校生数（万人）及增幅（％）	
1998	108.36	—	340.88	—
1999	154.86	30.03	408.59	19.86
2000	220.60	42.45	556.09	36.10
2001	268.30	21.62	719.07	29.30
2002	320.50	19.57	903.36	25.63
2003	382.17	19.24	1108.56	22.72
2004	447.34	17.05	1333.50	20.29
2005	504.46	12.77	1561.78	17.11
2006	546.05	8.24	1738.84	11.34
2007	565.92	3.64	1884.90	8.40
2008	607.66	7.38	2021.02	7.22
2009	639.50	5.24	2144.66	6.12
2010	661.76	3.48	2231.79	4.06
2011	681.50	2.98	2308.50	3.43
2012	688.83	1.07	2391.31	3.58

数据来源：教育部网站统计数据

http：//www. moe. gov. cn/publicfiles/business/htmlfiles/moe/s6200/list. html 2012 - 10 - 1.

第二节　高等教育大众化背景下教育类型的分化与就业导向的学科专业制度改革

正如马丁·特罗所言："数量的增长对高等教育的每一个方面和表现形式都产生了影响。"[1] 高等教育规模的扩张对整个高等教育结构带来了重大冲击，高等教育在类型上不断多元分化，高等教育机构在种类上逐渐丰富多样，这些对学科专业制度产生了重要的影响。本书在这里以本科教育为例，[2] 简单谈谈教育类型分化给就业导向的学科专业制度

_____

①　[美]马丁·特罗：《从经营向大众高等教育转变中的问题》，《外国高等教育资料》1999 年第 1 期。

②　因本书讨论的主要是本科专业制度，所以这里仅谈高等教育大众化对本科教育带来的影响。

改革带来的启示。

一　传统本科教育的培养目标

在高等教育史上相当长的一段时间内，本科教育就是大学教育，大学教育就是高等教育，本科教育和高等教育的外延、内涵上几乎完全重叠。无论古今中外，在大众化以前，小规模的高等教育培养的都是居于统治阶层的社会精英，而不是服务生产生活实际的应用人才。这种社会精英体现在具体人格上就是中国的"君子"、英国的"绅士"，或是柏拉图所指的"哲学王"等，体现在素质规格上就是完满的个性和品德，或是所谓的理智和修养。如纽曼的大学教育目的就是理智训练、发展人的理性，以达到完善个性的目的。他强调，"大学要做的事情就是要把理智的培养作为其直接范畴，或者是投身于理智的培养"、"教会理智对一切事情持恰当的想法，去积极探索真理、掌握真理"。① 可见他认为大学的目标就是培养有理智能力的人。又如德国古典大学提出大学培养的应是"有修养的人"，其提出的"由科学达至修养"的思想虽然"歪打正着"地萌生了大学的第二职能——科学研究，但其本意并不是如今天这样地要发展科技，而是要通过科学研究来培养"有修养的人"。"大学教育就是一种科学的理论训练，旨在把学生引入科学的殿堂，掌握宽阔的专业理论知识，具有进行科学研究的能力"。"科学研究、理论探索是大学的根本任务，学生在此不是学习，而是通过研究而自我进行学术训练"。② 按照他们的理解，"科学"是培养有修养的人的途径，通过研习钻研科学能陶冶性情，修养身心。因此，能从事科学研究、有理论探索能力的人就是有修养的人。但是德国古典大学所谓的科学并不是指向实际应用的科学，而是"纯科学"，即哲学思辨的理论科学，与实用知识和职业应用没有关系。可见，在高等教育大众化之前，无论是纽曼的"有理智能力的人"，还是德国古典大学"有修养的人"，大学人才培养的目标都大致可属于远离实践的理论研究型人才。

---

① ［英］约翰·亨利·纽曼：《大学的理想》，徐辉译，浙江教育出版社 2001 年版，第45 页。

② 陈洪捷：《德国古典大学观及其对中国的影响》，北京大学出版社 2006 年版，第58 页。

　　一种教育思想或教育模式的出现是由教育的内外部环境决定的。作为现代大学肇始的柏林大学，其科学研究的人才培养观是与18、19世纪的科学发展水平、社会生产状况和教育发展阶段相适应的。首先就教育体系而言，本科教育处在整个教育阶梯的顶端，是一种终端式的本科教育，这就决定了本科教育层次从事的是最高深、复杂知识的教学、学习与研究，培养目标是直接能从事研究的学术人、政治人等精英。同时，精英教育的小规模也为这种教育实施提供了条件和现实的可能性。其次，就科学发展来说，当时自然科学发展的水平尚不高，科学理论尚不发达，况且自然科学引入到大学时间不长（从沃尔夫在哈勒大学、范希豪生在哥廷根大学引进科学课程算起不过几十年），因此本科水平的科学研究已经处于研究的前沿水平。最后，就社会生产水平方面而言，虽然此时工业革命已经发生，但是经济生产对工人的技术要求并不很高，技术工人的培养在实科中学和属于义务教育的初等教育即可实现，大学（本科）教育不关心普通大众的工作与生活。与这种情况相适应，作为雄踞教育阶梯顶层的大学本科教育，是一个人教育生活的终端。作为终端的大学教育具有两个特征：第一是高深知识教育，第二是精英教育。总而言之，传统大学（本科）教育是一种只有少数精英才能参与的高深知识教育。大学教育的职能和目标单一，就是通过高深专业知识的传授、学习和研究培养理论研究型的精英人才！

　　当我们说本科培养理论研究型人才，就是要本科教育能为社会培养适宜于从事理论探索（而不是关心实际应用）和科学研究（而不是接受基本知识）的学术精英。德国大学思想取得巨大成功，柏林大学的模式成为世界各国争相模仿的对象，理论研究的人才培养观同样作为宝贵的经验影响深远，甚至到今天仍然是本科教育工作者挥之不去的理想。正是在"理论研究型人才"培养目标的指导下，新中国成立以来，甚至直至今天，本科教育在培养模式上呈现出如下特点：一是培养模式上过早、过窄地专业化，因为现代科学的高度分化使得处于前沿的研究应是某一学科专业内部的研究，在学术领域里专业化是通向效率的最佳途径。二是教学内容强调系统性和理论性，要传授学生本专业所有知识，引领学生了解学术前沿和探索未知奥妙。三是在教学方法上重纯学理研究，着重理论思维和研究能力的培养。

二　高等教育大众化与本科教育的分化

但是从柏林大学创办至今的两个多世纪以来，随着科技、社会和高等教育自身出现巨大变化，本科教育培养理论研究型人才的条件不复存在。今天，科学的高度分化和融合、科研的综合化、精细化要求理论研究型人才培养的教育层次不断提高，社会生产技术的更新和发展，使市场需求人才的素质规格不断升级，特别是高等教育的大众化使得本科人才培养越来越偏离理论研究型人才的目标，而越来越关心作为大学生未来"谋生之道"的专门技艺。正如教育部副部长杜玉波所言："本科教育要稳定规模，以培养应用型、复合型人才为重点。要培养适量的基础性、学术型人才，但更重要的是要加大力度培养多规格、多样化的应用型、复合型人才。"①

在这些因素的共同作用下，整个高等教育体系被不断重构，在本科教育的两端分别出现了研究生教育和专科教育——处于高等教育中间的本科教育的地位、性质和职能发生了巨大变化：在高等教育大众化时代，本科教育不再属于特权，为少数精英所垄断享有，而是只要资质和经济条件允许任何人都可以参与。本科教育不再处于教育体系的最高端，而仅是作为教育阶梯的一层。在此基础上，本科教育的社会职能不断分化：对于意欲毕业后直接就业的大学生来说，本科教育继续位于教育的终端，培养的是直接进入社会、开始职场生活的就业人才，是导向市场并遵守市场逻辑的教育，因此可称之为就业导向本科；对于打算继续进入研究生阶段的大学生来说，本科教育却是扮演基础教育的角色，为研究生教育输送合格的生源，是导向学术并遵循学术逻辑的基础教育，因此可称为学术导向本科。这样，传统的本科教育就分裂为终结性的、职业准备的本科教育和研究（导向）型的、精英准备的本科教育。两种本科教育分别承担了学术准备和职业准备两种职能，履行精英培养和大众培训两种使命，成为两种不同的本科教育类型。

第一，就学术导向本科来说，它不同于过去雄踞教育顶端的本科，

---

① 杜玉波：《适应经济社会发展需要高等教育亟待转变发展方式》，《光明日报》2014年8月5日。

因为后者涉及的是当时最高深的知识。今天，由于科学进步使得本科教育不断"平庸化"，传授、学习、开发、应用高深知识的重心逐步上移至研究生阶段。今天的学术导向本科只是为学术研究做准备的教育，相对于研究生教育来讲，它仅仅是基础教育。今天，"本科阶段不是特定专业领域的完成教育，也不强调培养终生不断钻研的基础，而是要实行普遍性教育。基于这一观点，应重视基础和基本教育，通过传授与各相关学科的关系、学问及个人的人生及与社会的关系，培养学生自主发现和解决问题的基础能力"。① 显然，处于基础地位的学术导向本科教育培养的不是理论研究型人才，它只是为学术人才成长打基础、做准备，它的学生毕业后并不要求直接从事研究。

第二，就就业导向本科来看，它培养的更不是传统"理论研究型人才"。导向就业是传统本科教育没有过的新职能，它根本不同于学术导向。在高等教育大众化时代，高等教育"从一种'机遇'（就是为了竞争精英符号，精英属于社会上的少数人，因此是机遇性的）转变为一种'生活方式'（人人有机会进入高等教育，人们把进入高等教育视为生活中不可或缺的一部分，越来越符合自己对生活的设计，从而是一种生活方式）"。② 导向就业的本科教育不追求纯粹的学术，它的使命不在于为社会培养精英，而是要为大多数的学生传授"谋生之道"，为他们在未来社会中的工作和生活做准备。这一转变决定了就业导向本科必须密切关注产业升级和技术进步，在办学过程中遵循市场逻辑。

很明显，传统单一的"理论研究型人才"的培养目标已经不能涵盖本科教育为学术做准备和为职业生活做准备两种使命和职能中的任何一种，传统的本科教育人才培养目标遇到了极大的挑战。

三　从本科教育类型分化看就业导向的学科专业制度改革

本科教育类型的分化决定了培养目标的分化。不同教育类型和人才培养目标决定了不同的人才培养规格，不同规格人才的成长需要不同教育环境，对人才培养模式、课程设置、教学方法、教材选择等不同方面

---

① 《日本关于改善初等中等教育与高等教育衔接的审议报告》，《教育参考资料》2003年第7—8期。

② 王洪才：《大众高等教育论》，广东教育出版社2004年版，第79页。

产生不同的要求。实际上，在高等教育大众化时代，教育类型的分化不仅限于本科教育，也蔓延到了研究生教育，不但本科教育可以分化为学术导向的本科和就业导向的本科，研究生教育也分化为专业学位研究生教育和学术学位研究生教育，它们在人才培养目标、专业设置、课程设置等方面均有极大的不同，这些都对就业导向的学科专业制度改革提出了要求。

首先，在文本层面的学科专业目录上，要以学科专业目录的分化来引导高等教育类型的分化和高校人才培养的分化。我们要突破传统的单一理论学术逻辑的学科专业目录，要么根据教育类型为学术导向和就业导向本科分别制定学科专业目录，要么就是改造目前理论学术逻辑的学科专业目录，兼顾满足应用型教育发展的需要。总之，我们不但不能用一个学科专业目录来覆盖不同层次的高等教育，而且本科层次高等教育也最好不要只有单一理论学术逻辑的专业目录来统领，区分不同的教育类型，制定更有针对性的学科专业目录可能更有利于人才培养的分化，企图用单一理论学术逻辑的学科专业目录来规范同一层次所有人才培养，是既不合理，也行不通的。

其次，在管理层面的学科专业制度上，要因应不同类型本科教育的要求实行不同的学科专业管理体制。以本科教育为例，相对于学术导向的本科教育来说，就业导向的本科教育与市场结合得更加紧密，培养目标、课程设置、教学内容变化得更快。显然，在这种情况下，对这两种本科教育学科专业管理的权力配置要求不一样。对于就业导向的本科教育来说，为了促进充分就业和人才培养的分化，学科专业管理的重心要更低一些，以便高校能更加便捷地接受市场信号，人才培养更加紧密地贴近学生个性需求和市场人才需求。

最后，在组织层面的学科专业制度上，不同类型教育对学术组织的设计和管理的要求也不同。目前我国高校的基层学术组织基本上是与学科专业目录一致，无论是按照学科门类设学院、一级学科设学系，还是按一级学科设学院、二级学科设学系，都是理论学术逻辑在学术组织层面上的反映。显然，这种学术逻辑的组织设计很好地契合了理论学术型教育的需要，但是对于应用型教育来说却并不合适。

第三节　大众高等教育的个性化与就业导向的
学科专业制度改革

一　大众高等教育从某种意义来说就是个性化高等教育

教育个性化是 20 世纪以来的重要思潮之一，西方马克思主义、存在主义、后现代哲学、人本主义心理学等都为其提供了"精神营养"和思想基础。如以马尔库塞为代表的西方马克思主义认为，现代工业文明造就了只有物质生活、没有精神生活、没有创造性的麻木不仁的"单面人"，现代社会的整合趋势带来的整个社会"单面性"，即只有肯定性，没有否定性和批判性，对抗、矛盾已经或正在消失，社会与生活在这个社会中的人都丧失了具有创造性社会批判功能的那个向度，只剩下维护、肯定现在秩序这样一个向度。在这样一个全面异化的"单面社会"中，人性受到普遍的压抑。在以人的实现和人的解放为目的的革命中，"未被同化"的技术和科学知识分子成为重要的革命主体力量。马尔库塞的思想对高等教育的个性化产生了重要的影响，在他看来，高等教育需要唤醒和培养人的个性，阻止人的"单面化"，培养能够打破"单面社会"的革命力量。存在主义将人的实现作为人的存在的重要意义，在教育问题上，存在主义学者认为"自由"和"选择"是学生自我实现的重要保证，他们反对教育过程、教育内容上的"齐步走"和千篇一律。后现代主义则强调"去中心""去本质""去基础"，它认为教育应该立足于不同文化的差异，而不必受拘于"逻各斯"的权威标准。①

关于教育个性化的阐述很多，所指内涵比较广泛，一般指的是对教育对象个性的培养，"培养个人的自主意识和自决能力，培养个体的人文素质和在社会变动中的创造性适应能力"② 等。但是，本书在这里所指的高等教育个性化，并不仅仅是从培养目标和规格的角度出发，而且还包括从高等教育制度安排的意义来谈，即基于受教育对象的独特特点

---

① 郭恒亮：《对教育个性化思潮的思考》，《煤炭高等教育》2010 年第 9 期。
② 王洪才：《大众高等教育论》，广东教育出版社 2004 年版，第 173 页。

所实行的有区别的高等教育安排。

高等教育大众化在深层次上意味着高等教育在质的层面上的全面根本变化。这种变化表现为高等教育思想、理念、价值倾向的重新定位，表现在高等教育与社会的关系以及其内部各种关系的重新调整，表现在高等教育利益相关主体利益、地位和权力的重新规范。可以说，高等教育大众化是高等教育自身的一次全面蜕变，标志着高等教育一个全新的阶段。这其中，个性化可以说是这一阶段高等教育的突出特征。"与精英高等教育相比较，大众高等教育的根本特征就是一般大众能够从中充分受益。而尊重个性既是它的出发点，必然又是它的归宿。因为大众受益的直接表现是每个个体对高等教育的需求都能够获得满足"。[①]

高等教育大众化必然带来高等教育个性化，这里可以从如下几个方面来分析。

（一）高等教育个性化是高等教育大众化阶段教育民主化的必然要求

从教育发展的理念来说，与精英高等教育相比，高等教育大众化不仅意味着入学规模的扩大，还意味着高等教育发展方向上的重新定位。在精英教育阶段，由于教育对象来自于特定的社会阶层，培养目标有明确的社会定位，高等教育是为特定的社会群体服务，为特定的社会阶层培养人才，教育发展的定位比较单一。但是进入大众高等教育阶段以后，这一情况发生了重大变化。

高等教育的大众化是普通教育大众化的延伸，其本身就是教育民主化发展的结果。教育民主化首先就是教育机会的公平，打破特殊群体对教育机会的垄断，允许普通大众公平分享教育资源。所以，教育民主化必然带来教育大众化。马丁·特罗就是在其1962年撰写的《美国高等教育民主化》一文中首次提出了"大众高等教育"这一概念。其次，教育民主化还意味着发展机会的公平，意味着对每个个体个性价值的尊重和每个个体同等的发展权利，意味着每个人都有权利接受最适合的教育。这样，教育大众化就要求为每个个体提供最好的教育，在这里，"'最好'不是'相同'，而是'最好的效果，'是指照顾了每个人的实

---

① 王洪才：《大众高等教育论》，广东教育出版社2004年版，第75页。

际需求，符合了他的个性发展方向。"① 同时，大众化还带来教育的重新定位。"个性化对高等教育的人才培养目标提出了新要求，它要求高等教育不再是把学生训练成适应某一学科传统要求的人，也不是把学生塑造成适应某一职业、某一专业需要的人，而是要把学生培养成一种具有主动适应未来世界变化的能力和个性倾向特征的人。这就要求打破传统的学科专业设计模式，对课程内容进行开放性的设计，使学生在社会的变化发展中能够将所学的知识快速地转化成为社会所需要的技术和判断能力"。②

（二）高等教育个性化是高等教育大众化阶段学生群体多元化的基本要求

从学生方面来说，与精英高等教育相比，高等教育大众化不仅意味着入学规模的扩大，还意味着入学群体的多元化和学生兴趣爱好的多元化。"在工业化国家，过去一个多世纪中高等教育一直为中产阶级所主导；随着中产阶级的壮大，大学不断扩展。入学机会延伸到劳工阶级子女。在发展中国家，目前中产阶级甚至劳工阶级家庭的子女都有机会接受高等教育。在许多国家，非传统学生现在也能进入高等院校。女生比例有了显著的提高：在美国和大多数欧洲国家，女生在高校学生中占到一半以上，尽管这一分布在不同学科之间存在较大的差别。学生群体的日益多样化，意味着共同的学生文化不复存在"。③ 可见，学生群体多元化最突出地表现在两个方面的学生群体的增加：一是在精英教育阶段里因为阶级、成分、种族和肤色等社会原因不能入学的学生群体。二是精英教育阶段里因为智力和能力等个人原因不能入学的学生群体。两类学生群体的加入改变了精英教育阶段里学生群体单一、素质能力划一和思想价值同一的学生结构。

多元的学生群体带来多元的学生禀赋、个性倾向，入学群体的异质性就要求人才培养个性化，多元的学生群体因为社会原因和个人原因提出了不同发展需求，这就要求高等教育改变过去统一、整齐的人才培养

---

① 王洪才：《大众高等教育论》，广东教育出版社 2004 年版，第 71 页。

② 同上书，第 173 页。

③ ［美］菲利普·G. 阿特巴赫：《高等教育变革的国际趋势》，蒋凯译，北京大学出版社 2009 年版，第 16 页。

制度，从不同学生群体的特点出发实行有区别的高等教育安排，"从课程内容到教学模式，到最终的人才成长规格的形成，都需要体现出个性的特色，因为满足多样化的唯一途径就是走个性化之路，个性化就是要设计适合于不同个体发展的最佳路线"。①

（三）高等教育个性化是高等教育大众化阶段人才培养分化和大学生就业的现实考虑

如前所言，规模较小的精英高等教育学生群体同质，培养定位单一（理论研究型人才），社会定位相同（社会精英），所以在目标规格和制度安排比较集中统一。但是进入大众化阶段，一方面因为庞大的教育规模使得社会任何一个层次都无法容纳如此庞大的就业群体，大学生就业方向从过去相对集中在高层次演变为弥散在社会各个层次，例如近年来在环卫、屠宰、卖肉等行业中就业的大学生屡见不鲜。就业方向的发散性要求高等教育必须打破过去单一同质的人才培养安排，促进人才培养分化，对接市场的多元人才需求。另一方面，市场中人才需求的多样性也在倒逼推动大众化阶段高等教育的个性化。社会是一个系统，不仅需要理论研究型人才、工程型人才，也需要技术型、技能型人才；不仅需要科学家，也需要清洁工和技术员，缺一不可运行。进入知识经济时代，当社会需要的人才大部分需要通过高等教育来提供的时候，社会对人才需求的多样性也就要求高等教育人才培养的个性化，这也是高等教育面对市场需求的现实考虑和必然选择。

二　高等教育个性化对就业导向的学科专业制度改革的启示

我国现行学科专业制度最突出的特点就是统一性和权威性。就其统一性来讲，学科专业目录适用于全国实行同一层次教育（专科、本科或研究生教育）的所有高校，不同行业、地区和类型高校都要共同遵守。就其权威性来说，学科专业目录是中央政府发布并强制要求全国高校予以执行遵守的"法定"文件，不但政府依据这一目录来进行指标分配和资源配置，而且高校也据其来进行人才培养、科学研究和组织管理。在这种制度下，学科和专业成为统一、固定、独立的人才培养单元或平

---

① 王洪才：《大众高等教育论》，广东教育出版社 2004 年版，第 75 页。

台。不同高校开设的学科和专业不但名称一致，而且课程设置、教学大纲甚至培养过程也完全相同。进入学科专业目录的学科和专业一旦确定就在一定时期内稳定不变，是国家计划指令直接指向的对象。不同学科、专业相互独立，没有牵扯和沟通，每一个学科专业都有自己完整、系统和成熟的内涵，可以看作是"即插即用"的固定模块。

高等教育大众化对传统学科专业制度提出的第一个问题就是如何处理学科专业目录的统一性、权威性和大众化背景下高等教育的个性化之间的尖锐矛盾，这就为就业导向的学科专业制度改革提供了诸多启示。

（一）人才培养的个性化要求增强学科专业目录执行的弹性空间

如前所分析，传统的学科专业制度是建立在同质的入学群体和统一的培养目标基础之上的。很显然，群体和兴趣爱好的多元化对传统的学科专业制度提出了挑战。面对异质的学生群体和多元的兴趣爱好，高等教育不但不能再以统一的培养目标、课程设置和教学内容来要求同一学科、专业的所有学生，而且还不能以有限的专业种类和方向来限制多元的兴趣爱好。显然，在这种情况下，为了满足学生的不同个性需求和兴趣爱好，我们必须要改革过去权威统一、高度集中的学科专业目录，增加学科专业目录的弹性，给予不同地区、不同层次、不同类型高校在实际执行"法定"专业目录过程中相机权宜的空间和形成个性的余地，促进人才培养分化。

应该说，尽管我国一直在实行学科专业目录制度，但是高校在执行学科专业目录过程中的自主权力是在不断扩大。如在 20 世纪 50 年代，政府不但颁布专业目录，明确了专业的人才培养目标和素质规格，而且甚至还为每个专业制定了全国统一的教学计划和教学大纲。到 1985 年，中共中央《关于教育体制改革的决定》则明确规定了高校"有权调整专业的服务方向，制订教学计划和教学大纲，编写和选用教材"，在理论上赋予了高校设置课程、确定教学内容的权力，从而为高校在创新专业人才培养模式、培养目标、素质规格上提供了空间，为高校形成办学特色提供了可能。但是，目前来看，如第四章第三节所述，由于国家统一规定的课程过多、学科专业目录中的专业介绍的权威"示范"、淡化专业、大类培养的培养导向以及政府统一评估等各种原因，学科专业目录仍然缺乏足够弹性，实际上留给高校的执行权力仍然非常有限，高校人才培养仍然高度趋同，缺乏分化创新的空间。

很显然，要考虑多元化的学生群体和兴趣爱好，必须改造传统统一死板的学科专业目录制度，增加高校在执行学科专业目录过程中自主创新的空间，给予高校在创新人才培养目标、课程设置等方面的实际权力，鼓励高校设置有特色的学科专业，而且学科专业制度还要为大学生提供更多的自由空间，赋予他们更多的对专业、课程、教师和其他教育资源进行跨学科、跨专业选择的权利，甚至在可能的情况下，允许他们创新学科专业、独树一帜，而不能以固定统一、封闭分割的学科专业制度限制他们的发展。

（二）就业的个性化、人才培养的分化要求降低学科专业制度的统一性和权威性

当高等教育与经济、市场协调发展时，高等教育的大众化并不必然带来大学生就业难的问题。我国当前的大学生就业难问题主要还是结构性问题，其原因不是因为人才的供给大于需求，而是因为供给与需求不能配套，即供非所需，需非所供，高校培养的人才在素质规格和数量结构上不能符合市场的人才需求。

如前所述，造成结构型就业难的原因很多，其中主要的原因就是高校人才培养在传统学科专业制度的制约下出现了高度趋同，这在高等教育大众化的背景下就造成了特定类型、规格人才的大量重复培养和其他类型、规格人才的严重稀缺，从而造成了大学生就业难和人才市场人才短缺两个矛盾现象的并存。

在高等教育大众化时代，高校的人才培养必须分化，避免趋同，实现个性化培养。这不仅是因为高等教育大众化时代学生学习和发展需求多元化，要求接受个性化的教育，更重要的是，只有通过多元化和个性化培养实现人才培养分化，丰富人才培养的种类和方向，提高毕业生群体在知识和能力方面的异质程度，才能有效地满足市场的多元人才需求，从而实现大学生的充分就业。

显然，要实现高校人才培养分化，最重要的就是要改革权威统一的学科专业制度，不但要增加学科专业的种类，下放学科专业设置权，而且要给予高校创新专业和课程设置的自主权，鼓励高校形成人才培养的特色，不但在学科专业设置上要有特色，而且同一学科专业在培养方向

和课程结构也要形成差别。

第四节　高等教育大众化对学科专业组织制度的影响

学校规模的增长随之带来机构组织问题。[①] 当高等教育走向大众化时，高校的组织与管理会发生根本性变化。[②] 在马丁·特罗所归纳的从精英向大众高等教育转变中可能出现的 14 个变化中，其中有 4 项（高校管理者、高校管理模式、最终决策权及高校与社会的界限）就与高校组织形态和管理有关。所以，就业导向的学科专业制度改革就需要从高等教育大众化的角度来考察学科专业组织制度的变革。

一　"巨型大学"的组织形态

从 20 世纪末高校"扩招"以来，我国高校的办学规模在不断攀升。以"扩招"前的 1998 年和 2013 年为例，全国普通高校的在校生总数从 340.87 万人增加到 2468.07 万人，后者是前者的 7.24 倍，而普通高校数从 1022 所增加到 2491 所（含独立学院 292 所），仅仅增长一倍多一点。在这两个数字变化的同时，普通高校的校均在校生数则从 3335 人增加到 9814 人，而本科院校的办学规模平均达到了 14261 人。[③] 在这一过程中，综合大学的办学规模急剧增长，动辄两三万人，四五万人的大学比比皆是，一些大学的在校生数甚至到了近 10 万人，出现了名符其实的"巨型大学"。

组织规模是组织设计的重要考虑因素之一，组织规模的变化是组织变革的主要动因。在高等教育大众化的进程中，高等教育规模的扩大对高等教育的组织形态产生了巨大影响。这种影响表现在两个层面：一是在宏观层面上，高等教育总体规模的扩大使得高等教育系统发生急剧变化，这不仅表现在高等教育机构数量的快速增长上，还表现在高等教育

---

① ［法］雅克·韦尔热：《中世纪大学》，王晓辉译，上海人民教育出版社 2007 年版，第 21 页。

② 赵炬明：《中国大学与院校研究》，《高等教育研究》2005 年第 8 期。

③ 数字来源于 1998 年和 2013 年教育部《全国教育事业发展统计公报》。见教育部网站 http：//www.moe.edu.cn/business/htmlfiles/moe/moe_ 335/list.html 2014－4－1。

机构在类型上的不断丰富上，在传统的本科层次的研究型大学的基础上，一些过去没有的新型高等教育机构诞生并得到快速发展，如在本科层次上出现的应用型大学，在专科层次上出现的社区学院（高职高专），借助现代教育技术出现的开放大学、远程大学，等等；二是在微观层面上，高校规模的扩大催生了"多元化巨型大学"（Multiuniversity），这种大学相对于传统的"纽曼式"大学和弗莱克斯那的"现代大学"来说，不仅是学生数量和校园面积的大幅增长，而且还是在组织结构、大学管理、使命职能和生活方式上的全面变革。例如，在组织结构上，按照克拉克·克尔的理解，多元化巨型大学是一个不固定的、统一的机构。

> 多元化巨型大学是一个不固定的、统一的机构。它不是一个社群，而是若干个社群——本科生社群和研究生社群；人文主义者社群、社会科学家与自然科学家社群；专业学院社群；一切非学术人员社群；管理者社群。多元化举行大学的界限很模糊，它延伸开来，牵涉到历届校友、议员、农场主、实业家——而他们又同这些内部的一个或多个社群相关联……一个社群，像中世纪教师与学生社群，应当有共同的利益；在多元化巨型大学中，这些社群各不相同，甚至互相矛盾。一个社群应当有一个灵魂；一个唯一的活生生的原则；多元化巨型大学有若干个灵魂——其中有些灵魂是相当好的，尽管对那些灵魂确实值得拯救的问题争论不休。[①]

可见，多元化巨型大学是一个复杂的、充满矛盾的松散组织。实际上，在高等教育大众化时代，高校规模的扩张使得高校组织"被迫"进行重构，组织形态和管理结构不得不重新调整，以适应不断增加和分化的学生需求。其中，相对于过去最突出的变化，就是高校行政管理人员的"异军突起"和行政管理组织的急剧"膨胀"。本节在这里研究的是高校规模的扩张对高校学科专业组织的影响，不打算就这一问题全面

---

① ［美］克拉克·克尔：《大学的功用》，陈学飞译，江西教育出版社1993年版，第12—13页。

铺开，而是要聚焦于大众化背景下高校基层学术组织的变化。

二　高等教育大众化时代高校基层学术组织的显著变化

尽管各国高校基层学术组织设置不尽相同，但是在高等教育大众化的进程中都出现了趋势相同、方向一致的学科专业组织变革。这里，我们以欧洲高校的讲座和中国高校的教研室两个组织为例，集中来看一下高等教育大众化时代高校基层学术组织的变化。

（一）欧洲国家的讲座

本书在第六章已经谈到科学转型带来了高校学科专业组织的变化，其中一个突出的变化就是以现代德国大学为代表的讲座制的衰亡。复杂性理论认为，因果都不是简单地线性对应的，任何变化都不是某一单一的力量使然。讲座制为学系制所取代是科学转型发展的必然结果。但是这一高校基层组织的变革之所以在特定时期大规模地完成必有其他的原因，高等教育大众化可能是推动讲座制退出"江湖"的另一只"幕后黑手"。如前所述，欧洲国家相继取消讲座制、实施学系制大都是在20世纪60年代前后，这一时期也正是欧洲各国高等教育规模急速扩张、高等教育进入大众化的重要时期。高等教育大众化在三个方面对讲座制发起了挑战。

首先，讲座制与大众化阶段高等教育的培养目标产生了不可调和的冲突。在以柏林大学为代表的现代德国大学里，讲座制之所以作为一种基层学术组织被牢固地确立起来并广泛流行，其根本原因还在于讲座制是体现"教学和科研相结合"原则的最理想的形式。在"由科学而达至修养"的教育理念的指导下，科学研究被认为是培养人才的最好途径，讲座制实现了教学和科研的有机结合。在讲座里，讲座教授既是特定学科人才培养的负责人，负责课程计划和教学安排，也是特定学科方向的科研团队的带头人，教授以及讲座的其他副教授和讲师等既是授课的教师，也是具体的研究者。学生既是教学和培养的对象，也是初级研究人员和教师进行研究的助手。这种"研究型"大学中的"研究型"教学和"研究型"学习，其根本就是培养"研究型"的人才，而这也只是在精英教育阶段才有可能存在的。

但是进入高等教育大众化阶段，伴随高等教育规模扩张的同时不仅是入学群体的多元化，而且还有就业方向的多元化。由于大学生学术基础、兴趣爱好日益分化，加上社会对人才的需求也日益多元，使得高等教育从过去"专心于"理论研究型社会精英的培养转向更多地传授普通大众实用的"谋生本领"。从某种意义来说，如何培养适应市场需要、具有较强应用能力的应用型人才是高等教育的主要任务之一。而毕业生能否在人才市场中就业、是否受到用人单位的欢迎，逐渐成为高校办学的主要压力，也成为社会对高校进行判断的主要依据之一。在这种情况下，以培养研究型精英人才为目的的讲座制显然不能适应高等教育大众化的需求。

其次，高等教育大众化所带来的规模扩张使得讲座制不堪沉重的人才培养任务。进入高等教育大众化阶段，高校学生人数急剧增长，师生比快速下降。教授已无暇顾及到所有的学生，而且工作量也随之猛增，效率下降是不足为怪的。当高校的规模扩大到一定程度时，光靠教授们负责教学计划、财务管理和教工管理是不合适的，他们虽然拥有渊博的学识，但这不能代表他们也具有同样出色的管理水平。教授很难有足够的时间和精力投入日常的教学和科研管理、人员的聘用、资源的分配和使用等大量的烦琐事务中。[1] 高校需要引入专业化的管理人员来负责过去由教授们兼职的行政管理工作。同时，学生数量、教学任务的增加已经使得一人负责、人数不多的讲座难以负担。只有建立拥有更多学术人员、更多学科人员的更大规模的基层学术组织，才能承担得了课时日益增加、教学科目日益增加的人才培养任务。显然，在高校规模扩张面前，讲座制不堪重负，表现出极大的不适应性。

最后，高等教育大众化所承载的教育民主思想与讲座制所表现出的学术专断独裁格格不入。教育的大众化就是教育的民主化，高等教育大众化所带来的教育民主不仅表现在高等教育对地位、阶级、种族等的开放，也表现在教师之间民主平等和师生之间的民主平等。其前者表现在高校入学权利的平等和入学群体的多元，后者表现在培养目标、课程设置、教学方法上的多元参与和权力共享，特别是教师之间协商和大学生对教学事务的参与。传统的讲座制本身是一个充分自由和高度专断的矛

---

① 李治等：《从讲座制的兴衰透视学术组织结构形式的演变》，《学园》2009 年第 1 期。

盾结合体。在坚信"学术自由"理念的现代德国大学里，大学的组织设计、权力分配和行政管理是以有利于科学研究和学术自由来进行的，讲座在科研方向、经费预算、人事聘用、设备设施等方面被赋予了甚至超越大学的权力。但是，在讲座内部，教授作为讲座的主持者又被赋予了至高无上的绝对支配权力。"大学中教授是他的研究领域中的唯一一名讲座持有者，同时也是研究所唯一的负责人。在他的领域中，研究和教学由他负责"。在教授的带领下，师生通过科学研究进行教学和学习，不同阶衔的教师服从于教授的教学指令。① 很显然，这样一种外部自由和内部专断的组织设计初期在促进科学研究、推动科学发展之后，很快就陷入一种权力滥用和腐败横行的境地。进入高等教育大众化时代，这种教授独裁的讲座制显然与有民主自由"基因"的高等教育大众化格格不入，很快就被学系制所取代。

（二）新中国的教研室制度

在高等教育史上，苏联和新中国高校的"校—系—教研室"② 组织模式是在现代西方大学之外的一种组织创新。这一模式不但将科研机构"干净"地从高校中驱逐出去，还富有创意地设计了作为教学和人才培养基层组织的教研室。在"校—系—教研室"三级模式里，高校在专业之上设系，一个系对应于一个或几个接近的专业。在系内，根据课程来设置教研室，一个教研室对应于一门或几门接近的课程。在这样线性组织起来的系统里，教研室是最基层的教学组织和严格的教学研究组织，也是人事管理意义上的教师组织。

教研室作为一种高校基层学术组织，其本身除了是作为计划经济体制的产物外，还是与精英高等教育的特点相适应的。教研室只能是在精英教育的条件下才能存在并发挥重要作用。因为在精英教育条件下，一方面，高校教育规模相对较小，教师数量不多，专业相对较少，课程设置相对简单，为数不多的教师可以根据为数不多的课程来划分，并被组

---

① ［加］约翰·范德格拉夫：《学术权力》，王承绪译，浙江教育出版社2001年版，第23页。

② 20世纪50年代院系调整时期设置的基层教学组织名称为"教学研究指导组"或"教学研究组"（简称教研组），这一组织后来逐渐附加了研究生培养和部分的科学研究的职能后被改称为"教学研究室"（教研组）。但其组织职能和性质在本质上仍然是一脉相承的。本书在这里不进行细分，统称为"教研室"。

织到为数也不多的教研室中去，教研室的目的清晰，任务明确，人员固定。另一方面，因为专业和教学计划的权威、统一、固定，课程设置也非常固定，这样才可以在其上建立起相对稳定的教研室，作为高校的一级组织存在。

但是自20世纪90年代以来，在大规模院校合并的背景和快速推进的高等教育大众化进程中，新中国建立起来的高等教育系统逐渐被彻底改造，单科性院校被取消，多科性和综合性成为高校的发展方向，过去的"校—系—教研室"组织模式逐渐瓦解。因为院校合并或者高校"扩招"使得高校的办学规模日益扩大，原来高校与行业（学科）、系与专业相对应的局面被打破。在多学科或综合高校中，学科门类大量增加，建诸在一个或几个相近学科门类（或一级学科）之上的学院成为高校新的中层单位，而学院内部则在一级（或二级）学科之上建立学系。这样，新中国成立前高校的"校—院—系"模式又重新出现并成为一种最普遍的高校组织模式。在这一过程中，作为基层组织的教研室要么被取消，要么被弱化，名存实亡。

深入分析，这一"去教研室"潮流的主要原因大致如下：一是院校合并和高校"扩招"后，高校教师数量和人才培养规模成倍地增长，一个二级单位的学生动辄数百上千人，而教师也轻易就达到几十甚至上百人。在这种情况下，如何组织教研室、教研室如何管理教师和学生就越来越成为一个难题；二是适应减少组织层级、建立扁平型组织和柔性化组织的需要，高校在新增加了学院层次的同时将教研室撤销或者弱化，以提高组织效率；三是在高等教育大众化时代，适应学生群体多元和教育个性化的要求，高校专业和培养方向不断多元，课程数量不断膨胀，更新速度也越来越快，在这种情况下，高校无法以课程为基础来组织相对稳定的教研室，作为高校的基层教学组织。

三　高等教育大众化对高校基层学术组织的挑战

前面关于讲座制、教研室的退出与转型的论述，是以实例典型地说明了高等教育大众化对高校基层学术组织的冲击。在此基础上，我们可以在一般规律性的层面上来归纳高等教育大众化对高校基层学术组织设计和管理提出的要求，为就业导向的学科专业制度改革提供启示。

（一）要求管理重心日益下移

进入高等教育大众化时代，由于高校的"扩招"和高等教育管理体制改革所带来的院校合并，我国高校的校均规模急剧增长，很多高校都成为了名副其实的"巨型大学"。由于在校生规模的扩大和入学群体的多样，再加上大学使命的增加和职能分化，巨型大学越来越成为一个既统一又多元、既联系又分裂的松散联合体。显然，巨型大学不再像传统大学那样是一个统一的整体，而是一个相对分散的组织联盟。这一组织变化对高校管理产生了重大影响，其中突出的倾向表现为大学的分权和扁平化管理。

新中国成立以来，我国仿照苏联建立了一个与计划经济体制要求相适应的高等教育系统。对于这个系统管理具有两个鲜明的特点：其一是高校是政府的部门，高等教育服从国民经济建设的需要，高等教育管理的权力集中于政府和中央。其二在高校内部，由于规模较小、学科单一（大部分高校是单科性高校，专业性质相对统一）、使命明确（以为特定行业培养人才为目标），高校更多地倾向于实行"科层制"的管理体制，权力集中于学校，院系管理的权限相对较小。高等教育大众化以来，这种统一集中的管理体制表现出越来越多的弊端。

首先，由于规模的扩大、学科的增加使得学校的统一管理越来越"失灵"。这种"失灵"也表现在两个方面：一方面是因为管理幅度的扩大，学校无力事无巨细地管理一切事务；另一方面则是因为学科专业性质的不同和学院发展水平的差异，学校统一的政策难以顾及不同学科、学院的个性特点，院系办学的弹性很小，从而造成"瞎指挥"的现象。特别是在高等教育大众化时代，由于入学群体的异质要求高校办学的多元化和人才培养的个性化，统一的管理极大地"窒息"了院系办学的创造力，难以形成个性化、特色化的人才培养。

其次，学校统一的管理越来越束缚了院系的"手脚"，压抑了院系办学的主体性和积极性。特别是在高等教育市场竞争日益激烈的情况下，学校的统一管理使得学院不能及时地"接受"市场信号，积极主动地参与市场竞争。

显然，在高等教育大众化时代，适应规模扩大、学科增加和个性培养的需要，高校需要下移管理重心、积极扩大学院办学自主权，充分激发院系办学的积极性，释放院系的办学活力。

（二）要求基层学术组织日益"软"化

组织的"软"和"硬"是衡量组织开放与封闭的形象说法。组织越"软"，说明组织越开放，其边界越不明显，与环境的交流就越多。组织越"硬"，说明组织越封闭，其边界就越明显，与环境的交流就越少。

在传统的学科专业制度下，高校基层学术组织和学科专业目录是对应的，高校是根据学科专业目录来设计和架构其基层学术组织，高校基层学术组织是学科专业目录与特定人财物资源的结合。

我国的学科专业目录是根据学科分类的逻辑线性垂直地设置专业。在目录里，不但学科与学科之间界限分明，而且就是同一学科之下的不同专业之间也是封闭自立，每个学科对应自己特定知识领域和专业，每个专业都有自己独立的培养目标和知识体系，不仅几乎没有交叉学科的存在，而且也没有为跨学科的专业留下空间。显然，按照这种学科专业目录来设计的高校基层学术组织自然是硬度非常高的组织，其边界自然非常明显——学科和专业都成为拥有独立人、财、物资源的组织实体，成为一个个封闭自满的"独立王国"。这样，高校的人、财、物资源实际上是由不同的基层学术组织分占割据，知识、教师、学生、设备、图书等归不同的院系室所有，不能在校内流动交流。进入高等教育大众化时代，这种组织分裂、资源割据的基层学术组织生态已经严重不适应规模扩张后高校的办学实际，"软"化基层学术组织边界成为大众化时代高校基层学术组织改革的一个重要方向。

1. 提高资源利用效率要求日益"软"化边界。进入高等教育大众化时代，高校获取的资源不可能与规模扩张同等比例地增加，所以，资源紧张是大众化时期高校办学的一个普遍性问题。如何解决资源紧张问题、满足日益增加的资源需求是大众化时期高校管理的重大核心问题。显然，除了扩大资金来源渠道之外，通过促进资源共享、提高资源使用效率也是解决这一问题的重要途径。这就显然要求高校打破实体化的学科专业组织模式，"软"化院系边界，将资源从具体的教学单位所有转变到归高校整体所有，促进资源要素在高校内部的自由流通和共享，鼓励跨院系、跨学科专业的研究、教学和学习。

　　2. 促进教育个性化和人才培养分化要求日益"软"化组织边界。个性化是大众高等教育的典型特征。大众高等教育要根据多元学生群体不同的个性心理特征和学业水平基础，实施个性化的培养过程，培养个性化的人才，满足社会的多元需要。而培养个性化的人才就是要打破目前单一学科内的专业设置制度和基层学术组织实体化的倾向，鼓励学生跨学科地选择学习内容，扩大知识组合的视野，丰富知识组合的形式。显然，这就需要高校"软"化院系边界，打破知识、教师、学生、设备等资源的院系分割，允许教师跨院系、跨学科的教学和研究，给学生跨院系、跨学科地学习的权利和空间。

　　第五、六、七三章分别从宏观经济社会体制改革、科学转型和高等教育发展等三个维度来阐述了传统学科专业制度面临的挑战。实际上，就我国来说，这三个因素几乎是前后紧接甚至是同时进行的，它们共时性地叠加作用于学科专业制度，共同推动学科专业制度的改革，也为就业导向的学科专业制度改革指明了方向。

第八章

走向就业导向的学科专业制度

本书第四章阐明了大学生就业难、高校人才培养分化和学科专业制度之间相互作用的逻辑机理。从根本上解决大学生就业难问题，需要促进高校人才培养充分分化，这就需要在深层次上改革自20世纪50年代建立起来并延续至今的学科专业制度。

当前的学科专业制度反映并适应的是计划经济体制、20世纪上半叶以前小科学时代和精英高等教育的要求和特点。今天，在大学生就业难问题面前这一制度所面临的困境，其实就是市场经济体制与计划经济体制的矛盾、科学转型前与科学转型后的矛盾、精英高等教育与大众化高等教育的矛盾等三大矛盾在学科专业制度问题上的集中反映。

当前，推动学科专业制度改革，构建就业导向的学科专业制度，需要我们立足学科专业制度环境的转变，以促进高校人才培养分化为目的，推动学科专业制度在文本、管理和组织层面的改革。

本书第五、六、七三章探讨了学科专业制度环境的转变，从宏观经济社会体制改革、科学转型和高等教育大众化等三个方面考察了新的制度环境对学科专业制度改革的要求和启示。在此基础上，本章集中阐述就业导向下的学科专业制度改革方向和具体的策略建议。

第一节 确立"生成型"学科专业制度的改革理念与方向

一 学科专业制度的两种理念

学科专业设置是学科专业制度的核心，学科专业制度在根本上主要涉及两个问题：谁来设置、怎样设置。纵观世界各国高等教育学科专业设置情况，围绕这两个问题形成了两种不同类型的制度理念："规范型"和"生成型"。

"规范型"是建立在高校外部某一权威（通常是政府）之上，外部权威通过制定统一、有约束力的学科专业设置规范，作为所有高校学科专业设置的合法依据，并对各高校的学科专业设置进行统一管理。显然，在这一模式里，学科专业设置的主体在高校之外，权力由高校之外的权威主体来行使。而且在学科专业设置中，权威主体以统一的、标准化的学科专业设置规范文件对所有高校的学科专业设置进行统一管理。所以这一模式的显著特点就是"外在权威"和"统一管理"。

与此相反，"生成型"则强调学科专业设置跟随时代和环境的变化自动生成。这样，设置主体不再是高校外部的权威，而是使用、依靠学科专业进行教学、研究的高校及其内部的主体，因为只有高校及其内部主体才能及时掌握科学技术发展的最新态势、学生对学科专业的需求和市场对专业人才的需求，才能根据这些信息与时俱进地进行学科专业设置。显然，这一模式的突出特点就是"内在的动力推动"和"即时的生成更新"。

"规范型"和"生成型"的学科专业设置理念在实践中表现为两种不同的学科专业设置模式，其中"规范型"以苏联和我国为例，"生成型"则以美国和一些欧洲国家为例。在苏联和我国，高等教育的学科专业设置由政府（主要是中央政府）统一规范，政府颁布具有法令色彩的学科专业目录，不但高校的学科专业设置要在这一目录的框架之内进行，而且设置的科类范围、数目的调整都必须由政府批准或审批，高校在学科专业设置方面没有根本的自主权。[①] 在美国和一些欧洲国家，高等教育实行高度分权，大学自治、学术自由等理念根深蒂固。学科专业设置作为高校一项重要的学术工作，长期以来一直被认为是高校自己的事务，高校在自己的学科专业设置上具有充分的自主权。在美国，不仅没有中央发布、强制全国高校都要执行的学科专业目录，各高校在学科

---

① 我国近年来所进行高校自主设置专业改革，其实也只是在国家颁布的学科专业目录内进行自主设置专业。

专业设置上表现出充分的个性和特色，而且这一情况也为高校创新学科专业设置、满足市场多元需要、促进人才的个性化、多元化培养提供了空间。

二　就业导向的学科专业制度改革需要确立"生成型"的改革方向

如第四章所述，当前大学生就业难并不是因为高校"扩招"导致大学生"供过于求"，而是在传统的学科专业制度下，由于高校人才培养趋同引起了就业的结构性矛盾所致。从根本上解决大学生就业难，就是要在深层次上改革学科专业制度，促进高校人才培养充分分化。在今天的制度环境条件下，就业导向的学科专业制度改革需要将"生成型"作为改革的方向，这里有两个方面的理由。

（一）"生成型"学科专业制度更有利于人才培养分化

首先，"生成型"制度的重心在高校，学科专业设置管理的权力在高校，有利于充分发挥高校的能动性，增强学科专业设置的创新性和个性。在"规范型"的学科专业制度下，学科专业设置的主体是政府，重心在中央，政府对高校学科专业设置、调整进行统一管理。这样，因为高校外部权威主体的统一要求，使得高校人才培养表现出高度趋同。在"生成型"的学科专业制度中，因为没有统一的外部权威或外部权威的影响相对较弱，高校就能根据科技发展、社会要求、自身定位、市场需求和学生需要等多种因素自主设置学科专业，各高校可根据自己的实际情况来个性化地进行学科专业设置，从而使得整个高等教育系统的学科专业设置表现出丰富性和多样化，这样高校人才培养校际之间充满个性，整个高等教育系统人才培养充分分化，从而有利于大学生的充分就业。

其次，"生成型"的学科专业制度是即时、动态、开放的，有利于高校人才培养与市场人才需求的即时紧密对接。"规范型"学科专业制度是封闭的，既对高校封闭（学科专业制度对高校来说是被安排的、给定的，高校只有执行的义务，没有改变或豁免的权利），也对未来封闭（学科专业目录中的学科专业是根据过去和现在的情况制定，在一定时期内是静止稳定的，未来一段时间科学、技术、产业、岗位等方面的变化无法在学科专业设置中得到体现），高校的人才培养趋同不仅表现为同时性的校际趋同，而且还表现为历时性的代际趋同。而与之相比，"生成型"的学科专业制度显然是开放的，除了它对高校开放，允许高校充分发挥能动性和创造力，根据环境和需要不断自主地进行学科专业的设置、调整和创新，这一制度还对未来也是开放的，即因为没有学科专业设置规范文件的统一约束，高校就能审时度势，立足科技、产业发展情况，即时、积极地"收听"市场人才需求信息，自主、即时地设置和调整学科专业，不仅可以及时地淘汰旧的学科专业、增加新的学科专业，修改人才培养目标，调整课程设置，而且还能根据市场需求的变化来调整培养规模，从而保证了高校人才培养在质和量两个方面都能及时地反映环境变化的要求。显然，开放的学科专业制度可以使得高校人才培养能及时地反映市场的需求，保持动态的更新，表现出充分的适应性和代际之间动态分化，从而有利于解决大学生就业难和市场人才短缺问题。

此外，在促进高校人才培养校际分化和代际分化的基础上，"生成型"学科专业制度因为允许高校个性地设置学科专业，从而有利于高校在学术组织结构、学科专业名称、科学研究方向、人才培养目标和规格、教学内容等方面形成自己鲜明的特色，不同高校可以根据自身条件、历史和现实情况，准确定位，错位发展，高等教育系统从而充分分化，形成良好的高等教育生态。

（二）"生成型"学科专业制度更适应于新的制度环境

首先，从宏观经济社会体制来看，"规范型"学科专业制度更适应以中央集权为主要特征的计划经济体制，而"生成型"学科专业制度则是市场经济体制下所要求的模式。在计划经济体制中，"规范型"不仅有利于政府对高等教育的人才培养和科学研究实行集中统一的管理，而且还可以以固定的专业作为统一管理的基本单位，将招生指标、物质资源等与专业直接联系起来，实行更加细致、有效的计划调控。但是，在市场经济体制条件下，作为市场主体的高校需要有充分的学科专业设置自主权，才能形成高等教育的市场竞争。高校只有及时敏锐地接收到人才市场、科技发展和学生个性需求的信号，才能在就业市场、学生市场、师资市场等的竞争中赢得优势。同时，在充分发达的市场经济条件下，人才需求的种类千变万化、多种多样，这也要求高校灵活地设置学科专业，及时更新，并形成明显的办学特色。显然，这个时候，"生成型"表现出更好的适应性。

其次，从科技发展来看，"规范型"学科专业制度可以存在于小科学时代，而大科学时代则更需要"生成型"学科专业制度。在小科学时代，学科分割严重，知识发展缓慢，相对稳定，这为外部权威主体制定统一规范性的学科专业设置文件（如学科专业目录）并在大范围内稳定地执行提供了可能。但是在大科学时代，知识高度分化又高度综合，学科交叉、融合非常明显，而且知识数量爆炸、更新加快。在这种情况下，"规范型"失去了其存在的合理性，因为它不能根据知识更新及时地调整设置学科专业目录，同时其严格的结构性、规范性、稳定性也不能满足学科交叉、创新的要求。在这种情况下，高校外部的权威不可能事先清楚地预测出科学发展的情况，制定出一个充满弹性、允许创新的学科专业目录。这时，"生成型"具有无可比拟的优越性，它将设置权力下放到高校甚至其内部主体，允许高校对学科专业设置及时地进行更新，不但能根据当下的科学环境设置合理的学科专业，而且还通过各高校学科专业设置的特色、多样来满足学科交叉、创新的要求。

最后，从高等教育自身的发展阶段来看，"规范型"学科专业制度与精英高等教育阶段相生，"生成型"学科专业制度则与大众高等教育阶段相容。大众高等教育与精英高等教育相比而言，有三个方面的变化与学科专业设置紧密相关：学生群体特征问题、大学生就业问题、高等教育系统的分化问题。就学生群体特征而言，在精英阶段，学生规模小，学生群体特征相对一致，人才培养的目标和规格也大体相同，这为规范性、统一性的学科专业设置提供了基础。但是在大众化阶段，伴随学生规模扩大的是学生群体的复杂化、学生需求的个性化和培养目标的多元化。在这种情况下，要以统一规范的、数目有限的学科专业设置来满足所有学生的需求和囊括所有的人才需求，几乎是不可能的了。就大学生就业而言，精英阶段因为学生规模小，大学生成为社会的紧缺资源和宝贵财富，就业不是高等教育考虑的问题。但是在大众阶段，学生规模的扩张使得就业成为一个非常突出的问题。如果所有高校实行同样的学科专业设置，同一专业遵循同样的人才培养目标、规格，那么不但人才培养趋同的现象非常严重，而且还因为学科专业设置数目的有限造成学科专业平均学生数的成倍增加，从而使得就业问题更加严重。就高等教育系统的分化而言，精英阶段高等教育规模小，高校数目少，职能和服务目标相对一致，院校竞争也相对不多。但是在大众化阶段，随着高等教育规模的扩张和院校数量的激增，高校职能和服务目标日益多样，院校竞争也日益激烈，高等教育系统要求不断分化。但是规范的学科专业制度要求所有高校遵循统一的学科专业设置目录，在人才培养、科学研究、院校组织等方面高度趋同，难以分类定位、错位竞争。在这种情况下，只有实行"生成型"的学科专业制度，鼓励不同高校根据自身条件、历史和现实情况，准确定位，才能促进高等教育系统的分化，形成高等教育的良好生态。

总之，当前解决大学生就业难问题，走出传统学科专业制度的困境，需要我们树立起"生成型"的学科专业制度理念，逐步推动学科专业制度从"规范型"走向"生成型"，逐步构建以高校为重心、以开放、动态、灵活为特点的学科专业制度。

第二节　走向就业导向的学科专业制度

本章第一节阐述了就业导向的学科专业制度改革的方向。结合第五、六、七三章关于制度环境转变对学科专业制度提出的要求，根据"生成型"的改革方向，本节具体阐述一下就业导向的学科专业制度改革策略。

一　改革高等教育管理方式，降低学科专业管理重心

从某种意义上说，学科专业设置由政府集中管理的做法是一种被倒置的逻辑。实行怎样的学科分类、设置什么专业、培养什么人才这些问题，本来最有发言权的应该是高校和市场，至于高校设置什么学科、从事什么研究应该是高校和学者的事情了。而至于选择什么领域作为专业，树立什么样的成才目标，更是要与作为在生理、心理和社会意义上的"成人"的大学生合作了。显然，只有充分发挥市场、高校、学者和学生在学科专业制度中的权力，才能使得学科专业设置更能满足市场的人才需求、学生的个性需求，才能更好地促进大学生的充分就业。当

然，就如布鲁贝克所言，战争太重要不能完全由将军决定，[①] 高等教育太重要也不能由高等教育自身说了算，这里还需要政府在其中发挥作用，以保证学科专业设置能够符合政府和国家的利益。如果政府能全面、及时地了解市场需求、学生需求和科学发展的规律，统一管理学科专业设置当然也可以达到一个比较理想的情况。但是实际上，由于"有限理性"和"政府失灵"使得政府不可能做到。由政府来集中管理学科专业设置，政府不但不可能充分考虑到相关的所有因素，从而造成学科专业设置的不科学、不符合实际，而且这样的学科专业设置还很难跟上形势发展、及时地进行更新。

长期以来，我国学科专业设置管理的权力集中在政府。到今天，这一情况需要改变。适应市场经济体制改革、科学转型和高等教育大众化的要求，我们需要改革高等教育管理方式，降低学科专业管理重心，重新定位学科专业目录的性质。具体建议如下：

（一）改革高等教育管理方式，推动政府对高校人才培养管理的平台从专业上升到学院

将专业作为政府管理高校人才培养的抓手和平台，是计划经济时代政府高等教育管理的重要机制，其最大优点就是能让政府全面、准确且具体细致地调控、计划高校的人才培养，保证人才培养的数量和质量满足国民经济各部门的需要。但是这一做法的弊端也是显而易见，特别是在今天越来越突出，这就是专业的死板、封闭、滞后，学科专业设置统一、趋同。今天看来，专业作为政府管理高校人才培养的平台可以说是过细、过死。那在当前情况下，政府到底应该在哪一个层次上来管理高校人才培养比较合适？这里，可供参考的经验还不多，因为在欧美发达国家里，在完全自由的市场经济和高度分权的政治体制中，政府对高校人才培养的影响力非常小，高校有权根据实际情况来设置学科专业、培养市场需要人才，如美国和英国等。即使在政府对高等教育影响力相对较大的欧洲大陆国家里，高校人才培养也因为被视为是学术权力的"固有领地"而被高校和学者牢牢掌握在手中，如德、法等国。但是，我国

---

① ［美］约翰·S.布鲁贝克：《高等教育哲学》，王承绪等译，浙江教育出版社2002年版，第32页。

民国时期政府管理高校的做法却值得我们借鉴。在那个时候，政府将以学科为基础的学院作为调控高校的平台，全国高校共设置文、理、法、商、农、工、医、教育等8种学院，政府通过明确学科设置来规范高校的设置，通过明确学院内涵、规范学院及其下的学系设置来管理高校的人才培养。在这种情况下，人才培养不但没有今天所谓的"专业"存在，而且课程也是在学院和学系的层面上由高校相对自由设置、学生相对自主选择，人才培养不但在校际之间充满个性，而且在生际之间也是各不相同。

就业导向的学科专业制度改革需要政府改革高等教育管理方式，逐渐淡化专业概念，推动政府从专业上升到学院层面来调控高校人才培养。政府在学院层面上调控高校人才培养，有利于改变过去政府过细、过死地统一规范专业设置的做法，通过规范高校的学院设置，允许高校在学院层面上自主培养人才，这样既保证了政府对高校人才培养的宏观调控，而且还让高校在学院层面上真正自主设置"专业"，创新人才培养目标，赋予高校人才培养更大的自主空间，允许高校课程设置和学生课程选择更大的自主权，有利于形成办学的特色和学生成长个性，从而促进高校人才培养充分分化。另外，在学院层面上的人才培养相对于专业来说其口径更宽，基础更厚，也有利于提高人才培养质量。

（二）改变学科专业目录性质，重新定位学科专业目录功能

政府管理高校人才培养的平台从专业上升到学院之后，过去权威、统一的学科专业目录也就自然需要变革了。当然，为了有效地统计、调控高校的人才培养，同时也为高校学科专业设置提供参照和标杆，维持、保有一份学科专业目录仍然有必要，但是我们要借鉴美国 CIP 和英国 JACS① 的做法，确立参考性学科专业目录的定位，降低学科专业目录对高校学科专业设置的权威约束作用，提升其参考性和借鉴性。学科专业目录要从"演绎性目录"走向"归纳性目录"，要从政府权威颁布

---

① 在英国，也有一个类似于美国 CIP 的学科专业目录，名字叫做"联合学术编码系统"（Joint Academic Coding Systme，JACS），它是英国大学招生服务中心（University and College Admission Service，UCAS）和高等教育统计局（Higher Education Statistic Agency，HESA）共同开发维护的，反映了全英国高等教育的专业和课程设置情况。同美国的 CIP 一样，这个目录也并不是高校学科专业设置的权威规范文件，而只是从招生和统计方便的角度所进行的一个描述性的、概括性学术分类目录。

供高校来"演绎"（设置）变成为基于高校专业设置实际"归纳"形成，目录要从政府规范高校学科专业设置的红头文件转变为供高校设置学科专业、学生选择成才方向、市场招聘人才的参考框架。学科专业目录也不必具备行政命令色彩，不必要求所有高校遵照执行，要有足够的弹性和高校自由发挥的空间。学科专业目录不必要一定由教育行政部门颁布，也可由产业界、学术界、教育界共同制定，或由权威的中介组织或学术团体发布。

当然，政府不直接颁布权威专业目录并不意味着政府从高校人才培养管理领域中退出，而是意味着政府管理方式的转变。政府虽然不直接钦定"专业"，但是它可以制定专业设置的标准，从课程结构、课程设置数量、课程类型等方面来规范专业的内涵，保证高校专业设置的质量。

（三）引入"治理"思维，推动学科专业设置的权力共享

如前所述，高校学科专业设置由政府集中管理的做法是一种被倒置的逻辑，市场、高校、学生对学科专业事务似乎应有不可忽略的发言权。可见，在学科专业设置的管理上存在多个利益相关者，科学管理高校学科专业设置需要引入"治理"的思维，推动学科专业设置的权力共享。

治理（governance）之于管理，区别之一就在于改变管理权力的自上而下（top-down）和所有利益相关者的共同参与。20 世纪 80 年代以来，伴随市民社会理论的兴起和凯恩斯主义的失败，西方学者在"市场失灵"和"政府失灵"的双重冲击下提出了治理理论，强调了公民社会的自组织和利益相关者的共同参与。[1]

实行学科专业事务的治理，就是要发挥政府、高校、学生和市场等多主体的积极性，尊重高校和市场在学科专业设置上的权力，尊重学生对学科专业设置和选择的意愿，鼓励高校设置符合国家利益、促进高校健康发展、满足市场需要和学生个性需求的学科专业，实现政府、高校、学者、学生和市场在学科专业设置上的权力共享。在治理思维下，

---

① 夏焰、贾琳琳：《高等教育治理理论及其原则》，《江苏大学学报》（高教研究版）2005 年第 2 期。

政府要成为行动的牵头人，而不是包办人。"少一些管理，多一些治理"。①

当然，我们也欣喜地看到，近年来学科专业管理的改革方向是在不断地下放学科专业设置管理的权力，学科专业设置管理的重心逐步实现从中央政府到地方政府、从政府到高校的位移。但是我们仍然要看到，与市场经济体制、科学转型和高等教育大众化的要求相比，改革仍然显得很缓慢，高校的专业设置自主权仍然局限于专业目录之内，市场和学生参与学科专业设置的空间仍然非常有限，高校设置学科专业仍然需要通过主管部门的审核和教育部的备案。

二　突破单一理论学术逻辑，兼顾行业标准和应用导向

目前的学科专业目录遵循的是单一的理论学术逻辑，以学科划分为基本框架，在学科之下垂直设置专业。以学科分类作为专业设置的基本框架，这种做法对于促进人才培养分化和大学生就业来说是否合理？专业设置是否一定要以学科分类为标准？这里有几个方面值得考虑。

首先，我国学科专业目录并不是一开始就是以学科分类为框架的。1954 年的第一份专业目录，就是以行业部门为分类框架，在 11 个国家建设部门下设置了 257 个专业。其后在 20 世纪 80 年代修订的学科专业目录中，逐渐实行以"部门 + 学科"为分类框架，当时共划分了工、农、医药、师范、财经、政法等 11 个大类，并在其下设置了数目庞大的专业。直到 1993 年的第四版学科专业目录，才完全以学科分类作为专业设置的基本框架。实际上，在今天看来，以行业部门为框架设置专业相比于以学科为框架来说，能更好地沟通高等教育与社会生产和人才市场需求的关系。所以，20 世纪 50 年代的专业目录在高等教育规模扩张、大学生就业难的今天来看，仍然不无可取之处。

其次，国外的学科专业目录也不是严格地以理论性的学科为分类框架设置专业。美国的学科专业目录（CIP2000）在第一层次划分了 38 个学科群，一方面，这 38 个学科群并不都是真正的学科，既有理论性的

---

① 　夏焰、贾琳琳：《高等教育治理理论及其原则》，《江苏大学学报》（高教研究版）2005 年第 2 期。

学科（历史学、教育学等），也有实践性的行业和技术（如通信技术、精密制造技术等），实际它们可以分为学术型、应用型和职业技术型，三者并驾齐驱。[1] 另一方面，这些学科群的口径并不一致，它们在科学意义上并不能成为并列的单位（如既有内涵非常广阔的社会科学，也有非常狭窄的工商管理学），有些学科群之间甚至有包含与被包含的关系（如既有自然科学，又有生物学和生物医学科学），等等。英国学科专业目录（JACS 2007/08）在第一层次共设置了从 A 到 X 一共 24 个类，从这些类来看，也同样存在和美国 CIP 相类似的特点。[2] 而且，美英等国的学科专业目录甚至还打破学科或行业界限，在一级目录中设置了交叉学科，在二级目录也设置了大量的跨学科专业或综合专业等。由此可见，单纯绝对地以学科分类为框架设置专业并不是世界惯例。

最后，目前我国学科分类框架下的专业设置在实际上造成了很多问题。其中最大的问题有两个：一是严重限制了跨学科、交叉学科、新兴学科专业的发展，造成了市场上此类人才的短缺或断层。绝对的学科分类使得上述学科专业在学科专业目录中缺少"户口"，难以纳入到高等教育人才培养体系和科学研究体系中去。它们要么被忽略、取消，要么就被强制性地归置于某单一学科之下，使得培养的人才脱离了市场的需求。二是学科分类框架下的专业设置还造成专业的理论色彩非常浓厚，应用型专业难以进入目录。在高等教育大众化的今天，这种单一理论型专业的设置不利于应用型人才培养和大学生就业，也不利于高校的分类发展。今天本科职业技术教育、应用型本科教育和专业学位研究生教育的发展，就迫切要求应用型专业的设置。特别是 2014 年教育部提出了要将 600 所高校转型、大力举办应用型本科之后，目前这种单一理论型专业设置的问题更加突出。

专业既是教育中的人才培养领域，也是社会特定的专门性职业领域和与特定职业相连的特定知识领域，专业是人才培养与专门职业和知识分工三者的内在一致。人才培养就是根据社会的职业分类来对学生进行特定知识的教育，或者说是在专业教育中，以专业知识培养社会需要的

---

① 刘念才等：《美国学科专业设置与借鉴》，《世界教育信息》2003 年第 1—2 期。

② http：//www.hesa.ac.uk/dox/jacs/JACS_complete.pdf 2013 – 8 – 24.

专业人才。所以说，在专业的分类上，社会职业分工（行业）和知识分工（学科）应该是两个重要的框架，它们各有优缺点。

当纯粹地以行业为框架来设置专业时，一个最大的优点就是高校的人才培养能够紧密结合行业需要来进行，人才培养的规格、专业的教学内容能最大限度地与行业生产实际相对接。同时，由行业主管部门来领导和管理高校，能够使高校和行业亲密接触，有利于行业参与高校办学，促进产教结合，等等。但是单纯地以行业为框架来设置专业也不可避免地存在一些问题：首先，根据行业的需要来设置专业，完全根据生产实际对知识、技能的需求来设置课程，可能使得人才培养的基础过薄、学生知识视野过小、就业岗位面过窄、职业流动能力过差、可持续发展能力过弱等；其次，由于科学的迅猛发展，实际生产过程的技术流程也是日新月异，这种专业设置方式可能会产生的两个后果：由于教育的滞后性，在新生入学的时候，以按照当时生产实际设置的专业和课程来培养的学生，可能在 4 年或 5 年后难以适应和跟上生产实际的变化，这样不但使得按照实际需要培养的人才最终难以满足实际需要，而且还因为人才与需要的脱节需要对专业进行增删，从而使得专业缺少足够的稳定性；再次，因为专业与行业的对应性过强，所有的行业或职业都有在高等学校内部增设专业的要求，由于经济社会建设面的扩大和技术发展的要求，所以按照行业来设置专业不可避免地导致专业数目的连续增长，专业缺乏稳定性。如我国 1954 年设置的本科专业数为 257 个，到 1958 年已经增加到 363 个，四年间增长了 106 个，到 1962 年增加到 654 个，四年增加了 249 个，年增长率达到 20%。[①] 最后，以行业来设置专业，不利于高校发展科学研究，进行学科建设，不适宜高校实现其科学研究的职能。

当然，纯粹地以学科为框架来设置专业时，也存在与行业框架一样多但几乎是相反的优缺点。很显然，按照学科分类设置专业，很容易培养具有扎实学科基础的人才，增强学生的理论功底，拓宽学生的适应面。同时，以学科为基础来设置专业也有利于高校发展科学研究，促进

---

　　① 刘少雪等：《高等学校学科专业结构、设置及管理机制研究》，高等教育出版社 2009 年版，第 23 页。

学科建设，提高高校的办学水平和科研实力。但是这种专业设置方式也有很多问题，除前面谈到了不利于跨学科、交叉学科和新兴学科发展，不利于应用型专业的设置等两个问题之外，还有其他三个问题：第一个就是以学科为框架、按照学科的理路分设专业可能使得专业的理论性和学科性过强，专业设置脱离了社会的生产生活实际，脱离了社会的人才需求，从而造成就业难问题。第二个就是这种学科型的专业因为是按照学科知识的逻辑来进行专业和课程的设置，不同高校因为遵循同样的学科知识逻辑，所以最终容易导致专业培养目标、课程设置、就业方向会高度雷同，不利于高等教育人才培养进行分化，从而也不利于实现大学生的充分就业。第三个就是基于学科分类设置专业，其实就是在单一学科内划分专业，这样使得专业局限于学科之内，使得学生、教师、知识和教学、学习、研究都囿于一科的范围，严重不利于人才培养所需要的各种资源跨越学科和院系之间进行流动，不利于跨学科的教学、研究和学习的开展，最终也不利于科学的发展和创新人才的培养。

在我国目前的学科专业制度下，学科专业设置以学科为框架，依理论分化为逻辑进行细分，强调知识的基础性和理论性，其弊端益愈明显。实际上，进入大众化阶段，高等教育在保留部分精英教育的同时，更多的是一种应用型教育。培养应用人才，服务社会发展和个人需要，成为高等教育的主要目标。而且在高度发达的市场经济和知识经济时代，社会对应用型人才的需求要远远大于理论研究型人才。在这种情况下，如果继续维持纯粹理论分化逻辑的学科专业设置，无疑与时代要求相悖。实际上，今天本科教育缺乏分化、应用本科难以发展的问题就与理论逻辑的学科专业设置有密切关系，而今天大学生就业难问题也是这一逻辑与市场应用人才需求的矛盾的集中反映。因此，改革学科专业制度，需要在学科专业设置上既要坚持理论学术导向，也要考虑社会对应用型人才的广泛需求，设置应用型学科专业并为这种学科专业创设良好的制度环境，引导应用型高等教育的发展和高等教育的分类分化。

所以，以行业或学科作为学科专业设置的唯一绝对框架都在实际上存在较多问题，我们应放弃"非此即彼"的思维，采取"亦此亦彼"的思维，在专业设置上，突破单一的理论学术逻辑，兼顾应用导向。具体建议如下。

（一）适应应用型教育发展的需要，分类制定学科专业目录

在高等教育大众化时代，应用型教育作为一种新的教育类型从传统的学术型教育中分离出来。应用型教育在培养目标、课程设置、教学内容、教学方法等方面与传统高等教育大异其趣，因此在学科专业设置和管理等方面也有特殊的要求。

当前，我国专业学位研究生教育得到了快速发展，应用型本科教育也迎来了发展的"春天"，但是遵循单一理论学术逻辑、在学科之下细分专业的现有学科专业目录却在一定程度上阻碍了应用型高等教育的发展。因此，为了适应应用型高等教育的特殊要求，有必要分类制定学科专业目录，在研究生层面制定专业学位研究生教育学科目录，在本科层面制定应用型本科专业目录，两者应与高职高专专业目录保持协调，使之上下沟通，形成应用型高等教育学科专业目录体系。

（二）引入行业框架设置专业，实现"学科框架＋行业框架"的有机结合

制（修）订学科专业目录，在目前以学科框架为主的情况下，要特别注意行业框架的重要性，在一些战略性新兴专业、综合技术专业的设置上，更要注重行业的实际情况，适度根据行业来设置应用型专业。在这个问题上，我们还不如回过头来吸取20世纪80年代版本的本科专业目录。尽管这一次学科专业目录中的专业设置以学科为分类框架的特点已经很鲜明，但是这时的学科仍然带有一定的行业色彩，如农科、林科、师范就是典型的行业部门标准。而且即使是国家教育行政部门在进行学科专业目录修订时仍然为行业部门标准留下了空间，提出了"划分专业一般应以学科为主，同时根据学科的不同性质，适当兼顾业务部门的需要"。[①]

（三）对接具体行业和产品，设置应用型专业

在我国传统的研究生学科目录和本科专业目录里，专业都是理论型的专业，课程也是理论型的课程。如教育部要求专业都必须是在有成熟学科依托的前提下方可独立为专业，学科不够成熟或业务范围过窄的则

---

① 刘少雪等：《高等学校学科专业结构、设置及管理机制研究》，高等教育出版社2009年版，第31页。

不宜过早独立成专业，^① 即使在应用学科中，可按工程对象、业务对象划分专业，但专业也必须有明确的主干学科或主要学科基础。^② 所以，在我国历次的学科专业目录中，很少有针对具体生产实际设置的指向性非常明确的应用型专业。

但在英美等国的专业目录里，我们发现这种专业比比皆是。如上文提到的英国学科专业目录（JACS）里，H 类为工程类，其下的 H220 为环境工程类，下设的 H222 专业为"海岸侵蚀"（coastal decy），指向性、目的性和应用性非常明确。更加让人惊奇的是，该目录的 W 类别为"创造艺术与设计"（creative arts and design），其下的专业除了绘画、陶瓷、书法、设计、音乐、戏剧、表演、舞蹈、摄影等我们比较熟悉的传统艺术专业外，它在第二层次设置了 W700 手工艺（crafts）类别，其下第三层次分类的内容则是与行业和应用结合得非常紧密的纤维与皮革手工艺（W710 fibre and leather craft）、金属手工艺（W720 metal craft）、木材手工艺（W730 wood craft）、表面装饰（W740 surface decoration）、黏土和石材手工艺（W750 clay and stones craft）、玻璃手工艺（W760 glass craft）等，而这些类别下设的专业更是让我们"目瞪口呆"，它们很多是我们过去认为"不登大雅之堂"、排除在全日制高等教育之外、依靠民间师徒相授的手工艺专业，如在 W730 木材手工业类别下设的专业有"木匠工艺"（W731 carpentry）、"橱柜制造"（W732 cabinet making）等。在纤维与皮革手工艺类别下设置了针织（needlecraft）、服装制作（dressmaking）、软装饰（soft furnishing）、皮革工作（leather work）等专业。^③ 这些专业不仅在我国的本科和研究生层次专业目录中难以存在，即使在高职高专专业目录中也难觅踪迹。

在我国，学科专业目录由于坚持学科分类框架和理论分化的逻辑，而且因为在学科专业管理上高度集权，高校缺少面向市场和生产实际灵活设置专业的空间，所以很多应用型专业难以设置。过去，为了解决这

---

① 国家计划委员会、教育部：《关于修订"高等学校通用专业目录"和"高等学校绝密、机密专业目录"的报告》，1963 年 8 月 7 日。

② 刘少雪等：《高等学校学科专业结构、设置及管理机制研究》，高等教育出版社 2009 年版，第 41 页。

③ https：//www. hesa. ac. uk/index. php/component/option，com_ studrec/task，show_ file/Itemid，233/mnl，07051/href，JACS2. html/2014 – 12 – 10.

一问题，教育行政部门会在学科专业目录之外设置一些目录外专业。但是因为目录外专业的设置申报程序烦琐、审批严格，所以这种专业一方面会落后于市场需要，另一方面设置面也很有限，应有型人才培养也严重不足。要全面地解决这一问题，我们需要改变过去学科专业目录所坚持的学科分类框架和理论分化的逻辑，创新专业类型，对接具体行业、甚至产品设置应用型专业。

三　打破单一学科下的专业设置，鼓励跨学科专业的设置和创生

在学科与学科、专业与专业、学科与专业之间的关系上，我们要改变过去单一学科下的专业设置办法，打破专业的封闭分割，促进跨越交叉，大力促进跨学科专业的发展。其理由如下。

首先，学科交叉是科学转型后科学发展的"新常态"。现行的学科专业制度以学科分设为基础，在单一学科内细分专业的做法适应了科学转型前学科界限分明、知识封闭分割的特点。但是科学转型后，科学在高度分化的同时又高度综合，学科融合的趋势越来越强烈。新的科学图景越来越表明，学科分设是对整体世界的机械切割，在一定程度扭曲了整体系统世界的本来面目，建立在这种学科机械划分及再划分基础上的专业，按照这种专业所培养的人才其实并不是对世界和社会人才需求的正确反映，大量的社会实践和工作岗位是跨学科的，纯粹的单一学科实践和工作岗位几乎是不存在的。譬如计算机专业，社会中除专门从事计算机技术研发的部门外，几乎不存在任何单纯的计算机岗位，而都是在不同行业中应用计算机技术的岗位，显然这些岗位都需要学生具有多个学科领域的知识。当前，学科界限日渐模糊，学科知识日趋开放、融合，而传统的学科专业制度严重限制了知识在学科、专业之间的沟通与连接，限制了学科之间的开放沟通和交叉融合，严重阻碍了跨学科专业、交叉学科专业的发展。显然，适应科学转型的要求，我们要打破学科专业之间的封闭分割，大量设置跨学科专业、交叉学科专业，培养跨学科人才，这不但适应了科学技术发展的要求，而且也是满足社会对交叉型、复合型人才的需求，促进大学生就业的重要途径。

其次，从当前我国的实际情况来说，设置跨学科专业也是破解学科专业制度难题、走出学科专业制度困境的有效措施。如前所述，今天我

国学科专业制度处于一种两难困境之中：一方面，科学、经济和高等教育的发展要求学科专业种数不断增加，但是在传统学科专业制度内，学科专业种数的增加，意味着学科专业更加细致的纵向划分，这又不可避免地造成人才培养口径窄、基础薄、发展乏力等问题；另一方面，为适应提高人才培养质量的需要，我们不断地拓宽专业口径，减少学科专业种数，但是学科专业种数的减少又造成了人才重复培养和就业困难等问题。显然，要解决我国学科专业制度当前的尴尬困境，我们需要找到一种新的学科专业机制，这种机制既要保证学科专业种类和数目不断增加以满足社会和学生多元需求，又要防止学科专业在学科逻辑下的进一步细分和封闭。

专业的本质就是围绕特定领域形成的知识和能力的组合，表现在形式上就是不同课程的组合。增加专业种类就是要增加课程的组合方式。这种组合从根本上是要适应市场的多元需求和学生的个性需求。而为了避免专业在学科下的细分和封闭，我们需要根据实际的需要，扩大组合的视野，增加跨学科、领域的组合，从而在增加学科专业种类的同时保证学科专业培养的宽口径和厚基础，在满足市场多元需求的同时提高人才培养的质量。这样，我们要做的就是改革传统学科专业设置的学科思维，寻找一种有利于课程跨学科自由组合和学科专业创生的新机制。实际上，改革开放以来，为了满足社会上对跨学科人才的需求，高校在目前学科专业制度下也努力进行了一些创新，如通过开设双学位和主辅修制来培养复合型人才，以培养学生的跨学科知识结构。学生有时也通过在不同学习阶段更换专业来实现自己知识来源的多样化，来提高自己的就业竞争能力。但是，能够支付并且有学习余力从事双学位和辅修学习的人毕竟是少数，在不同学习阶段更换专业的人在高等教育总体规模中所占比例也非常小。即使是今天一些高校通过通识教育或者学分制的方式努力提供学生跨学科、学系、专业的机会，但是因为选修课比例太低以及学生选择空间太小等原因，使得人才培养的个性化空间非常狭小，人才培养种类仍然很单调。

实际上，我们稍微反思一下就会发现，目前学科专业制度的困境以及我们关于学科专业种数越少越好的思维定式，都是在坚守学科分设基础上单一学科内专业设置模式的产物。显然，如果打破学科专业之间的封闭分割，大量设置跨学科专业，这样既能保证专业设置的宽口径，提高人才培养质量，又能保证专业种数不断增长，满足市场需求并促进充分就业，上述困境便可迎刃而解。①

可见，当前我国学科专业制度走出困境的重要出路之一就是要大量开设跨学科专业，要在制度上为跨学科专业的设置和创生作出安排。在这一方面，具体建议如下。

（一）改变学科专业设置的绝对单一学科逻辑，在学科门类、学科类及具体专业层次上为交叉学科专业、跨学科专业留出空间

这一点在美国的 CIP 中表现得非常明显。CIP 的目录分为三个层次：学科群、学科和专业，分别相当于我国的学科门类、一级学科和专业，每个层次均存在交叉学科和跨学科的领域和空间。以 CIP 2000 年版为例，其第一层级专门设置了一个名为"交叉学科"的学科群，其中包括诸如和平与对抗、会计学与计算机科学、营养科学、国际/全球研究、重大灾难与相关研究等交叉学科；在第二层次上的 38 个类中，23 个类为内部的交叉学科预留空间，编码为 .01，并以"综合"字样标识，例如 14. 01 工学（综合）、52. 01 工商管理（综合）；在第三层次上，还有大量交叉学科性质的专业，也同样标识"综合"字样，如 26. 08. 0 遗传学（综合）。对于难以归入其他专业学科，同时又还没有独立名称的新学科专业，CIP 预留了 .99 的编码和相应空间，并以"其他"字样标识。例如 11. 99 计算机与信息科学（其他）。② CIP 所收录的专业，都至少在近 3 年内在 3 个州的 10 个以上高等教育机构授予至少 30 个该学科专业的学位，可见跨学科专业在美国高校中普遍大量地存在。此外，美国高校中还普遍存在着大量的个人专业，它们大多是跨学科专业，这些个人专业因为其个性化的原因很难在 CIP 中得到反映，但是其数量却是巨大的。而且，美国高校中普遍实行选修制，选修课比例非常大，跨学科选修一般来说都是必然的规定，因此即使是传统的依附于单一学科的专业，其学习内容中的跨学科知识比例也是很高。由此可以推断，美国高等教育中的跨学科专业占有相当大的比重。

---

① 刘小强：《当前我国高等教育专业制度的困境与出路》，《中国高教研究》2009 年第 5 期。

② 鲍嵘：《美国学科专业分类系统的特点及其启示》，《比较教育研究》2004 年第 4 期。

在英国的学科专业目录 JACS 里，一方面设置了大量的跨学科专业。如该目录的第一个类别（即 A 类）就是医学和牙医（medicine and dentistry），但是紧接其后的第二个类别（B 类）则是与医学相关的学科（subject allied to medicine）。在这个 B 类别里，所设置的亚类别很多都带有跨学科的性质，如 B600 就是"听说科学"（aural and oral science），其下设置的专业有听力学（audiology，关于与人类听觉的器官、功能、功能失效以及与之相关的环境和行为主题的解剖和病理学研究）、口头语言科学（speech science，关于与人类口头语言的器官、功能、功能失效以及与之相关的环境和行为主题的解剖和病理学研究）和语言病理学（language pathology，研究对因身体和行为失序而影响表达和理解的人进行治疗的原则和技巧）等，显然，这些学科专业已经都超越了医学的界限，牵涉到了多个学科的内容，具有非常明显的跨学科倾向。另一方面，每个类别和亚类别都在最后设置了综合性（miscellenous）的专业类别，用于囊括所有在其他分类中无法纳入的交叉性综合性专业和课程类目。如在 A 类别中设置了 A900，名字为"其他医学和牙医学"（others in medicine and dentistry），其下的 A990 亚类别则名为"其他地方没有归类的医学和牙医学"（medicine and dentistry not elsewhere classified），其他每个大类均是如此。①

我国的学科专业目录也应该仿效美国的 CIP 和英国的 JACS，改变学科专业设置的绝对单一学科逻辑，在学科门类、学科类及具体专业层次上为交叉学科专业、跨学科专业留出空间。

（二）改革学科专业设置管理，建立跨学科专业创生机制

跨学科专业不仅是走出我国学科专业制度困境的重要途径，也是满足市场多元人才需求和学生个性发展需求的重要途径。从满足市场需求来说，跨学科专业一般是新兴应用型学科专业，要紧跟市场趋势而"律动"，从满足学生需求来说，跨学科专业是不同学科的课程组合，因人而变。所以，无论从哪一个方面来说，跨学科专业的设置都要灵活、及时，我们不能仅仅在学科专业目录里设置一些固定的跨学科专业，还要

---

① https：//www. hesa. ac. uk/index. php/component/option，com_ studrec/task，show_ file/Itemid，233/mnl，07051/href，JACS2. html/2014－12－10.

在管理层面建立起跨学科专业自主生成的机制。

这里主要是涉及前文所讲到的学科专业设置管理改革。我们要逐步下放学科专业设置权力，鼓励高等学校甚至是学生在单一学科型专业之外跨学科创生新的专业。因为"收听"人才市场的信号，高校和学生要比政府更为灵敏，只有下放权力，高校和学生才能根据科学技术发展态势、产业技术更新情况和市场人才需求的信息，确定合适的跨学科人才培养目标，有的放矢才能跨学科组合专业课程，培养市场所需要的跨学科人才，从而保证就业的充分性。

四　降低专业刚性，回归专业本质

在我国 20 世纪 50 年代以来的学科专业制度中，学科专业是由国家权威发布的学科专业目录统一确定，学科专业被看做是固定的人才培养单位和高校能"即插即用"的模块，它们在时间上是死板的，人才培养难以及时地反映市场需求，在空间上是统一的，不同高校学科专业设置大体相同，同一学科专业内涵高度接近，这样造成了高校人才培养高度趋同、大学生就业困难等问题。而在高校内部，不同学科专业（或以专业为基础的院系）拥有相对独立的人力资源、物力资源和财力资源，成为独立的资源实体，[①] 不同学科专业（或院系）之间不能进行人、财、物等要素的流通，专业（或院系）作为资源实体降低了资源利用效率，阻断了跨学科、跨院系、跨专业的学习、教学和研究，阻碍了人才培养的分化和培养质量的提高。

但是，从高校人才培养的角度来看，专业只是组合，在形式上就是课程的组合。当然，组合的课程并不是自由散漫的"乌合之众"，而是围绕一个集中的领域有机联系在一起，课程是依一定逻辑进行选择和安排的。专业对应社会需求，契合个人需求，社会需求千变万化，个人需求多种多样，所以专业课程组合的逻辑应多种多样，课程组合的方式也应灵活变化。所以说，专业不应是固定的模块。

专业在本质上是围绕特定领域组织的知识能力结构，专业不应只是根据学术逻辑细分的学科，专业课程的组合不只是遵循学术逻辑，它还

---

① 卢晓东等：《高等学校"专业"内涵研究》，《教育研究》2002 年第 7 期。

不可避免地要考虑到两个问题：一是学生个人的兴趣，另一个是社会实践的需要。而根据后两者所确定的专业往往并不是单一学科内部的专业，而可能是跨越两个或两个以上学科。高等教育培养的是专门人才，人才培养、课程设置必定要有一定的集约。但是这种集约的领域不完全是单一学科内的领域，而是可以依照个人兴趣和社会需要确定的特定跨学科领域。美国个人专业告诉我们，专业可以是个人特定兴趣和目标下的特定领域。只要围绕特定的中心领域，科学合理地组织课程，就可以成为专业，这不但为满足学生兴趣爱好、创新人才培养提供了平台，而且还增强了高校人才培养特色，促进了高校人才培养分化和大学生就业。

显然，从这个角度来看，专业既不应是一个权威固定的人才培养单位，也不应是一个进行资源分配的平台，更不应是进行教学管理的基本单位和人、财、物独立的系统。今天，推进就业导向的学科专业制度改革，一个重要的方向就是降低专业刚性，回归课程的组合，增加课程组合和专业设置的灵活性。为此除了前面谈到的改革高等教育管理方式、降低学科专业管理重心、改革学科专业目录等之外，在高校教学管理层面上，我们建议如下。

（一）借鉴"主修"概念，弱化专业管理，强化课程管理

长期以来，在传统的学科专业制度下，因为我们把专业作为人才培养的固定单位、教学资源分配的平台和拥有人、财、物资源的"独立王国"，所以我们就自然把专业作为教学管理的基本抓手，努力加强专业建设，大力推进专业评估。但是如前所述，专业在本质上是课程组合，是特定的知识能力结构，专业课程组合的方式应该是千变万化，专业人才的知识能力结构也是多种多样，在这种情况下，如果我们还把几个权威统一、数量有限的专业作为教学管理的抓手，把专业作为固定的人才培养单位加以建设和评估，那就显得非常可笑了。

推进就业导向的学科专业制改革，要求我们降低专业"刚性"，借鉴"主修"（Major）概念，在教学管理中逐步弱化专业概念，将管理重心逐步转移到课程上，鼓励课程个性组合，促进人才培养分化。"主修"不同专业，它不是固定的，而是灵活的；它不是学科之下的细分，不局限于单一学科之内，而是根据学生个性需求和社会人才需求设立的

人才培养方向；它只是人才培养的概念，不是资源分配和教学管理的平台，它没有独立的资源系统；主修有充足的个性空间，选择同一主修的学生也可以有不同的课程结构。

（二）大力推进学分制改革，增加课程有效供给，扩大课程选修比例和范围

降低专业刚性需要推进学分制改革，我们要提高课程选修比例和范围，满足学生个性需求，增强学生知识能力结构的异质性，促进人才培养分化。但是在传统学科专业制度下，因为专业的统一、固定和权威，使得选修课设置比例非常低，选修范围非常小。今天，推进就业导向的学科专业制度改革，降低专业刚性，就是要大幅度降低必修课比例，大量增设选修学分，为此必须加强课程建设，增强课程的有效供给。

五　走出专业种数控制惯性思维，促进学科专业适度增长

改革开放以来，我国学科专业目录调整的指导思想之一就是要控制专业数目。人们对过去专业数量过多、专业划分过细、培养口径过窄等问题进行了严厉批评，认为为了应对新技术革命、培养高素质创新人才，就需要不断地减少专业设置数目、拓宽专业培养口径、增强专业知识基础。这样，我国本科教育专业设置数从高峰期的 1000 多个下降到 1993 年目录的 504 个，再下降到 1998 年目录的 249 个。即使最近一次的本科专业目录修订适量增加了专业种数，但是我们在专业种数的问题上仍然坚持了一种思维定式，似乎认为专业种数越少越好，因为专业越少，则培养口径越宽、基础更扎实，发展潜力更大。这种认识正确吗？这里，我们可以从如下几个方面来看。

首先，从国外的学科专业目录来看，学科专业设置数比我国要多得多。还以 CIP2000 为例，其第一级的学科群数为 38 个，相当于我国第一级的学科门类数的 3 倍还多，其专业设置总数为 1358 个，几乎是我国本科专业数的 6 倍，比我国的研究生（或本科）专业设置数和高职高专专业设置数之和（386 或 249 + 556）还多很多。① 而且美国 CIP2000 的学科专业种数并不是实际设置种数，很多不符合 CIP 收录标准的实际

---

① 实际上，我国今天的研究生和本科两个层次的学科专业目录在内容上大体相同。

设置专业和个人专业不能在 CIP 中体现。① 所以，实际上美国高等教育的学科专业设置种数要比 CIP2000 收录的专业设置数还要多得多。

其次，不但国外的学科专业设置绝对数比我国多，而且它们还以较快的速度在增长。如美国 CIP 的专业种数从 1985 年的 431 个增加到 1990 年的 912 个，五年中增加了 491 个，增幅为 113.92%，2000 年又被刷新到 1358 个，十年间增加 446 个。② 实际上，随着科学技术、市场经济和高等教育大众化本身的发展，社会需要的人才和个人发展的目标追求会越来越多样化，高等教育学科专业设置种类也就必然要不断增加。我国 20 世纪 80 年代以前的专业设置数同样也反映了这样一种趋势。但是改革开放后，我国无视国际专业设置数不断增长的趋势，人为刻意地删减专业设置数，这在一定程度上违背了科技、市场和高等教育的发展要求。

最后，我国减少学科专业设置种数在实际上造成了很多问题。如前所述，因为我国学科专业目录具有权威性、规范性，所以设置数的减少不可避免地造成了同一学科专业人才培养趋同、校际缺乏特色、毕业生就业难等问题。显然，因为专业平均学生数的急剧增加，造成同一专业人才严重重复培养，加剧了就业的困难。而由于总的学科专业种数下降，使得高校人才培养难以全面覆盖到社会的人才需求，从而造成了结构性失业和人才缺乏。

可见，学科专业设置数目并不是一个越少越好的简单问题。当前，推动就业导向的学科专业制度改革，从某种意义上来说就是要增加专业种数，促进高校人才培养分化，降低学科专业平均学生数，从而满足市场对不同人才的需求。我们建议教育行政部门应该抛弃传统的惯性思维，不以具体有限数目来人为框限学科专业发展，允许学科专业随科技和经济发展适度增长。特别是在大力发展跨学科专业的条件下，增加学科专业设置种数不但不会造成培养口径窄、基础薄的问题，反而有利于扩大人才培养口径、提高人才培养质量。

---

① 关于 CIP 的学科专业收录标准可以参见鲍嵘《美国学科专业分类系统的特点及其启示》，《比较教育研究》2004 年第 4 期。

② 刘念才等：《美国学科专业设置与借鉴》，《世界教育信息》2003 年第 1—2 期。

六　完善学科专业生态，促进人才培养均衡发展

科学技术的发展史揭示了学科和知识处于一种生态之中，不同学科、不同知识互相联系、互相支撑、互相辉映。科学技术的整体发展需要构建一个良好的学科和知识生态。

但是，过去为了减少或控制学科专业设置种数，或是为了紧密适应经济社会发展的需要，教育行政部门人为地归并、忽略一些本应该得到设置的学科专业，从而造成了部分学科专业发展的滞后、失衡等严重的"生态"问题。以1997年研究生学科目录和1998年本科专业目录调整为例，此次调整的一个重要指导思想就是拓宽学科专业口径、减少二级学科和专业的种类数量。在此次调整中，大量的存在于原有学科专业目录之中、并且在实践中发展成熟的二级学科和专业被删除，这些二级学科和专业在调整之后成为了没有"名分"、没有户口的"黑学科"、"黑专业"，陷入了生存和发展的严重困境。如民间文学，1997年的研究生学科目录将其从原来的中国文学一级学科中出局后，"不知根据什么又将其划到了社会学一级学科名下的民俗学二级学科之中，在民俗学后面加一括号：'含民间文学'，从而使民间文学在学科归属中出现了'山阴不管会稽不收'的尴尬局面。由于这一变动，使从上个世纪五四新文化运动中开始艰苦建立起来的民间文学学科，在今日高校竟被无端地剥夺了生存权，不少大学的中文系原有的民间文学教师或被迫转行改上民俗学或只有下岗了事。2001年12月8日与2002年1月19日的《文艺报》，发表了著名民间文学专家刘锡诚的《为民间文学的生存向国家学位委员会进一言》与刘守华的《困境中挣扎的民间文学学科》两文，痛心地指出由于受学科专业目录变动的冲击，中国的民间文学学科的地位'不仅倒退到了1942年延安文艺座谈会之前，甚至倒退到了五四新文化运动之前'"。①

实际上，就学科专业目录本身来说，其中所规定的几十个一级学科、几百个二级学科或专业远远不能概括整个科学发展和社会需求的全

---

① 王泉根：《评教育部〈学科专业目录〉中有关文学学科设置的不合理性》，《学术界》2004年第2期。

貌，大量没有进入学科专业目录的学术领域因为被排除在体制外，难以在高校和学术机构中得到专门的建制，难以获得足够的学术资源和社会支持，最终无法得到有效发展。学科专业目录不仅关系着学术资源和物质利益的分配，从科学本身来说，它还关系着各门学科专业的未来和科学整体的发展，任何人为、不科学的增、删学科专业、提升或降格学科专业都导致不合理的学术资源分配。在特定时期学术资源有限的情况下，过多或过少地赋予学术资源可能导致一门学科专业不合理地膨胀或萎缩甚至消失，导致的可能是对人类某一个学术领域的毁灭性打击，或是对其他领域的应有资源的剥夺，最终受伤的可能是人类整体的认识。

　　生态的观点也同样适用社会生产行业、学科专业和人才，不同行业、不同学科专业、不同人才种类也应保持这种生态关系。一个良好的国民经济体系、社会人才体系和高等教育体系需要各个行业的有机配合，需要不同种类学科专业的相互促进，需要不同类型和层次人才的相互支撑。在学科专业设置的过程中，任何人为地发展或压抑某一类学科专业的发展，不但会严重影响学科专业的生态，而且还会严重影响社会的人才生态和行业生态。新中国成立后一段时期片面强调理工科专业的设置，忽略了财经、政法类学科专业的人才培养，最后造成了这类人才的严重短缺，有了破坏学科专业和人才生态的深刻教训。

　　今天大学生就业困难部分也是由于学科专业布局的不平衡造成的，一些被认为符合科技发展趋势、产业升级潮流的学科专业因为布点数的大量急剧增加最后成为就业困难户，从而成为受到红牌或黄牌警告的限制专业，而一些长期以来被认为是冷门的学科专业，最后因为没有布点或布点很少从而成为市场紧缺的"香饽饽"。例如在麦可思研究院发布的《2014 年中国大学生就业报告》中，在就业率最低的十个本科专业中，有三个是与生物相关的专业，它们是生物科学与工程、生物技术、生物工程，① 而且它们均因为就业率低、失业量大、月收入低且就业满意度低而被列为红牌专业（即高失业风险型专业）。实际上，这三个专业正是近年来在生物科技突飞猛进、国家大力布局生物医药产业发展的

---

　　① 麦可思研究院：《2014 年中国大学生就业报告》，http：//www. eol. cn/html/c/2014jylps/index. shtml 2014 – 12 – 31.

背景下被广为布点的。可想而知，这几个专业毕业生的就业困难，除了有可能是人才目标定位或课程设置方面的问题外，更主要的还是因为生物医药产业发展尚未成熟，专业布点数相对于实际需求短期内急剧增加造成的。

总之，在学科专业的布局上，我们要注重各门学科、专业的生态平衡和综合发展，具体建议如下。

（一）保持目录中学科专业的平衡

学科专业目录反映的是知识的分类和社会的人才种类，它本身不必也不能反映市场人才需求的多寡和紧俏程度，或许激进一点来说，即使是最冷门的知识类、市场暂不需要的人才种类，在学科专业目录中也必须予以设置，因为从促进科学发展和社会良性运转的角度出发，这些冷门、或市场暂时不需要的学科专业也是必不可缺的。因此，在修订学科专业目录时，我们也不能一味地跟随市场需要设置紧俏热门学科专业而忽略其他学科专业的设置，要从促进人才生态、学科专业生态的角度保持各种学科专业的平衡，实现新兴学科专业和传统学科专业、长线学科专业与短线学科专业、热门学科专业与冷门学科专业的综合发展。

（二）加大政府在学科专业布点上的宏观调控力度

市场需要和需求紧缺程度是学科专业在高校中布点设置的重要依据，但是我们必须避免时髦专业、新兴学科"一哄而上"，从而造成特定学科专业人才培养规模急剧增长，从而造成就业难问题。

在学科专业设置管理上，我们强调政府放权，但不主张政府放任，政府应该鼓励高校自主设置专业的基础上加强人才市场的信息收集、趋势展望、需求预测和统计分析工作，通过规划、经费、评价等手段加强对高校学科专业布点的宏观调控，引导高校科学合理设置学科专业。

七　打破学科专业组织实体化，促进人才培养分化

高校组织设计与学科专业设置紧密相连。新中国成立后，我国高校普遍废除了旧大学"大学—学院—系"的三层结构，建立了"大学—系—教研室"的三层结构。在这一过程中，国家力图按照学科专业目录来建构新的高等教育系统和高校组织形式，即按目录的一级分类设立单科高校，在高校内部按照二级分类设置系，在系下面按照课程来设置教

研室。学科专业目录反映了高等教育人才培养的特征，按照这一目录来设计高校组织具有一定的合理性。所以，长期以来我国高校的组织设计与学科专业目录基本保持一致。在20世纪90年代的高校合并和综合化改革以后，这一传统仍然保持并获得了新的内涵，即"按学科门类（或一级学科）设院、按一级学科（或二级学科）设系"。

但是，我们认为按照学科专业目录来设计高校组织在今天看来不完全合理，因为学科专业目录是针对人才培养制定的，它并没有考虑高校组织设计的特点和需要，而且今天作为教学、科研双中心的高校，其组织构造必须还要兼顾科学发展的趋势和科学研究工作的需要，而学科专业目录则只是从人才培养的角度所做的设计。同时，按照基于学科分类和知识划界的学科专业目录来设计高校基层学术组织，按照学科专业分类来分配人、财、物等学术资源，就是在学术组织层面上强化了学科的界限和知识的鸿沟，在管理层面上筑起了院系之间的组织壁垒，这不但与今天科学技术发展的趋势是背道而驰的，而且还因为在单一学科专业范围内培养人才，造成了人才培养视野的狭窄以及目标规格上的趋同，严重阻碍了复合型、交叉性、跨学科型人才的培养，造成了人才培养的趋同和大学生就业难问题。

今天，改革高校学科专业组织，总的方向就是要突破按学科专业目录来设置院系组织的做法，打破学科专业的实体化，增强院系组织的灵活性和弹性，在组织层面上为学科的交叉融合、跨学科人才培养和高校人才培养分化提供可能。这里，具体的改革建议如下：

（一）提升院系设置的学科层次，不断扩大单一学术组织的学科覆盖面

自20世纪90年代改革以来，高校原有的系逐渐升格为院，高校恢复了新中国成立前的"校—院—系"三级结构，学院成为了高校的中层机构。大部分高校以一级学科设置院，二级学科设置系。很显然，以一级学科作为学院的设置平台，意味着一级学科就是学院进行知识操作的边界。在这种情况下，学院在一级学科内培养学生，教师在一级学科开展教学科研，这相对于以前在专业层面上的教学和学术工作来说，其视野更为开阔，人才培养的口径更宽，跨二级学科培养人才的可能性更大。但是，今天来看，与科学交叉融合的要求和科学研究发展的趋势相

比，特别是在新科技革命和知识经济时代的背景下，跨一级学科的教学、科研和学习越来越必要，使得目前在一级学科上设置的高校中层机构还显得过窄。在这种情况下，一些高校，特别是研究型大学，可以在目前按一级学科设置学院的基础上，考虑上移至学科门类设置学科群型学院或学部，以进一步扩大学院组织的学科容量，促进多学科之间的交叉融合和复合型人才的培养以及分化。如近年来，浙江大学就进行资源重组和组织再造，组建了人文、社科、理、工、信息、医、农生环七个学部。学部一方面代表学术权力，由学术、学位、教学、人力资源四个委员会来执掌，又可以享有部分行政权力，参与学科领导遴选、资源分配、学科建设等功能。同时，将学校的管理重心适当地下移，将维持性资源下放。①

（二）突破按单一学科设置院系的做法，设置多种类型的院系

如前所述，完全按单一学科来设置院系组织不可避免地产生阻碍知识沟通交流和跨学科人才培养等问题，所以，高校的中层机构——学院的设置应在坚持以学科型学院为主的同时，设置学科交叉型学院、产品型学院和理论与应用兼备的综合型学院，也可以在学院层次设置交叉应用学科研究中心，把来自于不同学科、院系的学者集合在一个组织里，实现知识、人员、教育的"化合反应"。

（三）发展虚拟学科专业组织，促进学科专业"自组织"

在实体学术组织之外，我们可以充分利用网络的超时空优势，建立跨学科的网络科研和教育机构。网络虚拟的跨学科组织可以摆脱实体组织的羁绊，不但跨越学科边界，而且还可以跨越时空的边界，在更大科学范围、更大时空内组建学术组织或团队，这在很大程度上弥补了实体组织的不足。此外，在正式学术组织里，我们还可以通过有效的激励措施鼓励不同学科人员根据兴趣、志向、性格自愿组织跨学科的"自组织"等。

（四）创新院系组织管理，打破学术组织实体化

在传统的高校内部管理上，学术组织的实体化非常明显。教师、学生、课程、实验设备等依附于互相封闭的不同学科专业，使得跨学科、

---

① 杨卫：《推进发展模式转型　提升高等教育质量》，《中国高等教育》2009 年第 5 期。

专业、院系的教学、研究和学习变得不可能，这严重影响了跨学科专业和课程的设置和人才培养的分化。今天，高校要根据应用导向和跨学科导向对传统的学科专业组织进行改造，打破人、财、物、知识、信息单一部门所有的制度，建立有利于资源流通、共享的机制和跨学科研究、教学和学习的环境。要改变目前高校死板的教学管理、人事管理方式，通过学分制改革鼓励学生跨学科、跨专业、跨院系选课，将教师的院系所有转变为学校所有，鼓励开展跨学科、专业、院系的教师聘任（双聘或多聘）和教学、研究工作。

总之，以就业为导向的学科专业制度改革，就是要将学科专业组织改造成一个既分工又合作、既分离又融合、既自主又共享的学术组织生态，在跨学科的视野里充分促进人才培养的分化，满足市场的多元个性人才需求，从而充分满足市场需求和促进大学生就业。

参考文献

（按作者拼音字母顺序排列）

一 学术论文

1. 鲍嵘：《美国学科专业分类系统的特点及其启示》，《比较教育研究》2004 年第 4 期。

2. 鲍嵘：《从"计划供给"到"市场匹配"：高校学科专业管理范式的更迭》，《浙江师范的学报》（社会科学版）2006 年第 7 期。

3. 陈振明：《当代西方社会科学发展的整体化趋势：成就、问题与启示》，《学术月刊》1999 年第 11 期。

4. 程妍：《刍议我国高等教育学科专业目录分类中的交叉学科设置》，《高教探索》2008 年第 4 期。

5. 杜玉波：《适应经济社会发展需要高等教育亟待转变发展方式》，《光明日报》2014 年 8 月 5 日。

6. 方文：《社会心理学的演化：一种学科制度的视角》，《中国社会科学》2001 年第 6 期。

7. 费孝通：《关于社会学的学科、教材建设问题》，《西北民族研究》2001 年第 2 期。

8. 冯向东：《高等教育研究中的"范式"和"视角"辨析》，《北京大学教育评论》2006 年第 3 期。

9. 郭恒亮：《对教育个性化思潮的思考》，《煤炭高等教育》2010 年第 9 期。

10. 何淑通：《专业制度对大学生就业的消极影响》，《教育学术月刊》2011 年第 6 期。

11. 胡建华：《中国高等教育管理体制改革分析》，《南京师范大学学报》（社会科学版）2005 年第 4 期。

12. 胡钦晓：《大学讲座制的历史演变及借鉴》，《现代大学教育》2010 年第 6 期。

13. ［日］欢喜隆司：《学科的历史与本质》，《外国教育资料》1990 年第 4 期。

14. 教育部：《高等学校暂行规程》，《人民教育》1950 年第 5 期。

15. 教育部：《关于高等学校领导关系的决定》，《人民教育》1950 年第 5 期。

16. 蔺亚琼：《管理学门类的诞生：知识划界与学科体系》，《北京大学教育评论》2011 年第 2 期。

17. 雷晓云：《精英教育：一个仍需关注的课题——兼论精英与精英教育的质的规定性》，《现代大学教育》2001 年第 4 期。

18. 雷晓军：《运筹学的历史与现状》，《铜仁学院学报》2008 年第 7 期。

19. 李云鹏：《知识生产模式转型与专业博士学位的代际嬗变》，《高等教育研究》2011 年第 4 期。

20. 李少鹏、吴嘉晟：《灰色系统模型及其经济问题应用》，《数学的实践与认识》2008 年第 1 期。

21. 李治等：《从讲座制的兴衰透视学术组织结构形式的演变》，《学园》2009 年第 1 期。

22. 林友等：《运筹学及其在国内外的发展概述》，《南京工业大学学报》（社会科学版）2005 年第 3 期。

23. 刘敬坤等：《中国近代高等教育发展历程回顾》（下），《东南大学学报》（哲学社会科学版）2004 年第 2 期。

24. 刘念才等：《美国学科专业设置与借鉴》，《世界教育信息》2003 年第 1—2 期。

25. 刘小强：《高等教育学学科分析：学科学的视角》，《高等教育研究》2007 年第 7 期。

26. 刘小强：《当前我国高等教育专业制度的困境与出路》，《中国高教研究》2009 年第 5 期。

27. 刘小强：《美国本科教育中的"个人专业"》，《中国高教研究》

2009 年第 7 期。

28. 刘振天、杨雅文：《进一步扩大高校办学自主权　深化学科专业管理体制改革》，《现代大学教育》2002 年第 5 期。

29. 卢晓东、陈孝戴：《高等学校"专业"内涵研究》，《教育研究》2002 年第 7 期。

30. 卢晓东：《国学专业的障碍何在》，《科学时报》2008 年 2 月 19 日。

31. 鲁直、王锋：《经济学心理学：超越与创新》，《心理科学》2004 年第 6 期。

32. ［美］罗纳德·H. 科斯：《经济学和相邻学科》，《经济社会体制比较》2003 年第 6 期。

33. ［美］马丁·特罗：《从精英向大众高等教育转变中的问题》，《外国高等教育资料》1999 年第 1 期。

34. 马叙伦：《高等教育的方针、任务问题》，《人民教育》1953 年第 4 期。

35. 闵维方：《社会主义市场经济条件下高等教育运行机制的基本框架》，《高等教育研究》2001 年第 5 期。

36. 潘懋元等：《21 世纪初我国高等教育研究的进展与问题》，《国家教育行政学院学报》2006 年第 8 期。

37. 潘懋元：《高等教育研究的比较、困惑与前景》，《高等教育研究》1991 年第 4 期。

38. 潘懋元：《高校毕业生应该成为工作岗位的创造者》，《教育发展研究》1999 年第 9 期。

39. 潘懋元、谢作栩：《试论从精英到大众高等教育的"过渡阶段"》，《高等教育研究》2001 年第 2 期。

40. 潘懋元：《中国高等教育科学：世纪末的回顾与展望》，《天津市教科院学报》2001 年第 2 期。

41. 钱俊瑞：《团结一致，为贯彻新高等教育的方针，培养国家高级建设人才而奋斗——1950 年 6 月 9 日在全国高等教育会议上的结论》，《人民教育》1950 年第 2 期。

42. 钱学森等：《一个科学新领域——开放的复杂巨系统及其方法

论》，《自然杂志》1990 年第 13 期。

43. 钱兆华：《理性主义及其对西方科学的影响》，《河南师范大学学报》（哲学社会科学版）2006 年第 1 期。

44. 申丹娜：《大科学与小科学的争论评述》，《科学技术与辩证法》2009 年第 2 期。

45. 沈文钦等：《层级管理与横向交叉：知识发展对学科目录管理的挑战》，《北大教育评论》2011 年第 2 期。

46. 王泉根：《评教育部〈学科专业目录〉中有关文学学科设置的不合理性》，《学术界》2004 年第 2 期。

47. 王泉根：《学科级别与"国学学位问题"——试评〈学科专业目录〉》，《学术界》2007 年第 6 期。

48. 王伟廉：《高等学校学科、专业划分与授权问题探讨》，《高等教育研究》2000 年第 3 期。

49. 王战军、翟亚军：《关于〈研究生学科、专业目录〉的思考》，《学位与研究生教育》2007 年第 3 期。

50. 文东茅等：《知识生产模式Ⅱ与教育研究》，《北京大学教育评论》2010 年第 4 期。

51. 吴小英：《社会学危机的涵义》，《社会学研究》1999 年第 1 期。

52. 伍一军：《心理学将被逐出科学圣殿》，《南方周末》2002 年 10 月 10 日，第 12 版。

53. 吴宗友、张军：《制度研究在社会学中的分化与融合》，《学术界》2011 年第 6 期。

54. 夏焰、贾琳琳：《高等教育治理理论及其原则》，《江苏大学学报》（高教研究版）2005 年第 2 期。

55. 谢作栩：《马丁·特罗高等教育大众化理论述评》，《现代大学教育》2001 年第 5 期。

56. 熊志军：《试论小科学与大科学的关系》，《科学学与科学技术管理》2004 年第 12 期。

57. 宣勇：《论大学学科组织》，《科学学与科学技术管理》2002 年第 5 期。

58. 阎凤桥:《克拉克的高等教育分权管理思想之评介》,《高等教育研究》2012 年第 7 期。

59. 杨德广、张瑞田:《60 年来中国高等教育大众化进程》,《现代大学教育》2009 年第 6 期。

60. 杨富斌:《怀特海过程哲学思想述评》,《国外社会科学》2003 年第 4 期。

61. 杨卫:《推进发展模式转型　提升高等教育质量》,《中国高等教育》2009 年第 5 期。

62. 杨益民等:《从生源状况看中国高等教育的危机》,《统计研究》2003 年第 3 期。

63. 俞俏燕、邬大光:《我国高等院校趋同现象解析——以单科性院校发展为例》,《大学研究与评价》2007 年第 1 期。

64. 曾昭抡:《高等学校的专业设置问题》,《人民教育》1952 年第 9 期。

65. 章祥荪等:《中国运筹学发展史》,《中外管理导报》2002 年第 9 期。

66. 章祥荪:《运筹学:生机勃勃四十年》,《运筹学学报》1999 年第 1 期。

67. 张春兴:《论心理学发展的困境和出路》,《心理科学》2002 年第 5 期。

68. 张旭:《20 世纪经济学的危机与全球考察》,《中共济南市委党校学报》1999 年第 3 期。

69. 张应强:《关于高等教育学学科建设基本问题的思考》,ht-tp://www2. hust. edu. cn/jky/pages/xwgg – detail. asp? NewsID = 1327 2008 – 9 – 27, 2011 – 4 – 22。

70. 赵靖伟、司汉武:《关于制度的社会学研究综述》,《西北农林科技大学学报》(社会科学版)2008 年第 3 期。

71. 赵炬明:《中国大学与院校研究》,《高等教育研究》2005 年第 8 期。

72. 中国运筹学会:《关于"运筹学"学科分类的意见》,《运筹与管理》1998 年第 2 期。

73. 《中华人民共和国政务院关于修订高等学校领导关系的决定》，《人民教育》1953 年第 11 期。

74. 周群英：《改革开放以来本科教学改革回顾与评述——基于政策分析视角》，《大学教育科学》2009 年第 2 期。

75. 周志成：《高等教育哲学视域中的精英教育》，《新视野》2011 年第 5 期。

二　专著

1. ［英］C. P. 斯诺：《两种文化》，陈克艰等译，上海科学技术出版社 2003 年版。

2. ［美］E. 拉兹洛：《进化——广义综合理论》，闵家胤译，科学出版社 1988 年版。

3. ［美］E. 拉兹洛：《用系统论的观点看世界》，闵家胤译，中国社会科学出版社 1985 年版。

4. ［法］埃得加·莫兰：《方法：思想观念》，秦海鹰译，北京大学出版社 2002 年版。

5. ［法］埃得加·莫兰：《方法：天然之天性》，吴泓缈等译，北京大学出版社 2002 年版。

6. ［法］埃得加·莫兰：《复杂性理论与教育问题》，陈一壮译，北京大学出版社 2004 年版。

7. ［法］埃得加·莫兰：《复杂思想：自觉的科学》，陈一壮译，北京大学出版社 2001 年版。

8. ［法］埃米尔·迪尔凯姆：《社会学方法的准则》，狄玉明译，商务印书馆 1995 年版。

9. ［美］巴伯：《科学与社会秩序》，顾昕译，三联书店 1991 年版。

10. ［美］保罗·法伊尔阿本德：《反对方法》，周昌忠译，上海译文出版社 1992 年版。

11. ［美］伯顿·克拉克：《高等教育系统》，王承绪等译，杭州大学出版社 1994 年版。

12. ［美］伯顿·克拉克：《探究的场所——现代大学的科研和研

究生教育》，王承绪译，浙江教育出版社 2001 年版。

13. 陈桂生：《教育学的建构》，湖南教育出版社 1998 年版。

14. 陈洪捷：《德国古典大学观及其对中国的影响》，北京大学出版社 2006 年版。

15. 陈列：《市场经济与高等教育——一个世界性的课题》，人民教育出版社 1996 年版。

16. 程恩富等：《经济学方法论》，上海财经大学出版社 2002 年版。

17. 成思危：《复杂性科学探索》，民主与法制出版社 1999 年版。

18. ［美］黛安娜·克兰：《无形学院——知识在科学共同体的扩散》，刘珺珺译，华夏出版社 1988 年版。

19. 戴晓霞等：《高等教育市场化》，北京大学出版社 2004 年版。

20. ［美］道格拉斯·C. 诺斯：《经济史中的结构与变迁》，陈昕译，上海人民出版社 1994 年版。

21. 邓小平：《邓小平文选》第 2 卷，人民出版社 1983 年版。

22. 邓小平：《邓小平文选》第 3 卷，人民出版社 1993 年版。

23. 董光璧：《静悄悄的革命——科学的今天和明天》，武汉出版社 1998 年版。

24. ［美］菲利普·G. 阿特巴赫：《高等教育变革的国际趋势》，蒋凯译，北京大学出版社 2009 年版。

25. 符娟明：《比较高等教育》，北京师范大学出版社 1987 年版。

26. 郭德红：《美国大学课程思想的历史演进》，中央编译出版社 2007 年版。

27. ［美］哈斯金斯：《大学的兴起》，王建妮译，上海人民出版社 2007 年版。

28. 郝克明、汪永铨：《中国高等教育结构研究》，人民教育出版社 1988 年版。

29. ［美］赫伯特·西蒙：《现代决策理论的基石》，杨砺译，北京经济学院出版社 1989 年版。

30. 胡建华：《现代中国大学制度的原点：50 年代初期的大学改革》，南京师范大学出版社 2001 年版。

31. 胡建雄：《学科组织创新》，浙江大学出版社 2001 年版。

32. ［美］华勒斯坦：《开放社会科学》，刘锋译，三联书店1997年版。

33. ［美］华勒斯坦：《学科·知识·权力》，刘健芝译，生活·读书·新知三联书店1999年版。

34. 黄福涛：《欧洲高等教育近代化：法、英、德近代高等教育制度的形成》，厦门大学出版社1998年版。

35. 黄福涛：《外国高等教育史》，上海教育出版社2003年版。

36. 黄速建：《管理科学化与管理学方法论》，经济管理出版社2005年版。

37. 黄欣荣：《复杂性科学的方法论研究》，重庆大学出版社2006年版。

38. 纪宝成：《中国大学学科专业设置研究》，中国人民大学出版社2006年版。

39. 教育部高等教育司：《普通高等学校本科专业目录和专业介绍》（1998年颁布），高等教育出版社1998年版。

40. 金吾伦：《跨学科研究引论》，中央编译出版社1997年版。

41. ［美］康芒斯：《制度经济学》，于树生译，商务印书馆1983年版。

42. ［美］克拉克·克尔：《大学的功用》，陈学飞译，江西教育出版社1993年版。

43. 课题组：《高等学校学科专业结构、设置及管理机制研究》，高等教育出版社2009年版。

44. 李岚清：《李岚清教育访谈录》，人民教育出版社2003年版。

45. 李曼丽：《通识教育——一种大学教育观》，清华大学出版社1999年版。

46. 李政涛：《教育学科与相关学科的"对话"》，上海教育出版社2001年版。

47. 刘大椿：《互补方法论》，世界知识出版社1994年版。

48. 刘少奇：《建国以来刘少奇文稿》第1册，中央文献出版社1998年版。

49. 刘小强：《学科建设：元视角的考察》，广东高等教育出版社

2011 年版。

50. 卢现祥：《西方新制度经济学》，中国发展出版社 1996 年版。

51. 罗珉：《管理学范式理论的发展》，西南财经大学出版社 2005 年版。

52. ［德］马克思、恩格斯：《马克思恩格斯选集》第 3 卷，人民出版社 1972 年版。

53. ［美］迈克尔·T. 麦特森等：《管理与组织行为经典文选》，李国洁等译，机械工业出版社 2000 年版。

54. 麦可思研究院：《中国大学生就业报告》，社会科学文献出版社 2008、2009、2010、2011、2012、2013、2014 年版。

55. 毛泽东：《毛泽东选集》第 1 卷，人民出版社 1977 年版。

56. 毛泽东：《毛泽东选集》第 2 卷，人民出版社 1991 年版。

57. 毛泽东：《毛泽东选集》第 4 卷，人民出版社 1991 年版。

58. 苗东升：《系统科学精要》，中国人民大学出版社 1998 年版。

59. ［美］欧文·拉兹洛：《第三个一千年：挑战和前景》，王宏昌等译，社会科学文献出版社 2001 年版。

60. 潘懋元：《高等教育学讲座》，人民教育出版社 1985 年版。

61. 潘懋元：《新编高等教育学》，北京师范大学出版社 1996 年版。

62. 潘慧玲：《教育研究的取径——概念与应用》，华东师范大学出版社 2005 年版。

63. 彭新武：《复杂性思维与社会发展》，中国人民大学出版社 2003 年版。

64. 彭新武：《进化管理学》，中国社会科学出版社 2005 年版。

65. 朴雪涛：《知识制度视野中的大学》，人民出版社 2007 年版。

66. 乔玉全：《21 世纪美国高等教育》，高等教育出版社 2000 年版。

67. ［美］乔治·斯蒂格勒：《知识分子与市场》，何宝玉译，首都经济贸易大学出版社 2001 年版。

68. 曲士培：《中国大学教育发展史》，山西教育出版社 1993 年版。

69. ［法］让 - 弗朗索瓦·利奥塔：《后现代状况——关于知识的报告》，岛子译，湖南美术出版社 1996 年版。

70. 石中英：《知识转型与教育改革》，教育科学出版社 2001 年版。

71. ［美］斯蒂文·贝斯特、道格拉斯·凯尔纳：《后现代理论》，张志斌译，中央编译出版社 1999 年版。

72. ［英］汤因比：《历史研究》（上），曹未风等译，上海人民出版社 1986 年版。

73. 唐莹：《元教育学》，人民教育出版社 2002 年版。

74. ［美］托马斯·库恩：《科学革命的机构》，金吾伦、胡新和译，北京大学出版社 2003 年版。

75. 王洪才：《大众高等教育论》，广东教育出版社 2004 年版。

76. 王荣江：《未来科学知识论》，社会科学文献出版社 2005 年版。

77. 文军：《西方社会学理论：经典传统与当代转向》，上海人民出版社 2006 年版。

78. 武杰：《跨学科研究与非线性思维》，中国社会科学出版社 2004 年版。

79. 夏基松、褚平：《现代西方哲学纲要》，江苏人民出版社 1986 年版。

80. 谢维和：《中国高等教育大众化进程中的结构分析：1998—2004 年的实证研究》，高等教育出版社 2007 年版。

81. 谢作栩：《中国高等教育大众化发展道路的研究》，福建教育出版社 2001 年版。

82. 薛天祥：《高等教育学》，广西师范大学出版社 2001 年版。

83. ［法］雅克·韦尔热：《中世纪大学》，王晓辉译，上海人民教育出版社 2007 年版。

84. 颜泽贤：《系统科学导论》，人民出版社 2006 年版。

85. ［美］伊曼纽尔·沃勒斯坦：《知识的不确定性》，王禹译，山东大学出版社 2006 年版。

86. ［美］尤瓦娜·林肯、伊冈·古巴：《自然主义研究——21 世纪社会科学研究范式》，杨晓波译，科学技术文献出版社 2004 年版。

87. ［美］约翰·S. 布鲁贝克：《高等教育哲学》，王承绪等译，浙江教育出版社 2002 年版。

88. ［加］约翰·范德格拉夫：《学术权力》，王承绪译，浙江教育出版社 2001 年版。

89. ［澳］约翰·福斯特等：《演化经济学前沿》，贾根良等译，高等教育出版社 2005 年版。

90. ［英］约翰·亨利·纽曼：《大学的理想》，徐辉译，浙江教育出版社 2001 年版。

91. ［美］约瑟夫·本－戴维：《科学家在社会中的角色》，赵佳苓译，四川人民出版社 1988 年版。

92. 赵万里：《科学的社会建构》，天津人民出版社 2002 年版。

93. 中共中央马克思恩格斯列宁斯大林著作编译局：《列宁全集》第 10 卷，人民出版社 1987 年版。

94. 中国高等教育学会：《改革开放 30 年中国高等教育发展经验专题研究》，教育科学出版社 2008 年版。

95. 中国学位与研究生教育信息分析课题组：《中国学位与研究生教育信息分析报告》，中国人民大学出版社 2009 年版。

三　学位论文

1. 罗丹：《规模扩张以来高校专业结构变化研究》，博士学位论文，厦门大学，2008 年。

2. 阳荣威：《高等学校专业设置与调控研究》，博士学位论文，华东师范大学，2006 年。

3. 俞俏燕：《中国单科性院校专业趋同问题研究——大学综合化发展的视角》，博士学位论文，厦门大学，2008 年。

4. 汪铎：《大学知识管理研究》，博士学位论文，华东师范大学，2004 年。

四　词典辞书

1. 辞海编辑委员会：《辞海》，上海辞书出版社 1999 年版。

2. 顾明远：《教育大辞典》第 3 卷，上海教育出版社 1998 年版。

3. 罗凤竹：《汉语大词典》，汉语大词典出版社 1989 年版。

4. 潘懋元、刘海峰：《中国近代教育史资料汇编·高等教育》，上海教育出版社 1993 年版。

5. 宋恩荣、章威：《中华民国教育法规选编》，江苏教育出版社

1990 年版。

6. 夏征农:《辞海》，上海辞书出版社 1999 年版。

7. 中国社会科学院语言研究所词典编辑室:《现代汉语词典》，商务印书馆 2000 年版。

五 外文文献

1. Asa S. Knowles. The International Encyclopaedia of Higher Education, Vol. 6. San Francisco: Jossey – Bass Publishers, 1978.

2. Becker, G. S. NobelLecture: The Economic Way at Looking at Behavior. JournalofPoliticalEconomy, 1983, 101 (3).

3. Higher Education: Students at the Heart of the System—— An Analysis of the Higher Education White Paper www. official – documents. gov. uk. 2013 – 7 – 22.

4. Guidelines for Designing an Individual Major http: //www. wellesley. edu/ClassDeans/Forms/individualmajor. htm, 2009 – 1 – 9.

5. Harold Koontz. The Management Theory of Jungle RevisedAcademy of Management Journal, 1980, 5 (2).

6. Higher Education: Students at the Heart of the System—— An Analysis of the Higher Education White Paper www. official – documents. gov. uk. 2013 – 7 – 22.

7. Individual Major Information. http: //www. lssaa. wisc. edu/ 70bascom/pubs/Individual_ Major_ Application_ Information_ (spring_ 2009). pdf 2013 – 8 – 21

8. John H. Van de Graaff. Can Department Structures Replace a Chair System: Comparative Perspectives. Yale Higher Education Research Group Working Paper, 1980.

9. Martin Trow. Elite and Mass Higher Education: American Models and European Realitie. Contribution tothe Conference on Research into Higher Education: Processes and Structures, June 12 – 16, 1978, Dalaro, Sweden.

10. Martin Trow, From mass higher education to universal access, Paper of the meeting of the Japanese Society for Higher Education Research, Hiroshi-

ma, May 31, 1998.

11. Ogawa, Y. Challenging the Traditional Organization of Japanese Universities. Higher Education, 2002, 43.

12. The Individual Major In the College fo Letteres & Science : Student Book & Proposal Forms. http：//www. ls. ucdavis. edu/students/majorminorlist. aspx, 2008 － 12 － 29.

六 其他

1. 国家教育委员会：《关于进行普通高等学校本科专业目录修订工作的通知》，1997 年 4 月 15 日。

2. 国家计划委员会、教育部：《关于修订"高等学校通用专业目录"和"高等学校绝密、机密专业目录"的报告》，1963 年 8 月 7 日。

3. 《日本关于改善初等中等教育与高等教育衔接的审议报告》，《教育参考资料》2003 年第 7—8 期。